Cómo ser un adulto en las relaciones

Cómo ser un adulto en las relaciones

Cinco claves para amar con conciencia plena

David Richo

Prólogo de Kathlyn Hendricks
Traducción de Evelia Ana Romano

Penguin
Random House
Grupo Editorial

Título original: *How to Be an Adult in Relationships*
Publicado bajo acuerdo con Shambhala Publications Inc.

Primera edición: agosto de 2024

Penguin Random House Grupo Editorial USA, LLC
8950 SW 74th Court, Suite 2010
Miami, FL 33156

Traducción: Evelia Ana Romano

Impreso en Colombia / *Printed in Colombia*

ISBN: 979-8-89098-088-5

24 25 26 27 28   10 9 8 7 6 5 4 3 2 1

A todos mis familiares y amigos. Les agradezco haberme mostrado las diversas facetas y vicisitudes del amor en nuestra vida compartida.

"Iluminamos en la memoria los escasos encuentros que hemos tenido con almas que enriquecieron la sabiduría de las nuestras, que expresaron lo que pensábamos, que nos dijeron lo que ya sabíamos, y que nos otorgaron la libertad de ser verdaderamente quienes somos".
  —RALPH WALDO EMERSON, 1838, "The Divinity School Address"

ÍNDICE

PRÓLOGO

Este libro baja lo místico a tierra, al mundo de las relaciones que todos transitamos desde el nacimiento hasta la muerte. En *Cómo ser un adulto en las relaciones*, David Richo proporciona una guía para lograr relaciones efectivas tan amable y precisa como su trato personal con estudiantes y amigos. A través de prácticas espirituales confiables, como la atención plena y la bondad amorosa, los lectores emprenden un viaje hacia la conciencia, la alegría y una conexión más profunda.

La atención plena es una antigua forma de meditación en la que soltamos nuestros miedos, apegos, anhelos, expectativas, privilegios y juicios hacia los demás. En lugar de estas estrategias habituales, aprendemos simplemente a estar presentes y abiertos en el momento, sin obstáculos, para experimentar la vida tal como es. Al aplicar la atención plena a nuestras relaciones, finalmente logramos vernos a nosotros mismos y a los demás tal como somos, con toda nuestra conmovedora vulnerabilidad y nuestro rico potencial de amor.

En la práctica espiritual de la bondad amorosa, ampliamos nuestra conciencia hacia los demás con inmensa ternura y cuidado. Trascendemos nuestras relaciones personales para abrazar al mundo en su totalidad. Aprendemos a extender nuestro amor a todos los que nos rodean, incluso a aquellos que nos resultan indiferentes o difíciles. A través de la bondad amorosa, la unión romántica entre parejas abraza, en última instancia, al mundo.

En cierto momento de este libro, David afirma: "Podemos expandir nuestra conciencia de dar y recibir amor". En mi experiencia asesorando a parejas y capacitando a profesionales, siempre surge la pregunta: ¿Cómo podemos ampliar nuestra capacidad de manejar más amor y energía positiva para no seguir saboteando cualquier avance? Nosotros, mi esposo Gay y yo, lo llamamos el Problema de los Límites Superiores y es el mayor desafío humano.

Este libro muestra cómo la expansión de la onda amorosa puede fluir más libremente dentro y entre todos nosotros. David Richo establece los escalones que nos llevan del amor personal al amor universal. Las prácticas espirituales en *Cómo ser un adulto en las relaciones* no son complementos del trabajo psicológico, sino que cumplen ese trabajo.

David Richo ofrece una importante nueva síntesis en el movimiento de autoayuda, una espiritualidad práctica fundamentada en lo que el poeta Ted Loder llama "tesoros / de alegría, de amistad, de paz / escondidos en los campos de lo cotidiano". Los ejemplos de David, y especialmente las numerosas oportunidades que brinda para practicar estos cambios de perspectiva y acción, respaldan profundamente el devenir del lector. Encontramos un nuevo lugar para estar juntos en igualdad. Señales claras nos guían hacia una vida compasiva, donde los seres humanos maduran para convertirse en guardianes unos de otros y de nuestro hogar más grande. Nuestras relaciones no solo pueden contribuir a nuestro crecimiento, sino también a la evolución del mundo. Los invito a dejarse llevar por estos ríos de posibilidades.

—KATHLYN HENDRICKS, PhD

PREFACIO A LA EDICIÓN DEL VIGÉSIMO ANIVERSARIO

Me siento conmovido y encantado de dar la bienvenida a esta edición del vigésimo aniversario de mi libro, que ahora cuenta con un cuarto de millón de copias en doce idiomas. A lo largo de estos años, he experimentado una profunda satisfacción por las respuestas que me han hecho llegar personas de todo el mundo sobre la ayuda que mi libro les ha brindado. Esto significa mucho para mí, ya que en mi caso, escribir es una práctica espiritual dirigida a compartir lo que he aprendido en beneficio de los demás. Agradezco que mis palabras hayan llegado a tantas personas. Una gracia aún más asombrosa es el vínculo que siento entre los lectores y yo, que es lo que más aprecio.

La génesis de este libro fue mi convicción de que las relaciones, como cualquier otra cosa de valor, requieren cuidado. No mejoran ni perduran por sí solas. Dado que no son autosostenibles, necesitan mantenimiento, al igual que los jardines, las catedrales y los cuerpos. El cuidado combina el trabajo psicológico continuo y la práctica espiritual de todos los involucrados. Este libro pretende ser un manual de mantenimiento. Muestra cómo podemos cuidar amorosamente nuestros delicados vínculos para que puedan crecer. Una relación prospera cuando no renunciamos al amor, sin importar qué, y también cuando realizamos mejoras y reparaciones. Los temas de este libro están destinados a ayudarnos en esta hermosa empresa.

En estas páginas exploramos qué implica la confianza; cómo nuestra infancia influye en nuestras elecciones, acciones y nuestros miedos a la intimidad o al compromiso; cómo las relaciones atraviesan distintas fases; cómo el ego centrado en uno mismo puede doblegarse ante la mutualidad. Aprendemos la importancia de mostrar y responder a los sentimientos y de respetar los límites; cómo resolver conflictos; cómo permanecer conscientes y amorosos en la comunicación; y cómo nutrir nuestro compromiso mediante la entrega diaria y la recepción de las cinco A del amor: atención, afecto, aprecio, aceptación y autorización. Estos desafíos no tienen por qué asustarnos. Podemos manejarlos con la ayuda de algunas pautas y recomendaciones, que es lo que espero que provea este libro. Todos tienen la capacidad de amar; cualquiera puede aprender a hacerlo de manera generosa y efectiva. Es por eso que no necesitamos tener miedo de emprender el viaje de las relaciones.

La presente edición conserva el material de la original con algunos cambios. Contiene los mismos capítulos, pero ya no dividimos el libro en tres partes. La discusión sobre la ira ahora está incluida en el capítulo 5, "Cuando surgen conflictos", y el capítulo "Cuando las relaciones terminan" es ahora el último del libro. He mejorado el texto y actualizado algunos conceptos. Por ejemplo, hoy en día podríamos usar la palabra *cuidadores*, que no siempre significa *padres*. Observamos una variedad de estilos de relación, por ejemplo, el poliamor, en lugar de solo reconocer a las parejas. Del mismo modo, las citas en línea también son mucho más comunes, en lugar de los encuentros en persona. Nos comunicamos a través de mensajes de texto y redes sociales, y no solo por correo electrónico o teléfono. Incluso con estos cambios en las formas en que se generan y se mantienen nuestras relaciones, el mensaje central de este libro sigue siendo el mismo: todos podemos encontrar amor en nuestras vidas y crecer en cómo lo expresamos a nosotros mismos y a los demás.

No he abordado específicamente todos los cambios en el mundo de las relaciones en esta edición, ya que quería preservar el propósito general del libro: explorar el corazón y el alma de la relación, en lugar de cubrir todas las nuevas formas que están tomando las relaciones. Ahora hay muchos otros libros disponibles que abordan los estilos contemporáneos de encuentro y diseño de un vínculo, y todas las demás posibilidades que contemplamos en el nuevo panorama de las relaciones y de nuestra propia identidad. Con suerte, el mensaje de *Cómo ser un adulto en las relaciones* sigue siendo válido y ofrece sabiduría a cualquiera que busque cultivar relaciones amorosas.

Durante los diez años posteriores a la primera publicación de este libro, expandí mi propio sentido del amor y los vínculos, de manera especial en lo espiritual. Esto se convirtió en *How to Be an Adult in Love: Letting Love in Safely and Showing It Recklessly* (Shambhala). Es la continuación de este libro, y lo recomiendo sinceramente para futuras lecturas.

Que este y todo mi trabajo los beneficie a ustedes y a todos los seres.

> ¿Qué tenemos que sea mejor
> que nuestra vida juntos?
> —DAVID RICHO, Santa Bárbara

INTRODUCCIÓN

No alcanza solo con haber amado
a menos que hayamos sido sabios
y disfrutado nuestro amor.
　　　—Sir John Suckling

El amor es la posibilidad de posibilidades. Su alcance se extiende más allá de nosotros, sin importar cuánto amemos o cuánto tiempo pase. Siempre será el misterio mudo a cuyo dolor y éxtasis solo podemos entregarnos con un *sí*. Existe algo alegre y valiente en nosotros que nos permite arriesgarnos a entrar en el laberinto del amor, indiferentes a lo peligroso que pueda ser. Sin embargo, todo el amor en el mundo no nos traerá la felicidad ni hará que una relación funcione. Eso requiere habilidad, y esta habilidad es bastante asequible. La práctica puede hacernos lo suficientemente ágiles como para bailar juntos con gracia, sin importar cuán tímidos o torpes podamos ser al principio.

Cada uno de nosotros experimenta el amor de una manera diferente, pero para la mayoría sobresalen cinco aspectos del amor. Nos sentimos amados cuando recibimos atención, aceptación, aprecio y afecto, y cuando se nos permite la libertad de vivir de acuerdo con nuestras necesidades y deseos más profundos. Mostramos amor de las mismas cinco maneras. Estas cinco A se nos presentan con diferentes disfraces a lo largo del viaje de la vida. En la infancia, necesitamos estas cinco A para desarrollar la autoestima y un ego saludable. Son los ladrillos con los que construimos nuestra identidad, una personalidad humana coherente. La experiencia humana tiene una armonía sorprendente y confiable: lo que necesitamos para la construcción de un *yo* es precisamente lo que necesitamos para la felicidad en nuestras relaciones amorosas adultas. La verdadera intimidad significa dar y recibir las cinco A, que constituyen el placer y la riqueza de una relación. Estos cinco elementos o aspectos del amor también describen nuestro destino de servicio al mundo como seres espirituales maduros. Grandes ejemplos de espiritualidad, como Jesús o Buda, nos muestran a seres que ofrecieron este amor de cinco facetas a todos nosotros. A través de nuestra práctica espiritual, llegamos a conocer un poder mayor que nuestro ego, y ese poder nos nutre otorgándonos los dones de atención, aceptación, aprecio, afecto y autorización.

Aquí se revela una sincronía conmovedora y alentadora, una coincidencia significativa que está integrada en nuestra propia existencia: las cinco A son —simultáneamente— la satisfacción de nuestras necesidades más tempranas, los requisitos para la intimidad adulta y la compasión universal, y las cualidades esenciales de la práctica de la atención plena. En la espléndida economía del desarrollo humano y espiritual, las mismas llaves abren todas nuestras puertas evolutivas.

Así, las cinco A nos llegan como regalos en la infancia. Luego, somos nosotros quienes las ofrecemos como regalos a nosotros mismos y a los demás. No son el resultado del esfuerzo, sino el derrame automático del amor que recibimos. No tenemos que intentarlo; simplemente notamos que somos atentos, apreciativos, afectuosos, aceptadores y autorizadores con aquellos a los que amamos. Mostrar las cinco A equivale a *corazón pleno*, una práctica espiritual.

¿Hay alguna manera de aumentar nuestra capacidad de dar y recibir estos elementos esenciales del amor? Sí, podemos hacerlo a través de la atención plena, una observación alerta del aquí y ahora de la realidad sin ejercer juicio, sin apego, miedo, expectativa, defensa, sesgo o control, lo que equivale a una descripción de la comunicación efectiva. A través de la atención plena centrada en el corazón, nos volvemos hábiles para otorgar los componentes esenciales del amor a todos, incluso a nosotros mismos. En las páginas que siguen, volveré una y otra vez a la atención plena y al corazón como una vía rápida hacia el amor efectivo y significativo.

Este libro analiza cada una de las cinco A y cómo se aplican a la infancia, las relaciones y la madurez espiritual. También sugiere prácticas que pueden ayudarte a resolver problemas de la infancia, a crear relaciones más felices y a ser más consciente y compasivo espiritualmente. De hecho, las prácticas están impulsadas por una ambición espiritual que apuesta a algo más elevado: un *tú* más amoroso del cual se beneficiará el mundo.

Todo esto implica emprender un viaje juntos, un viaje heroico porque conlleva dolor y nos obliga a cambiar nuestro enfoque concentrado en el ego por otro que nos permita enfrentar los riesgos de la vida juntos. Este libro te guiará por ese camino, proveyendo el equipo necesario para acampar juntos de manera segura y placentera. Utilizaremos tanto herramientas psicológicas occidentales como prácticas espirituales orientales y occidentales, no pasando de unas a otras, sino usándolas simultáneamente. Las principales herramientas psicológicas nos permiten resolver situaciones personales y de la infancia con el compromiso de identificar, procesar y solucionar problemas para que puedas cambiar y crecer. Las herramientas espirituales nos ayudan a soltar el ego, aumentar la atención plena y cultivar una ética de la bondad amorosa. Alcanzamos la atención plena cuando la realidad tiene prioridad sobre nuestro ego. Es por eso que la atención plena conduce a la intimidad, al regalo mutuo y sin ego del amor. Las personas en relaciones, ya sean de pareja o de otro tipo, encuentran una mayor serenidad cuando comparten una práctica espiritual, lo que también aumenta las posibilidades de felicidad y longevidad en sus relaciones.

Una relación puede obligarnos a revisitar cada sentimiento y recuerdo en nuestra propia historia. Nuestro trabajo psicológico incluye abordar, procesar y resolver bloqueos y problemas emocionales. *Abordar* significa mirar directamente un problema. Al *procesar*, prestamos atención a los sentimientos, exploramos sus consecuencias, y los sostenemos hasta que cambien o revelen un camino que nos conduzca más profundamente a nuestro interior, lo que implica *resolver*. En nuestra práctica espiritual de la atención plena, ocurre algo muy diferente. Los sentimientos o pensamientos surgen y los dejamos ir, no los procesamos ni los sostenemos. Cada uno de estos enfoques tiene su momento adecuado, y necesitamos de ambos. Prestar atención y dejar ir son las herramientas gemelas que se presentarán a lo largo de estas páginas. La terapia sin atención plena nos lleva solo hasta la resolución de nuestro problema. La atención plena con terapia nos ayuda a disolver el ego que nos llevó a la terapia en primer lugar.

Para el anhelo del alma, el viaje heroico es una metáfora de algo que puede reparar y restaurar lo que se ha roto o perdido en nuestro limitado mundo. El viaje del héroe implica primero abandonar lo familiar, luego atravesar un pasaje lleno de luchas yendo hacia un nuevo lugar y, finalmente, regresar a casa con el regalo de una conciencia superior que está disponible para todos los que lo deseen. Los integrantes de la relación se encuentran en el romance y se oponen en el conflicto, solo para comprometerse finalmente a una vida de dedicación mutua. Parece que no podemos amar maduramente a menos que recorramos el itinerario completo de una expedición tan arriesgada como esa. Pero esta metáfora occidental está incompleta sin el corazón pleno y la atención plena.

En resumen, necesitamos levantarnos y partir, pero también necesitamos sentarnos y quedarnos. Al emprender un viaje sin meditación ni silencio, podríamos ser presas de un activismo restrictivo y extrovertido. Al practicar la meditación sin sentir que estamos en un viaje, podríamos ser presas de un quietismo introvertido. La voz oriental nos dice que ya estamos aquí. La voz occidental nos llama a salir para llegar aquí completamente. No llegamos a ninguna parte y no somos nada sin esa combinación. Buda no se sentó para siempre, sino que salió al mundo para difundir la palabra. Jesús no predicó y sanó todos los días; a veces se sentaba solo en el desierto.

El corazón humano contiene mucho más amor del que puede entregar en una sola vida. Este libro sugiere un programa para activar ese abundante potencial. El amor íntimo es enigmático y exigente; muchos de nosotros lo tememos mientras lo anhelamos. Por lo tanto, requiere definitivamente de un extenso manual. Este libro explora los territorios tiernos y aterradores de nuestra psique y abre un camino a través de ellos. No es demasiado tarde ni está demasiado lejos para ninguno de nosotros.

Estoy escribiendo como un psicoterapeuta en un camino budista y como un hombre con una historia de relaciones con altibajos. He tenido muchos problemas, pero he encontrado formas de lidiar con ellos. He descubierto que no son pozos sin fondo, sino portales hacia una vida más rica. Mi énfasis en este libro está en mostrar cómo nos atascamos y cómo las cosas salen mal. Pero también pueden confiar en que les mostraré formas de hacer que las cosas funcionen mejor, y que toda esta experiencia pueda hacernos mejores personas y crear un mundo mejor.

La iluminación solo puede encarnarse en el mundo a través de personas que se aman mutuamente. Por lo tanto, las relaciones no consisten en cómo dos o más personas pueden sobrevivirse el uno al otro, sino en cómo todo el mundo se vuelve más capaz de amar, con toda su sombría angustia y su arrobador éxtasis. El trabajo y la práctica que recomiendo aquí no tienen como objetivo hacer que tu vida con otros sea más fácil, sino ayudarte a relacionarte con humor, levedad y generosidad a pesar de las inevitables asperezas. Un ego indómito no puede lograrlo. Solo un corazón despierto puede hacerlo. Entonces, la intimidad se aborda mejor en un camino espiritual. Como beneficio adicional, nuestro trabajo personal puede curar al mundo en su conjunto.

Espero que este libro plantee y te ayude a responder preguntas relevantes como estas:

- ¿Qué se necesita para encontrar la felicidad que siempre he deseado?
- ¿Me sentiré amado de la manera que siempre quise ser amado?
- ¿Qué se necesita para que deje ir el pasado?
- ¿Aprenderé a proteger mis propios límites, insistir en que los demás los respeten y respetar los de los demás?
- ¿Dejaré alguna vez de sentir la necesidad de controlar?
- ¿Me atreveré alguna vez a amar con todo mi corazón?

Todo el libro es una carta que les escribo a ustedes. Estoy ansioso de compartirles lo que he aprendido de clientes, amigos y de mi propia vida. Al mismo tiempo, el libro no solo les dará información, sino que la obtendrá de ustedes. Cada uno de ustedes conoce de manera profunda y duradera las verdades del amor y su funcionamiento. Mi parte ha consistido en escribir en esta computadora la sabiduría que me llegó desde el Edén y sus exiliados, o sea, todos nosotros.

1. CÓMO EMPEZÓ TODO

En esta vida hay muchos caminos, pero pocos pueden
transitar el más importante: el camino de un verdadero ser
humano. Creo que estás en ese camino. Me hace bien verlo.
Le hace bien a mi corazón.
—MICHAEL BLAKE, *Bailando con lobos*

Nacemos con la capacidad de bailar con otros, pero nos falta
el entrenamiento necesario. Debemos aprender los pasos y
practicar hasta movernos con gracia y facilidad. El placer que
esto conlleva requiere esfuerzo. Algunos de nosotros hemos sufrido daños físicos o en nuestra autoestima, por lo que debemos
practicar el baile más que otros. En algunos casos, las heridas
son tan profundas que quizás nunca lleguemos a bailar con des-
treza. Otros, lamentablemente, fueron educados en la creencia
de que bailar era un pecado.

Exactamente lo mismo pasa en las relaciones. Nuestras vi-
vencias tempranas moldean o deforman nuestras interacciones
adultas. Como niños, algunos hemos sufrido daños psicológicos
severos por negligencia, inhibición o abuso. Superar esto y aprender a danzar al ritmo de un compromiso adulto puede llevarnos
años de esfuerzo y práctica. Otros han sido tan maltratados que
sienten la compulsión de vengarse dañando a otros. Hay quienes, desgraciadamente, han sido lastimados de tal manera en el
pasado que tal vez nunca logren relacionarse de manera adulta.

Sin embargo, la mayoría de nosotros tuvo la suerte de contar con padres que, en términos generales, satisfacían nuestras

necesidades emocionales de atención, aceptación, aprecio, afecto y autorización: las cinco A. Así, al llegar a la adultez, somos relativamente hábiles para relacionarnos con los demás de manera saludable. Esto implica relacionarnos con plena conciencia, sin caer en la posesividad ciega ni en el miedo paralizante a la cercanía. Sin embargo, nadie desarrolla una habilidad perfecta en las relaciones sin aprenderla, de la misma manera que nadie domina el baile sin instrucción. Algunos individuos perfeccionan el arte del baile, mientras otros nunca logran hacerlo bien, aunque quizás no todos se percaten de ello. En una relación, esta dinámica es análoga: puede parecer exitosa, pero no proporcionar una intimidad o compromiso genuinos, convirtiéndose en un problema real si resulta en matrimonio e hijos. Si bien en el baile podemos optar por no mejorar nuestras habilidades con pocas consecuencias para los demás, en una relación, esa elección puede resultar perjudicial para otro(s). (En este contexto, *relación* significa un vínculo íntimo, ya sea viviendo juntos o separados.)

Además, nos encontramos con aquellos que han sufrido abusos graves en la infancia y una falta de satisfacción de las necesidades básicas que resulta en daños que dificultan la intimidad. Con el tiempo, estos individuos también pueden aprender a relacionarse íntimamente, pero solo si trabajan para superar sus problemas iniciales. Es responsabilidad de cada uno de nosotros invertir la energía necesaria en practicar y perfeccionar nuestra habilidad para relacionarnos bien. Esta habilidad no surge de manera automática. Debemos aprender, recibir enseñanzas, hacer duelo por nuestro pasado, trabajar en nuestra terapia personal, explorar nuestra verdadera identidad, deshacernos de hábitos arraigados, ensayar con una pareja, seguir una práctica espiritual y, por supuesto, leer y trabajar con un libro como este. La buena noticia es que todos, como seres humanos, contamos con una psique diseñada para realizar este trabajo. Con el tiempo, la torpeza y los deslices dan paso a movimientos armónicos y cooperativos que reflejan la melodía del amor que subyace en todo esto.

Hemos oído hablar sobre el perjuicio que las heridas de la infancia pueden causar en nuestras relaciones adultas, pero yo adopto una visión generalmente positiva de la fase infantil en nuestra narrativa personal. Lo que vivimos en ese entonces no es tan relevante como la perspectiva que mantenemos actualmente: ya sea como algo positivo que nos ha permitido crecer, o como algo negativo que sigue causándonos dolor a nosotros y a nuestras relaciones. Si podemos hacer el duelo por nuestro pasado y, de esta manera, reducir su impacto en nuestra vida actual, podremos establecer límites saludables mientras nos vinculamos estrechamente con una pareja. Siempre que tengamos un plan para enfrentar la adversidad, ningún problema podrá sumirnos en la desesperación.

Hemos escuchado llamar "codependientes" a aquellas personas que no pueden abandonar una relación dolorosa sin futuro aparente. Sin embargo, cuando una relación redefine un vínculo original con nuestro padre o madre, el acto de separación puede representar una amenaza aterradora para nuestra seguridad interna. En ese escenario, todas las posibilidades de cambio, aun para mejor, se perciben como amenazas. En esos momentos, es crucial ser compasivos con nosotros mismos y reconocer que el tiempo necesario para efectuar cambios no supone cobardía o codependencia, sino sensibilidad hacia las presiones y significados provenientes de regiones de nuestra psique aún bajo la influencia del viejo régimen. Nuestros fracasos en lo vincular nos han preocupado durante toda la vida. Repetir es humano; reinterpretar es saludable. A medida que, poco a poco, reemplazamos reacciones defensivas con nuevas formas de hacer las cosas, aparecen nuevas capacidades, y nuevas habilidades se ponen en juego en nuestras relaciones. No se trata únicamente de liberarnos del estrecho arco de la infancia. Como seres humanos, necesitamos el sustento vivificador de nuestros semejantes. Debemos saber que en algún rincón de este vasto y azotado mundo, hay una resonancia apasionada que se hace eco de nuestra existencia única. Aunque no tengamos control sobre su manifestación, podemos permanecer abiertos y receptivos a ella.

Si hubiéramos experimentado una satisfacción total en la infancia, careceríamos de motivación para explorar el mundo más allá de ella. El camino hacia la adultez comienza cuando, como es debido, abandonamos el nido seguro proporcionado por nuestros padres o cuidadores y nos adentramos en el mundo adulto. Sin esta necesidad, podríamos sucumbir a la comodidad del hogar, aislarnos del mundo exterior y, de esta manera, no encontrar nuestro lugar único en él ni nuestra forma singular de contribuir a él. Esto también explica por qué ninguna persona o cosa será suficiente para satisfacer completamente el alcance total de nuestro potencial humano. La naturaleza no puede permitirse perder a ninguno de sus guardianes, por lo que ha calibrado el corazón de tal manera que nunca está permanentemente satisfecho. Pero sí nos concede momentos de satisfacción con cosas y con personas, y esos momentos pueden sostenernos. Esto fue expresado de manera conmovedora por el personaje del caballero en la película *El séptimo sello*, de Ingmar Bergman: "Recordaré esta hora de paz: las fresas, el tazón de leche, sus rostros en el crepúsculo. Recordaré nuestras palabras y llevaré este recuerdo entre mis manos con tanto cuidado como un tazón de leche fresca. Y esto será un signo de gran alegría". Sí, podemos guardar el recuerdo de momentos especiales de verdadera intimidad y volver a ellos más tarde en busca de consuelo. Incluso podemos recurrir a ellos para estabilizarnos cuando nos sentimos desesperados o solos. Aquellos que nos amaron se han convertido en compañeros interiores, siempre a nuestro lado cuando los necesitamos. "No temeré mal alguno, porque tú estás conmigo".

El amor o cualquier conexión profunda con otra persona, aunque sea breve, hace más que simplemente satisfacernos en el presente; retrocede en el tiempo, reparando, restaurando y renovando un pasado inadecuado. El amor sincero también desencadena una onda expansiva hacia adelante que resulta en un cambio dentro de nosotros. Llegamos al punto en que podemos pensar:

"Ahora no necesito tanto. Ahora no tengo que culpar tanto a mis padres. Ahora puedo recibir amor sin anhelar más y más. Puedo tener y ser suficiente". La persona cuyo viaje ha progresado hasta ese punto está lista para amar a alguien íntimamente.

El entorno contenedor, seguro y confiable de las cinco A es necesario para el crecimiento, tanto psicológico como espiritual. No somos caracoles encerrados en nuestras propias conchas. Cada uno de nosotros es como un canguro que se desarrolla en un marsupio. Experimentamos estar contenidos en el útero, en la familia, en una relación, en grupos de apoyo y en comunidades cívicas y espirituales. En cada etapa de nuestra vida, nuestro *yo* interno requiere el sustento de personas amorosas que estén sintonizadas con nuestros sentimientos y sean receptivas a nuestras necesidades. Su mirada amorosa incondicional da la bienvenida a la aparición personal de nuestro verdadero yo. Aquellos que nos aman fomentan nuestros recursos internos de poder personal, capacidad de amar y serenidad. Aquellos que nos aman nos comprenden y están disponibles para nosotros con una atención, aprecio, aceptación y afecto que podemos sentir. Hacen espacio para que seamos quienes somos interiormente. Los apegos seguros en la vida adulta surgen de ese hacer espacio. Nuestro trabajo, entonces, es convertirnos en la versión más saludable posible de lo que individualmente somos. El ego saludable, lo que Freud llamó "una organización coherente de procesos mentales", es la parte de nosotros que puede observar el yo, las situaciones y las personas, evaluarlos y responder de tal manera que avancemos hacia nuestras metas. No renunciamos a este aspecto del ego, sino que construimos sobre él. Nos ayuda en las relaciones al hacernos responsables y sensatos en nuestras elecciones y compromisos. El ego neurótico, por otro lado, es la parte de nosotros que es impulsada o bloqueada de manera compulsiva por el miedo o el deseo. En su estado inflado, lo que llamamos "el gran ego", se manifiesta con arrogancia, privilegios, apegos y la necesidad de controlar a otras personas. A veces se niega a sí mismo y nos hace sentir que somos víctimas de otros. Este ego neurótico es el que nuestra tarea espiritual en la vida debe desmantelar. Sus tiranías ahuyentan la intimidad y amenazan nuestra autoestima.

La psicología occidental otorga gran importancia a construir un sentido del yo o del ego. El budismo, por otro lado, otorga gran importancia a desprenderse de la ilusión de un yo sólido, fijo y autónomo. Estas perspectivas parecen contradictorias hasta que nos damos cuenta de que el budismo presupone un sentido saludable del yo. No recomienda renunciar a las tareas adultas de construir competencia y confianza, relacionarse efectivamente con los demás, descubrir el propósito de la vida o cumplir responsabilidades. De hecho, primero tenemos que establecer un yo antes de poder soltarlo. Ese yo es una designación provisional y conveniente, pero no es real de manera duradera ni inmutable. Decir que no hay un yo limitado, fijo, es una forma de referirse al potencial ilimitado en cada uno de nosotros: nuestra mente de Buda o nuestra naturaleza de Buda. Podemos trascender nuestra limitada sensación de nosotros mismos. Somos más que nuestro ego limitado.

Los grandes místicos sienten que la unidad experimentada en la meditación es reconfortante al principio, pero luego es una fuerza que los impulsa al mundo con un sentido de servicio. (Es por eso que nuestro viaje es heroico y paradójico.) Esto no significa que todos tengamos que vivir una vida de servicio constante a la humanidad. Nos realizamos cuando desplegamos nuestra capacidad personal para amar, mostrando nuestro amor en la forma única e inigualable que guarda siempre nuestro interior.

EL PODER DE LA CONCIENCIA PLENA

> La conciencia plena crea las condiciones para la revelación.
> —SYLVIA BOORSTEIN

La autoactualización no es un evento repentino ni el resultado permanente de un esfuerzo prolongado. Milarepa, el poeta y santo budista tibetano del siglo XI, sugirió: "No esperes una realización total; simplemente practica todos los días de tu vida". Una persona saludable no es perfecta, pero sí perfectible; no es un resultado definitivo, sino una obra en progreso. Mantenerse saludable requiere disciplina, trabajo y paciencia, razón por la cual nuestra vida es un viaje y, por necesidad, uno heroico. Mientras que el ego neurótico prefiere el camino de menor resistencia, el Yo espiritual busca develar nuevos senderos. No es que la práctica perfeccione, sino que la práctica es perfecta al combinar esfuerzo con apertura a la gracia.

La práctica auténtica es un regalo del progreso o despertar que nos llega de nuestra naturaleza búdica, es decir, nuestra naturaleza iluminada, sin ser solicitado. Si bien hacer pan requiere el esfuerzo de amasar, también exige sentarse en silencio mientras la masa leva con su propio poder. No estamos solos en nuestra evolución psicológica o espiritual; una fuerza superior al ego, más sabia que nuestro intelecto y más duradera que nuestra voluntad, interviene para ayudarnos. Incluso ahora, mientras lees esto, muchos bodhisattvas y santos se están reuniendo para convertirse en poderosos compañeros en el camino de tu corazón.

La conciencia plena es una gentil práctica budista que dirige nuestra atención pura a lo que está sucediendo en el aquí y ahora. Lo hace liberándonos del hábito mental de entretenernos con miedos, deseos, expectativas, evaluaciones, apegos, prejuicios, defensas, y tantas otras distracciones basadas en el ego. El puente que va de ellas al aquí y ahora es la experiencia física de prestar atención a nuestra respiración. La clásica posición de estar sentado juega un papel importante en la meditación de la atención plena al alentarnos a permanecer quietos y centrados físicamente. Además, al sentarnos tocamos la tierra y, debido a su concreción en el aquí y ahora, nos ancla y centra frente a las poderosas seducciones mentales. Nos sentamos como una práctica de cómo actuaremos a lo largo del día. Sin embargo, la atención plena implica más que sentarse. Es no aferrarse al ego a cada momento; es la simplicidad que resulta de experimentar la realidad sin el desorden producido por las artes decorativas del ego.

El término *atención* o *conciencia plena* es, de hecho, un nombre equivocado, ya que el acto en sí implica vaciar la mente en lugar de llenarla. Es el único estado no alterado de la mente, la experiencia pura de nuestra propia realidad. La meditación es el vehículo hacia la atención plena en todas las áreas. La meditación de atención plena no es un evento religioso ni una forma de oración. Es una exploración de cómo funciona la mente y cómo puede aquietarse para revelar un espacio interior en el que la sabiduría y la compasión emerjan con facilidad.

La atención plena no pretende ayudarnos a escapar de la realidad, sino a verla claramente, sin las cegadoras coberturas del ego. La meditación no es escapismo, solo lo son las capas del ego. Mantenernos con esa visión lleva a soltar, mientras que irónicamente, escapar lleva a aferrarse. En el valle embrujado de la paradoja humana, ganamos y seguimos adelante al perder y soltar, y la atención plena es el buen pastor en nuestro interior.

En la atención plena no reprimimos ni nos entregamos a ningún pensamiento; solo los observamos y volvemos a nuestra respiración, guiándonos gentilmente de regreso a donde pertenecemos, como lo haría un padre amable con un niño que se desvía del camino. La meditación tiene éxito cuando seguimos volviendo a nuestra respiración de manera paciente y sin juzgar. La conciencia plena es la condición del testigo justo y alerta en lugar de ser juez, jurado, fiscal, demandante, demandado o abogado defensor. Observamos lo que sucede en nuestras mentes y simplemente lo tomamos como información. Esto no significa estoicismo ni indiferencia, porque entonces perderíamos nuestra vulnerabilidad, un componente esencial de la intimidad. Ser testigos no es permanecer a distancia, sino permanecer al lado. Entonces podemos actuar sin compulsión ni inquietud, relacionándonos con lo que está sucediendo en lugar de ser poseídos por ello.

Hay dos tipos de testigo: compasivo y desapasionado. El testigo compasivo observa desde una perspectiva amorosa. Es como mirar fotos en un álbum familiar: estamos impregnados de un sentimiento amable sin ningún intento de aferramiento. Miramos y soltamos mientras avanzamos hacia lo que puede aparecer en la siguiente página. El testigo desapasionado, por otro lado, mira con indiferencia pasiva. Somos impasibles e inmóviles, sin expectativas sobre lo que vendrá después o aprecio por lo que ha pasado antes. Esto es como mirar el paisaje desde la ventana de un tren. Simplemente lo vemos pasar sin una respuesta interna. Ser testigo consciente es ser testigo compasivo, una presencia comprometida libre de miedo o apego.

La atención plena es más bien vigilancia que observación: observamos la realidad como custodios de su verdad. La profesora de arte Sister Wendy Beckett dice que los grandes artistas hacen grandes pinturas porque han aprendido "a mirar sin preconceptos sobre lo que es apropiado". Esto es atención plena. Puede ser tanto conciencia sin contenido (conciencia pura sin atención a ningún problema o sentimiento en particular) como conciencia con contenido (atención sin intrusiones del ego, llamada *atención plena de la mente*). Generalmente, el último estilo es al que me refiero cuando hablo de la atención plena en este libro.

La atención plena es, por lo tanto, una aventura valiente porque confía en que poseemos en nuestro interior lo necesario para sostener y tolerar nuestros sentimientos, para darles hospitalidad sin importar cuán aterradores puedan parecer, para vivir con ellos en equilibrio. Descubrimos entonces una fuerza dentro de nosotros que es equivalente al autodescubrimiento. De esa autoestima proviene una relación efectiva con los demás. Al soltar el ego, la atención plena nos lleva a su vez a soltar el miedo y el apego, lo que la hace una herramienta adecuada para una relación saludable. Nos hace estar presentes ante los demás de manera pura, sin los amortiguadores del ego neurótico. Simplemente nos quedamos con alguien tal como es, observando sin juzgar. Tomamos lo que hace nuestra pareja como información sin tener que censurar ni culpar. Al hacer esto, creamos espacio alrededor de un evento en lugar de abarrotarlo con nuestras propias creencias, miedos y juicios. Tal presencia consciente nos libera de la identificación restrictiva con las acciones de los otros. Una relación saludable es aquella en la que hay más y más espacio para estos momentos.

La conciencia plena se presenta como un sendero hacia la manifestación de las cinco A, elementos fundamentales del amor, el respeto y el sostén hacia los demás. Constituye una manera de permanecer plenamente presentes y atentos en el aquí y ahora. Así, dirigimos nuestra atención y nos mantenemos junto a alguien en sus emociones y en su situación actual. Cuando acepto a alguien de esta manera serena, se producen transformaciones en mí, y ambos comenzamos a descubrir formas hábiles para expresar un afecto y compromiso más apreciativos. La aceptación también representa el primer paso hacia la renuncia al control y el respeto por la libertad del otro. En este sentido, la aceptación consciente se convierte en la base de nuestras relaciones. Las cinco A son, en sí mismas, los resultados y las condiciones para cultivar la conciencia plena. Desde el punto de vista individual, la atención plena nos permite que los pensamientos y los eventos tomen forma y se disuelvan sin que nos veamos perturbados por ellos. Es la A de autorización, una manifestación de amor, esta vez orientada hacia nosotros mismos.

La conciencia plena se encuentra arraigada en la naturaleza humana. Hemos sido diseñados para prestar atención a la realidad. De hecho, prestar atención es una estrategia de supervivencia. Sin embargo, a lo largo del tiempo, aprendemos a evadirnos y refugiarnos en santuarios ilusorios, construidos por un ego temeroso de enfrentar la realidad. Observamos que es más sencillo creer en lo que nos hará sentir mejor, y nos consideramos con el derecho de esperar que los demás sean como necesitamos que sean. Estas cadenas, creadas por el ser humano, parecen vincularnos con la felicidad. No obstante, una vez que nos comprometemos a relacionarnos despojados de los deseos y apegos del ego, comenzamos a actuar de manera directa, siendo auténticos el uno con el otro. Nos relajamos en el momento, convirtiéndose este en una fuente de inmensa curiosidad. No necesitamos hacer nada. No tenemos que buscar en la bolsa de juguetes de nuestro ego algo con lo que pasar el momento. No tenemos que levantar nuestras defensas. No necesitamos convertirnos en peones de nuestras obsesiones o concepciones rígidas de la realidad. No tenemos que encasillarnos. No tenemos que ponernos a la defensiva ni idear una respuesta ingeniosa. Simplemente podemos dejar que las cosas se desarrollen, prestando atención a la realidad tal como es y permaneciendo en ella tal como somos. Esto resulta mucho más relajante que nuestras reacciones habituales, y utilizamos el equipo original de la psique humana en lugar de los artilugios urdidos por el ego a lo largo de los siglos. Por esta razón, la atención plena también se conoce como *despertar*.

Se hace evidente la necesidad de un entorno contenedor para todo tipo de crecimiento, ya sea psicológico o espiritual. Así como un canguro se desarrolla en el marsupio, experimentamos la contención de una familia, una relación o una comunidad, incluyendo una comunidad de compañeros de práctica o en recuperación. En cada etapa de la vida, nuestro ser interior debe ser nutrido por personas amorosas sintonizadas con nuestros sentimientos y receptivas a nuestras necesidades, capaces de fomentar nuestros recursos internos de poder personal, amabilidad y serenidad. Aquellos que nos aman nos comprenden, están disponibles y nos hacen sentir atención, aprecio, aceptación y afecto. Nos brindan espacio para que seamos quienes somos.

Aunque pueda parecer sorprendente, la atención plena es, en sí misma, un entorno contenedor. Cuando nos sentamos, nunca estamos solos, ya que todos los santos y bodhisattvas (seres iluminados) del pasado y del presente están con nosotros. Meditar con atención plena implica tener contacto y continuidad con una larga tradición. Sentarse en meditación no es una experiencia en solitario. Somos asistidos y sostenidos por todos los demás meditadores que están sentados en algún lugar del mundo al mismo tiempo, así como por todos aquellos que alguna vez se sentaron maravillados ante el poder del silencio para abrirnos. Cuando Buda se sentó en la tierra, era como si se hubiera sentado en un regazo. Es lo mismo para nosotros.

La atención plena activa nuestra cohesión interna, nuestra continuidad y estabilidad personal. Ser un testigo imparcial requiere un ego saludable, ya que la distancia y la objetividad no están disponibles para alguien con límites deficientes, sin tolerancia a la ambigüedad y sin un sentido del propio centro. La meditación puede resultar amenazante para alguien inestable que necesita de la validación tranquilizadora de sus sentimientos por parte de otra persona (ver capítulo 2). El compromiso inflexible de Buda de reconocer la impermanencia resultará aterrador y destructivo para alguien sin una base firme como un yo separado, autónomo e inteligentemente protegido. Finalmente, la llamada a vivir en el presente llega en el momento equivocado para alguien que primero necesita explorar el pasado y liberarse de su resistente sujeción. Por eso, tanto el trabajo psicológico para la individuación como la práctica espiritual para la ausencia de ego siempre serán necesarios para la iluminación de seres tan bella y misteriosamente diseñados como nosotros.

La meditación no debería intentarse de manera seria si no estamos psicológicamente preparados para ello. Sin embargo, al mismo tiempo, podemos comenzar a meditar de manera simple y diaria como complemento del trabajo psicoterapéutico. Este libro defiende la idea de trabajar en lo psicológico y en lo espiritual simultáneamente y en proporciones manejables. Esto se basa en el hecho de que algunas actitudes espirituales contribuyen a la salud psicológica, y viceversa. Por ejemplo, la actitud espiritual de aceptación nos ayuda a sobrellevar el dolor necesario y apropiado, mientras que la habilidad psicológica de asertividad nos ayuda a defender lo que es justo para nosotros mismos y para los demás, aumentando así nuestra compasión. Como señala el activista social y autor budista Ken Jones: "Sistemas de maduración como el budismo enseñan que solo afrontando con total resolución nuestras aflicciones y abriéndonos incondicionalmente a nuestros sentimientos podemos llegar a experimentar un empoderamiento que es distinto de este yo tembloroso [ego]".

Cuando el ego es destronado, se presenta la oportunidad de centrarnos en el corazón. Accedemos a nuestras gracias internas de amor incondicional, sabiduría perenne y poder curativo: las mismas cualidades que fomentan la evolución humana. El corazón nunca está ausente. Podemos escuchar con él, ver con él, hablar con él, amar con él. Encontrar nuestro ser espiritual implica utilizar las habilidades saludables de nuestro ego para servir a los propósitos del corazón, es decir, el amor incondicional en todos nuestros vínculos. El ego está orientado a acumular; el corazón está orientado a dar. Nos esforzamos por alcanzar la intimidad con todo el universo, no solo con una persona. De ahí que la búsqueda de nuestro propio camino espiritual sea tan importante para el cuidado de todas nuestras relaciones y también para la Tierra.

Vivir desde el corazón no implica que nunca tengamos pensamientos dominados por el desamor, sino simplemente que no estamos poseídos por ellos. Estos, al igual que nuestros miedos, ya no nos impulsan, avergüenzan ni detienen. En cambio, los sostenemos con atención plena, sin las elaboraciones ansiosas que nuestro cerebro les añade tan habitualmente. Nos desplazamos por ellos con facilidad, al igual que Ulises, quien escuchó el canto de las sirenas y navegó con seguridad.

UN ENFOQUE POSITIVO DE LO QUE FUE Y ES

Dejar el hogar es la mitad del Dharma.
—MILAREPA

Puede parecer una señal de debilidad reconocer nuestras necesidades. Sin embargo, estas necesidades nos guían para crecer del modo en el que estamos destinados. Nuestro anhelo infantil de atención, aceptación, aprecio, afecto y la experiencia de ser nosotros mismos, no es patológico sino parte integral del desarrollo. Cuando intentábamos que un padre nos prestara atención, estábamos en busca de lo necesario para nuestra saludable evolución. No éramos egoístas, sino que estábamos cuidando de nosotros mismos, y no hay razón para sentir vergüenza por ello ahora.

Las experiencias de la infancia influyen en las elecciones actuales, ya que el pasado forma un continuo con el presente. Las cuestiones no resueltas de la infancia no indican inmadurez; más bien, señalan continuidad. La reaparición de temas de la infancia en las relaciones adultas le otorga profundidad a nuestra vida, ya que no estamos atravesando superficialmente situaciones vitales, sino viviéndolas plenamente a medida que evolucionan. El problema surge cuando el pasado nos lleva a una compulsión por repetir nuestras pérdidas o introduce determinantes inconscientes en nuestras decisiones. Nuestra tarea, por lo tanto, no es eliminar nuestra conexión con el pasado, sino tenerla en cuenta sin estar a merced de él. La pregunta clave es hasta qué punto el pasado interfiere con nuestras oportunidades de relacionarnos de manera saludable y de vivir en concordancia con nuestras necesidades, valores y deseos más profundos.

Para bien o para mal, nuestro desarrollo psíquico es el resultado de una serie continua de relaciones a lo largo de toda la vida. El objetivo del adulto es trabajar cada una de ellas. Luchamos con las relaciones pasadas con respeto, como Jacob luchó con el ángel, hasta que nos concedan su bendición. Esta bendición es la revelación de lo que nos faltó o perdimos. Conocer esto nos proporciona el impulso para soltar el pasado y encontrar la satisfacción de nuestras necesidades en nosotros mismos y en otras personas que pueden amarnos de una manera que afirme nuestro ser. Este tipo de amor restaura o repara las estructuras psíquicas que se perdieron o dañaron en la infancia, y comenzamos a tener un sentido coherente de quiénes somos, lo que a su vez nos permite amar a otros con la misma potencia. Recibimos de otros y así aprendemos a dar, porque el amor enseña generosidad. Por lo tanto, la maduración no consiste en dejar atrás las necesidades, sino en reclutar a otros que brinden respuestas generosas y apropiadas a nuestras necesidades.

Entre los hábitos infantiles, las defensas han sido particularmente consideradas como signos de inadecuación y patología. Sin embargo, necesitamos muchas de nuestras defensas para sobrevivir psicológicamente. Nos defendemos de cosas para las cuales aún no nos sentimos preparados, como la cercanía o el compromiso total. En la vida temprana, aprendimos a proteger nuestros deseos y necesidades si mostrarlos nos hacía sentir inseguros. Aprendimos a defender el núcleo delicado y vulnerable de nosotros mismos contra la humillación, el empobrecimiento o la desconfianza. Esas fueron habilidades, no deficiencias.

Si nos sentíamos inseguros en la infancia, es posible que aún nos sintamos así y que sigamos utilizando nuestras viejas defensas. Ahora, podemos huir o defendernos de la intimidad por temor a revivir traiciones de nuestra infancia que nos dejaron acurrucados detrás de un muro de miedo. En este muro, hay grafitis que acosan nuestra autoestima: "No permitas que nadie se acerque demasiado"; "no te comprometas por completo"; "ninguna relación realmente funcionará"; "nadie puede amarte como realmente necesitas"; "no puedes confiar en los hombres/las mujeres". Nuestro trabajo como adultos es reemplazar estos principios rectores del comportamiento con otros más saludables y optimistas. Los principios rectores que limitan el potencial de nuestra energía vital, la manifestación de nuestra propia y única fuerza vital, son como el limitador en el acelerador de un camión que impide que alcance su velocidad máxima.

La mayoría de nosotros tiene anhelos incesantes de aquello que le faltó en la infancia. Cada vínculo íntimo resucitará estos anhelos arcaicos, junto con los terrores y frustraciones que acompañan a las necesidades crónicamente insatisfechas. Pero esto nos coloca en una posición ideal para revisar esas necesidades frustradas, revitalizar nuestra energía y reconstruir nuestro mundo interior de acuerdo con principios que afirmen la vida. Un vínculo sólido en una relación, al igual que en la fe religiosa, perdura a pesar del impacto de los eventos, por lo que nuestra resistencia es el único obstáculo para el crecimiento que puede resultar del dolor. A medida que reparamos el tejido roto de nosotros mismos, lo que quedó detenido en el pasado se libera. Estamos de nuevo en contacto con quiénes somos realmente y podemos vivir de acuerdo con esa esencia redescubierta.

Cada persona necesita el alimento a lo largo de la vida. De manera similar, una persona psicológicamente saludable necesita el sustento de las cinco A: atención, aceptación, aprecio, afecto y autorización durante toda su vida. Es cierto que las necesidades no satisfechas de las cinco A en la infancia no se pueden compensar más tarde en la vida, en el sentido de que no se pueden satisfacer de la misma manera absoluta, inmediata o infalible. Esa satisfacción absoluta e inmediata de las necesidades es apropiada solo para los bebés. Pero las necesidades se pueden satisfacer, en cuotas cortas o largas, a lo largo de la vida. El problema no es buscar la gratificación, sino buscarla toda de una vez. No podemos recibir suficiente de lo que no recibimos antes; podemos recibir lo suficiente ahora de lo que se nos dio en abundancia antes.

No superamos nuestras necesidades tempranas. Más bien, se vuelven menos abrumadoras, y encontramos formas menos primitivas de satisfacerlas. Por ejemplo, un bebé puede necesitar ser acunado y llevado en brazos, mientras que un adulto puede estar satisfecho con un comentario alentador y una mirada amable. A veces, una necesidad de toda la vida puede ser satisfecha con esos pequeños momentos de amor consciente. Sin embargo, todavía necesitamos ser acunados en ocasiones.

Si nuestras necesidades emocionales fueron satisfechas por nuestros padres/cuidadores, salimos de la infancia con la confianza de que otros pueden darnos lo que necesitamos. Entonces podemos recibir amor de otros sin angustia ni compulsión. Nuestras necesidades son moderadas. Podemos confiar en que alguien nos ayude a satisfacerlas mientras nosotros ayudamos a satisfacer las suyas. Esto proporciona una base para una vida de intimidad y ecuanimidad.

Nuestra vida comienza en un útero contenedor y luego se mueve hacia un abrazo. Nuestra identidad no puede crecer en aislamiento, porque somos dialógicos por naturaleza.

"[El niño] solo puede soportar, o más bien arriesgar, ese YO SOY si se siente rodeado por los brazos de alguien", dice el psiquiatra británico D. W. Winnicott en *Deprivación y delincuencia.**

Las necesidades emocionales originales de la vida encontraban satisfacción en la contención del útero, en los brazos de nuestra madre durante la lactancia, en la calidez de nuestro hogar y en la protección de los padres, todos lugares indispensables para un desarrollo sereno. En un entorno seguro y acogedor como este, los niños sienten que viven en un refugio seguro lo suficientemente amplio como para expresar sus sentimientos con libertad. Sienten que sus padres pueden manejar sus emociones y reflejarlas con amor aceptante; en resumen, que hay espacio para su verdadero yo en ese albergue.

Si sus necesidades no se satisfacen, por otro lado, pueden tener dificultades para confiar en un poder superior al ego o para reconocer la necesidad de espiritualidad en la vida adulta. Los compromisos de fe requieren confianza en una fuente invisible de nutrición, y cuando las fuentes visibles de nutrición nos han decepcionado, es menos probable que confiemos en las invisibles. Sin embargo, Carl Jung sostiene que el anhelo de lo espiritual es tan fuerte en nosotros como el deseo sexual. Por lo tanto, ignoramos un instinto interno cuando negamos por completo la posibilidad de un poder mayor que nosotros mismos. Otra cara de este mismo problema es el fanatismo religioso o una religiosidad negativa y abusiva llena de culpa y obligación.

---

* La traducción corresponde a D. W. Winnicott, *Deprivación y delincuencia*, trad. de Leandro Wolfson y Noemí Rosemblat, Editorial Paidós, Buenos Aires, 1990, p. 128.

Cuando no recibimos satisfacción en una o más de las cinco A, se crea en nosotros un pozo sin fondo, un anhelo imposible de satisfacer de las piezas faltantes de nuestro pasado enigmático y árido. Hacer duelo por una infancia no satisfecha es doloroso. Tememos ese duelo porque sabemos que no podremos controlar su intensidad, su duración o su alcance, y buscamos maneras de evitarlo. Pero enfrentarnos a nuestro duelo es una forma de autoatención y liberación de la necesidad. Paradójicamente, permitirnos experimentar plenamente nuestros sentimientos heridos nos pone en el camino hacia una intimidad saludable.

¿Es este mi problema? ¿He tenido miedo de hacer el duelo por lo que no recibí de mamá y papá y, por lo tanto, lo he exigido de mis parejas, de desconocidos o testigos casuales? ¿Soy incapaz de encontrarlo en mí porque he invertido toda mi energía en buscarlo en otra persona?

Recuperar y deshacer el pasado son metas paradójicas en las relaciones. ¡No es de extrañar que nuestras relaciones sean tan complejas! Su complejidad no radica en las transacciones entre dos adultos, sino en el hecho de que tales transacciones nunca comienzan: en su lugar, dos niños se tiran de las mangas, gritando al unísono: "¡Mira lo que me pasó cuando era niño! ¡Haz que desaparezca y haz algo mejor para mí!". En efecto, le estamos pidiendo a un espectador inocente que resuelva un problema para lo que no posee ni conocimiento ni habilidad. Y todo el tiempo y la energía que se invierten en esa transacción nos distraen de la primera parte de nuestro trabajo: reparar nuestras propias vidas, lo cual puede requerir trabajarlo en terapia.

El suelo frío de nuestra psique es como un laboratorio criogénico donde nuestras necesidades no satisfechas de la infancia permanecen congeladas en su estado original, esperando sanación y cumplimiento, generalmente sin revelarnos completamente la extensión de lo solos y despojados que nos sentíamos. El camino hacia el amor comienza en nuestro propio pasado, y su curación luego se expande a las relaciones con los demás.

Aun si nuestras necesidades de la infancia fueron satisfechas, es posible que necesitemos trabajar en nosotros mismos como adultos. Los padres que cuidan y atienden garantizan que nuestro entorno infantil sea seguro y tranquilizador, y como adultos, tal vez sigamos buscando a personas o cosas que puedan recrear ese milagro. La fantasía recurrente o la búsqueda del "compañero perfecto" es una fuerte señal de nuestra psique de que tenemos trabajo que hacer sobre nosotros mismos. Para un adulto saludable, no existe algo como un compañero perfecto, excepto temporal o momentáneamente. No existe una única fuente de felicidad ni puede una pareja hacer que la vida sea perfecta. (El hecho de que esto suceda en los cuentos de hadas lo dice todo.) No se puede esperar que una relación satisfaga todas nuestras necesidades; solo nos las muestra y contribuye modestamente a su satisfacción. Nos preguntamos: *¿Es posible que no hubiera aprendido lo que necesitaba aprender si hubiera conocido al compañero perfecto?*

El compañero perfecto es el espejismo que vemos después de cruzar el desierto del amor insuficiente. Los espejismos ocurren porque nos falta agua, es decir, nos falta algo que hemos necesitado durante mucho tiempo. Son normales, nada de lo que avergonzarse. Deberíamos observarlos, tomarlos como información para saber qué debemos trabajar, y luego dejarlos ir. Si hacemos esto, llegaremos al oasis real, el regalo de la naturaleza para aquellos que siguen adelante y no se detuvieron en el espejismo.

Sin embargo, es una realidad de la vida que nada es permanente y definitivamente satisfactorio. A pesar de esta realidad, muchos de nosotros creemos que en algún lugar hay una persona o cosa que será satisfactoria para siempre. Esa quimera y la búsqueda inquieta y desesperada que le sigue pueden volverse muy desalentadoras y autodestructivas. En la atención plena podemos rendirnos a la realidad con toda su impermanencia y frustración, y a partir de esa rendición puede suceder algo maravillosamente alentador. Descubrimos que queremos un compañero que camine a nuestro lado en el mundo, no uno que cambie nuestras circunstancias o proporcione una salida de ellas. Encontramos un equilibrio agradable entre rendirse a la realidad de la insatisfacción fundamental de la vida y maximizar nuestra oportunidad de contentamiento. Así descubrimos el paso salvador entre las cumbres nevadas de la ilusión y la desesperación. Desde este punto de vista, la satisfacción moderada de las necesidades, experimentada durante algunos días o incluso momentos, resulta suficiente. *Moderado* es la palabra clave para dar y recibir las cinco A. Un flujo ininterrumpido de ellas sería bastante molesto, incluso para un bebé. Nuestra mentalidad fantástica nos hace anhelar aquello de lo que pronto huiríamos. Por lo tanto, lo que parece un compromiso insatisfactorio es en realidad el mejor negocio para el adulto. El santuario hospitalario y las aguas generosas de un oasis pueden disfrutarse durante un día o muchos, pero no para siempre. Tarde o temprano nos cansarán, y nuestros corazones anhelarán lo que viene a continuación. El desierto y lo que yace más allá, con todo su misterio y dificultad, nos llaman, y no podemos evitarlos ni renunciar a ellos. Viajar es constitutivo de nuestro ser, no importa cuán hermoso sea nuestro hogar. La idea de algo más o diferente nos emociona, no importa cuán placenteras sean nuestras circunstancias actuales. Esto puede ser lo que el poeta George Herbert quiso decir con los versos en los que Dios habla del recién creado Adán: "Aun así, déjale conservar el resto, / pero… con inquietud y desasosiego. / Permítele la abundancia y el aburrimiento".

> Mientras sigas queriendo algo del exterior, estarás insatisfecho porque hay una parte de ti que aún no posees por completo… ¿Cómo puedes estar completo y satisfecho si crees que no puedes poseer esta parte [de ti mismo] hasta que alguien más haga algo?… Si es condicional, no es completamente tuya.
> —A. H. ALMAAS

LAS CINCO A: LAS LLAVES QUE NOS ABREN

En el fondo, siempre hemos sido conscientes de que para satisfacer nuestras necesidades y ser buenos padres necesitamos las cinco A: atención, aceptación, aprecio, afecto y autorización. Durante nuestra infancia, observamos cómo nuestros padres respondían a estas necesidades. A medida que crecemos, buscamos a alguien que pueda satisfacerlas de manera más completa y coherente. Es como ver una reproducción de la *Mona Lisa* que carece de brillo y cuyo color no es el apropiado. Como sabemos cómo es el cuadro en verdad, nos esforzamos por ver una imagen más clara y vívida. En la adultez, buscamos una pareja que sea la apropiada. Al principio, eso significa una réplica de nuestros padres con algunas características mejores o ausentes. Así encontramos una pareja que nos controla, pero es también leal. Conforme maduramos, dejamos de buscar rasgos negativos y nos centramos únicamente en los positivos. Ya no buscamos parejas controladoras, sino personas leales que nos permitan ser nosotros mismos. En la plena madurez, ya no exigimos la perfección, sino que aceptamos la realidad y accedemos a nuestros propios recursos internos. Si encontramos una pareja que nos apoye en este proceso, es un regalo, pero ya no una necesidad. Las cinco A comienzan como necesidades a ser satisfechas por nuestros padres, y un día se convierten en regalos que les ofrecemos a los demás y al mundo.

Como somos seres dialógicos, nuestra autoestima y sentido de identidad surgen del contacto con los demás y de su capacidad para proporcionarnos las cinco A. Estas no son algo extra, sino componentes esenciales de un yo sano e individualizado. La atención de los demás fortalece nuestro respeto por nosotros mismos, la aceptación nos hace sentir que somos personas intrínsecamente buenas, el aprecio nos genera un sentido de valía, el afecto nos hace sentir amados y la autorización nos alienta a perseguir nuestras necesidades, valores y deseos más profundos. Cuando no recibimos estas cinco A, es posible que sintamos culpa y tengamos la necesidad constante de reparar ese daño a lo largo de nuestra vida. Sin embargo, esa reparación es inútil y engañosa, ya que la verdadera tarea reside en explorar el mundo en busca de lo que nos falta y descubrirlo también en nuestro interior.

Sentimos que nos falta algo cuando hablamos y no somos escuchados, nos mostramos y no nos aceptan, pedimos amor y no somos abrazados o hacemos una elección y no se nos permite actuar en consecuencia. Por el contrario, cuando las personas nos brindan las cinco A, nos sentimos realizados y en paz con nosotros mismos. Como adultos, podemos pedir sin temor lo que necesitamos si no se nos ofrece libremente. Solo pedimos lo necesario para alcanzar la plena humanidad. Es precisamente ese tierno y delicado intento de ser amados lo que nos hace a los seres humanos tan dignos de amor.

La naturaleza, al estar orientada hacia la comunidad, nunca pretendió que encontráramos todas nuestras necesidades en solo dos individuos: nuestros padres biológicos. De hecho, es posible que uno o ambos hayan fallecido o nos hayan abandonado, dejando vacíos en nuestro interior. Estos vacíos pueden ser llenados adecuadamente por personas sustitutas, como padres adoptivos, tíos, hermanos mayores, abuelos, ministros, maestros o cualquier persona que ofrezca al menos una de las cinco A. En la adultez, podemos brindarnos a nosotros mismos esas cinco A y, de esta manera, asumir el papel de padres de nosotros mismos. En cualquier caso, no existen padres capaces de satisfacer todas las necesidades de crianza, por más amorosos que sean. Es necesario y saludable buscar y abrirnos a la posibilidad de obtener satisfacción de otras fuentes a lo largo de toda la vida. Un anhelo interno nos impulsa a estar alertas para identificar a aquellos que nos ofrecen ese apoyo. Una sensibilidad adulta nos libera de la expectativa de que una sola persona pueda satisfacer esas necesidades de manera completa.

Además, al igual que en la infancia, la expresión de las cinco A cambia a lo largo de una relación adulta. Una madre atiende de manera diferente a un niño de doce años que a uno de un año. De manera similar, una pareja muestra una atención distinta durante las fases de conflicto y romance en una relación (volveremos a estas fases más adelante). Esperar que todo permanezca igual equivale a perder la analogía entre relacionarse como adultos y crecer. La calidad y cantidad de las gracias del amor cambian con el tiempo, no porque los amantes sean menos generosos, sino porque son conscientes de que las necesidades y los recursos cambian constantemente.

Las cinco A constituyen los ingredientes esenciales del amor, el respeto, la seguridad y el apoyo. Asimismo, conforman la esencia de la práctica espiritual: lo que cultivamos en la meditación y en el sendero de la compasión. Las prácticas propuestas en este libro ofrecen técnicas e ideas para infundir conciencia meditativa y compasión en las relaciones. Estas sugerencias no son simples estrategias para mantenerse unidos, sino llaves para la práctica del amor, nuestro propósito de vida y nuestra realización humana. De hecho, obtenemos mucho al manifestar las cinco A. Aunque se brindan a los demás, todas ellas nos transforman en seres más amorosos al compartirlas. Así, se convierten en los componentes fundamentales para construir la virtud del amor en nuestro interior. Amar es, en última instancia, transformarse en alguien lleno de amor.

Atención

> Es un deleite estar escondido, pero un desastre no
> ser descubierto.
> —D. W. WINNICOTT

Todo mamífero siente instintivamente que necesita y merece la atención plena de sus padres. Cuando un padre solo presta atención a medias, el niño lo percibe y se siente incómodo. La madre leopardo no está concentrada en su propio aseo mientras alimenta a sus crías. Tampoco exige que sus crías la acicalen y esperen su cena. Su atención concentrada les brinda prioridades saludables más adelante en sus propias vidas. La vida psíquica de un niño se vuelve confusa si tiene que cuidar a un padre o comprenderlo, porque esto va en contra de lo que un niño espera instintivamente.

La atención hacia ti significa estar comprometido contigo. Implica sensibilidad hacia tus necesidades y sentimientos. ¿Tus padres te prestaron al menos tanta atención como a la televisión? ¿Tu padre notaba y atendía tus sentimientos y miedos con el mismo cuidado que dedicaba a su automóvil? ¿Se concentraba alguna vez en ti tanto como lo hacía en un juego de pelota?

Observar cada uno de tus movimientos, aunque sea con la intención de protegerte, no constituye verdadera atención, sino más bien intrusión o vigilancia. En una atención auténticamente amorosa eres observado, pero no examinado. La sobreprotección representa un rechazo de tu poder (y, por ende, de quién eres). La atención genuina se manifiesta en cualquier momento, no solo cuando surgen problemas. Afirmaciones como "Los niños deben ser vistos y no escuchados" resultan odiosas para un padre comprometido con prestarle atención a sus hijos. "Mi padre se volvió hacia mí como si hubiera estado esperando toda su vida escuchar mi pregunta", relata un personaje en una de las novelas de J. D. Salinger. *¿Me escuchaban de esa manera? ¿Les importaba yo de esa manera?*

Si nos faltó atención durante la infancia, es posible que hayamos aprendido a atendernos a nosotros mismos, a desarrollar nuestra creatividad y a buscar la atención de adultos que no fueran nuestros padres. De esta manera, una carencia se convirtió en algo beneficioso: el bache se transformó en portal. Asimismo, nuestra capacidad para relacionarnos como adultos puede ser directamente proporcional a nuestro reconocimiento de que lo que necesitábamos en nuestra infancia no estaba disponible. Reconocer esa carencia en el pasado nos ayudará a identificarla en una relación actual y a no seguir buscando en un recipiente vacío algo que necesitamos.

La atención implica observar y escuchar las palabras, sentimientos y experiencias de alguien. En un momento de atención auténtica, sentimos que somos profunda y verdaderamente comprendidos en lo que expresamos, hacemos o sentimos, tal como somos, sin que nada quede excluido. Alguien sintoniza con nosotros, nos refleja. Nos ven, nos reconocen, nos escuchan. Alguien nos comprende.

De igual manera, tenemos la capacidad de sintonizarnos con los sentimientos, necesidades, reacciones corporales, niveles de comodidad en la cercanía y grados de disposición de los demás, como, por ejemplo, determinar si alguien está actuando por coerción y conformidad en lugar de un verdadero acuerdo. No podemos lograr esa sintonía si asumimos que ciertos sentimientos son correctos y otros incorrectos. Para relacionarnos con alguien, es necesario mantener neutralidad hacia todos los sentimientos, cambios de ánimo y estados internos, adoptando precisamente la apertura valiente de la atención plena y la compasión del corazón. Solo con una atención pura y profunda podemos ir más allá de la bravuconería de alguien para comprender su terror, superar su aparente indiferencia y comprender su confusión. Es así como la atención evoluciona hacia la compasión.

Lo que no logra encontrar esa sintonía queda almacenado en nuestro interior o se convierte en una fuente de vergüenza. La falta de sintonía en las primeras etapas de la vida puede dar lugar al miedo de defender nuestros propios intereses más adelante, o puede impedirnos confiar en que los demás estarán allí para nosotros. La falta de sintonía también puede generarnos miedo y soledad. Tememos mostrar algunas regiones de nuestra topografía psíquica debido a nuestra innata desesperación por encontrar el necesario espejo humano.

Una atención sintonizada crea una zona de confianza y seguridad que se expande constantemente. Nos sentimos motivados a buscar, en lugar de esperar, que nuestros anhelos sumergidos emerjan y que nuestras esperanzas truncadas alcancen su completa dimensión. Creemos que finalmente serán atendidos. Esto representa el amor en forma de atención consciente, y nos sentimos seguros en él. Implícita en esta atención a nuestra verdad está la verdad de quien la proporciona. Confiamos en que expresará lo que es verdadero para él o ella; de ahí proviene nuestra sensación de seguridad.

La primera A constituye el núcleo de la atención plena. *Atención* significa enfocarse en algo o alguien para que ya no lo desdibujen las proyecciones de nuestro propio ego; por lo tanto, requiere un interés y curiosidad genuinos acerca de la verdad misteriosa y sorprendente de nuestro ser. Un padre o pareja que nos conoce solo superficialmente no se encontrará más que con sus propias creencias sobre nosotros. Esas creencias o prejuicios pueden perdurar años, impidiendo que la persona asimile la información que revelaría nuestro verdadero ser. El verdadero ser es un potencial abundante, no una lista de rasgos, y la intimidad solo puede ocurrir cuando nos expandimos constantemente en los corazones de los demás, en lugar de quedar encasillados en sus mentes. Nuestra identidad es como un caleidoscopio. Con cada giro, la reseteamos no a un estado anterior o final, sino a uno nuevo que refleja las posiciones actuales de las piezas con las que tenemos que trabajar. El diseño siempre es nuevo porque los cambios son continuos. Esto es lo que hace que los caleidoscopios, y nosotros, seamos tan atractivos y hermosos. Los padres y las parejas que nos brindan atención disfrutan al ver el mandala en evolución que somos.

El anhelo de atención no se trata simplemente de tener una audiencia, sino de contar con un oyente. La atención implica enfocarse en ti con respeto, evitando cualquier atisbo de desprecio o burla. Cuando recibes atención, tus intuiciones son tratadas con la importancia que merecen. Se te toma en serio, se te otorga el crédito que te has ganado y tus sentimientos son tan valiosos para aquellos que te aman que están pendientes de ellos. Incluso se esfuerzan por descubrir los sentimientos que tal vez tengas miedo de reconocer y amablemente te preguntan si deseas compartirlos.

Cuando los demás te brindan atención, también te confrontan directamente si están molestos, sin albergar enojos o resentimientos en secreto. No obstante, siempre lo hacen con respeto y un sincero deseo de mantener abiertas las líneas de comunicación. La atención, al igual que las otras cuatro A, se ofrece en un ambiente de confianza y contención.

Aceptación

En el budismo existe una frase conmovedora: "la mirada de la misericordia". Esta expresión se refiere a observar a otros seres humanos con aceptación y comprensión. La aceptación implica ser recibidos con respeto, con todos nuestros sentimientos, elecciones y rasgos personales, y ser apoyados a través de ellos. Este gesto nos proporciona una sensación de seguridad al conocernos y al entregarnos a los demás. Nuestra capacidad para establecer relaciones íntimas crece en función de cuán seguros nos sentimos, y esa seguridad se basa principalmente en la autenticidad con la que fuimos aceptados en las primeras etapas de la vida. Sin embargo, incluso después de crecer, la aceptación temporaria de otros adultos puede compensar lo que pudimos haber perdido en la infancia, permitiendo que la intimidad siga siendo una opción para todos nosotros. Al igual que con las otras cinco A, nunca es demasiado tarde para encontrar la aceptación o aprender a mostrarla.

En el caso de que nos haya faltado aceptación en la infancia, es posible que hayamos experimentado sentimientos de vergüenza o inadecuación. Sin embargo, también podríamos haber compensado esa carencia de manera positiva al encontrar un centro de valoración dentro de nosotros mismos, volviéndonos menos dependientes de la aprobación de los demás. Ahora, como adultos, no nos vemos afectados ni por las críticas ni por los halagos. Aprendimos desde temprano a fundamentar nuestro propio valor en las profundidades de nuestra psique. Este proceso no solo construye nuestra autoestima, sino que también facilita nuestra capacidad para aceptar a los demás. Dado que no estamos tratando de obtener algo de ellos, podemos apreciarlos tal como son. ¡Cuánto perdieron mis padres al no permitir que esto sucediera entre nosotros!

Para que los padres acepten a sus hijos, deben liberarse de agendas o planes preconcebidos. Estas representaciones parentales pueden comenzar antes del nacimiento y variar desde "Será varón" hasta "Este bebé será un motor en nuestro matrimonio; hará que funcione" o "Esta niña hará lo que yo no pude hacer". Cada una de estas representaciones sutilmente niega nuestra individualidad, con sus limitaciones y potencialidades. Los padres solo pueden aceptarnos después de lograr desmantelar su primera representación de nosotros en favor de la persona en la que nos estamos convirtiendo. Esto implica no decepcionarse con nosotros por romper un acuerdo que nunca hicimos. La aceptación es incondicional, ya que implica validar las elecciones y el estilo de vida de alguien incluso cuando no estamos de acuerdo con ellos. Es lo opuesto a moralizar. La aceptación es un estilo de atención pura. Vemos todo lo que es y sentimos todo lo que sentimos acerca de lo que es, pero luego nos enfocamos solo en lo que es tal como es.

La aceptación es aprobación, una palabra que en algunas psicologías tiene mala reputación. Sin embargo, es perfectamente normal buscar aprobación tanto en la infancia como a lo largo de la vida. Se refiere a ser respaldados y validados por aquellos a quienes respetamos. La aprobación es un componente necesario de la autoestima. Se convierte en un problema solo cuando renunciamos a nuestro verdadero yo para obtenerla. En ese caso, la búsqueda de aprobación puede obstaculizar nuestro crecimiento hacia una vida adulta saludable.

En la atención, eres escuchado y visto. En la aceptación, se te abraza como a un ser valioso, sin compararte con tus hermanos, en tanto confiable, empoderado, comprendido y totalmente aprobado tal como eres en tu singularidad. Percibes un apoyo amable en tu camino, no importa cuán inusual sea; en tus sentimientos, no importa cuán perturbadores sean; en tus deficiencias, no importa cuán irritantes sean. Tus errores no solo son tolerados, sino alentados y apreciados. Eres perfectamente tú, y eso es suficiente. En lugar de esperar que cumplas con un estándar, tus padres esperan ansiosos la total manifestación de ti, sin importar cuán diferente seas de ellos o cuán divergentes sean tus deseos. *Sí, realmente hay personas que aman de esta manera.* ¿Creyeron tus padres en ti? ¿Estuvieron allí para ti? ¿Fueron confiables? ¿Salieron en tu defensa? ¿Se negaron a decepcionarse contigo, sin importar qué? Como afirmó el psicoanalista Heinz Kohut: "Cuanto más segura se siente una persona con respecto a su aceptabilidad, más certero es su sentido de quién es y más firmemente internalizado su sistema de valores; más confiada y eficazmente podrá ofrecer su amor sin sentimientos inapropiados de rechazo y humillación".

Poco a poco, en cualquier relación, vemos las limitaciones de nuestra pareja tal como nuestra pareja ve las nuestras. Amar significa sostener las deficiencias del otro con atención plena, es decir, sin juicio ni crítica. También las sostenemos con el corazón, amándonos tal como somos, reconociendo límites y apreciando dones. Esta combinación es la verdadera aceptación. Como beneficio especial, al alinear nuestras expectativas con las limitaciones del otro, nos salvamos de una constante decepción.

Aprecio

El aprecio confiere profundidad a la aceptación: "Te admiro, me deleito en ti, te valoro; te respeto, te reconozco y aprecio todo tu potencial. Eres un ser único". Para alcanzar las riquezas del valor personal y la autoconfianza necesitamos precisamente ese tipo de aliento. La evolución humana procede tanto de los logros humanos como de su consecuente validación. Pero también surge de la fe de una persona en el valor de otra. La creencia de un padre de que su hijo tiene un gran potencial realmente impulsa el desarrollo de dicho potencial en el niño. La creencia sostenida y continuamente reafirmada dota a las personas de la capacidad de hacer realidad sus aspiraciones. Muchos siglos de creencia en el poder curativo de la fe, por ejemplo, propician que cada vez más sanaciones por fe tengan lugar. En esto, y en las cinco A en general, la satisfacción de la necesidad infunde esa cualidad en la personalidad.

El aprecio también abarca la gratitud por cualquier gesto amable o regalo que podamos ofrecer. El aprecio, entendido como gratitud, nos reconoce a nosotros y a nuestra capacidad para brindarnos. Dado que la intimidad consiste en dar y recibir, el aprecio fomenta la cercanía. Cuando damos, esperamos instintivamente un agradecimiento. Este no es un deseo típicamente asociado a la clase media ni una expectativa egoísta, sino más bien un anhelo de que la transacción se complete de manera natural. Si falta la gratitud, percibimos que algo es insuficiente en una relación.

¿Te resulta familiar la siguiente descripción del aprecio consciente? Alguien reconoció y estimó tu valor incondicional sin envidia ni posesividad, expresando estos sentimientos de manera verbal y no verbal. El aprecio llegó como una comprensión de tus capacidades o de tus sentimientos, validando el misterio que eres. También se manifestó como una palabra de elogio, un gesto de aprobación cuando hacías algo bien, una palmada en el hombro cuando te destacabas en algo, una mirada cariñosa cuando simplemente eras tú, o un agradecimiento por algo que hiciste, diste o simplemente por lo que eres.

En ocasiones, en una relación puedes sentir que no te aprecian y te quejas, llegando incluso a explotar. Detrás de cada queja sobre una pareja subyace un anhelo de una de las cinco A. Una respuesta precisa y compasiva por parte de la pareja que interpreta tu queja como una solicitud de amor podría ser: "Veo que no te sientes apreciado. Quiero que sepas que te valoro mucho". Es entonces que esa persona escucha tu verdadero sentimiento en lugar de tus palabras duras. Se sintoniza con el petirrojo herido y anhelante en ti, no con el pterodáctilo enojado que se le echa encima. Más adelante, cuando las aguas se han calmado, te recuerda que en el futuro puedes pedir ese aprecio directamente.

(Todas estas dinámicas también pueden revertirse cuando es tu pareja la que no se siente apreciada).

Afecto

Dar y recibir amor es una necesidad primordial. Expresamos el amor emocional, espiritual y físicamente. Una caricia cariñosa o un abrazo de alguien que verdaderamente nos ama penetra nuestros cuerpos y restaura nuestras almas. Incluso los miedos más profundos pueden desvanecerse con un solo gesto de amor.

Definir el amor de manera universal resulta imposible, ya que nuestra experiencia de este sentimiento es única. Así como no existen firmas universales, sino personales y distintivas, de la misma manera no existe un amor generalizado, sino un amor singular experimentado de manera única por cada individuo. Aprendemos lo que es el amor cuando nos sentimos amados por primera vez; esta experiencia se codifica en cada célula de nuestro cuerpo, y el amor que buscamos más adelante en la vida a menudo busca replicar esa experiencia inicial.

Si, por ejemplo, sentimos amor por primera vez al ser consolados cuando nos lastimamos o al recibir reconocimiento, atención o regalos, mi cuerpo lo recordará de por vida. Posteriormente, cuando vivimos situaciones similares, volveremos a sentir amor. Podemos llegar a asociar el amor con recibir cosas, lo que nos lleva a buscar constantemente la ayuda o la generosidad de los demás. Incluso un gesto al parecer insignificante, como un guiño, puede interpretarse como amor y generar un apego, aunque la intención real sea simplemente quitarse una basura del ojo.

En la adultez, el amor es revivir la experiencia que recuerda cada célula de nuestro ser. La forma en que fuimos amados en los primeros años de vida se convierte en el estándar de cómo deseamos ser amados a lo largo de toda nuestra existencia. La mayoría de nosotros comprende lo que se necesita para sentirse amado, pero la verdadera lección radica en aprender a comunicar esas necesidades. Nuestros compañeros no son lectores de mentes, por lo que nos corresponde a cada uno expresar de manera clara y directa cuál es nuestra forma única de amar y ser amados. Enseñarle a nuestra pareja cómo amarnos implica también aprender a amarla. Entender esto nos revela que el amor no es simplemente un sentimiento, sino una elección consciente de dar y recibir de una manera única y, en ocasiones, desafiante. Amar es, a la vez, la tarea más sencilla y complicada que emprenderemos en nuestra vida.

El afecto a lo largo de la vida abarca la aceptación y el amor hacia nosotros tal como somos, incluyendo nuestra forma física, nuestro estilo de cuidado personal y nuestras elecciones de vestimenta, independientemente de si se ajustan a los estándares actuales de excelencia. Nuestra forma de estar presentes dice más sobre quiénes somos que cualquier acción específica. El contacto íntimo se establece con una presencia viva, no con genitales o con promesas de amor. Es común, como adultos, caer en la trampa de creer que la posesión de un cuerpo hermoso nos brindará felicidad. ¿Cómo llegamos a la confusión de pensar que nuestras necesidades pueden ser satisfechas por una cara bonita? Gran parte de la atracción surge de manera intuitiva y está vinculada a la historia física y psíquica, por lo que no deberíamos tomarla personalmente. Dejar de lado el ego implica dejar de tomar las cosas de manera personal.

La palabra *afecto* proviene del latín *affectus*, participio pasivo de *afficiō, afficere*: que significa 'influir en el ánimo'. El afecto se refiere a la cercanía tanto física como emocional. Físicamente, abarca el espectro del tacto, desde el abrazo hasta la intimidad sexual. Además, el afecto es una cualidad del sentimiento que incluye amabilidad, consideración, cuidado, juego y gestos románticos como regalar flores o recordar aniversarios especiales. El afecto surge de un genuino gusto por alguien.

Si la afectividad se reduce a ser simplemente una estrategia para el sexo, carece de intimidad y se vuelve manipuladora. En las relaciones adultas, en ocasiones existe intimidad sin sexo, pero siempre hay sexo con intimidad. El afecto se manifiesta de formas distintas en la fase romántica de una relación y en la etapa de conflicto. En la primera, puede tener una dimensión más sexual, mientras que en la segunda puede significar la paciencia para abordar de manera constructiva las preocupaciones mutuas. En última instancia, el sexo tiene la intención de manifestar las cinco A. En una relación saludable el sexo es atento, aceptante, apreciativo, afectuoso y ampliamente autorizador.

Como adulto sabio, aprenderé a distinguir entre tener relaciones sexuales con alguien que lo hace a su manera y tener relaciones sexuales con alguien que lo hace a partir de nuestro vínculo específico. El amor verdadero no es algo estándar: el amante lo adapta de manera única al ser amado. Parte del dolor al dejar ir a alguien que realmente te amó es renunciar a ser amado de esa manera tan especial.

La afectividad abarca la cercanía o presencia amorosa. Recibimos verdadero afecto cuando alguien se compromete a estar a nuestro lado con frecuencia. Esto no significa cohabitar constantemente, sino más bien mantener una disponibilidad fiable. Es lo opuesto al abandono y al distanciamiento. Un niño se siente abandonado cada vez que un padre se percata de la distancia, pero la ignora o no la corrige. Este niño podría crecer diciendo: "Me sentí abandonado y herido cuando mi madre vio mi dolor y no me consoló". Otro adulto podría expresar: "En mi infancia, sentí que me estaban quitando algo cuando me abrazaban o sostenían. Por eso, cuando me tocan, tengo miedo de perderme a mí mismo". Reflexionar sobre este dolor y el dolor que llevó a nuestros padres a actuar de la manera en que lo hicieron nos lleva a sentir compasión por nosotros mismos y por los demás personajes imperfectos en nuestra conmovedora historia.

La atención plena es el camino hacia la presencia amorosa. El contacto consciente brinda las cinco A de manera incondicional, libre de las creaciones del ego, como el miedo, la demanda, la expectativa, el juicio o el control. ¿Te resulta familiar la siguiente descripción de la afectividad consciente?

Eres amado tal como eres. La necesidad de afecto se satisface cuando eres amado incondicionalmente todo el tiempo y genuinamente apreciado la mayor parte del tiempo. Este amor y aprecio se demuestra verbal y físicamente. Este tipo de amor o aprecio te confiere una sensación de poder personal y fomenta que te sientas cómodo en tu propia piel. En la infancia, el contacto físico no tiene componente sexual ni precio. Esto te permite sentirte seguro y apreciado por ser quien eres, en lugar de por lo que puedes proporcionar para satisfacer las necesidades inapropiadas de un padre. Cada célula de tu pequeño cuerpo conocía la diferencia entre ser sostenido de manera contenedora y ser aferrado para satisfacer las necesidades de un padre. Sabías cuando algo se daba y cuando se tomaba.

La compasión es una forma de afecto. Es la respuesta del amor al dolor. Alguien está reconociendo tu dolor de una manera comprensiva, lo que conlleva una cualidad tranquilizadora. También es una señal segura de que somos amados. De hecho, la compasión que recibimos a lo largo de la vida equivale al cuidado parental.

Dado que la opinión de tus padres fue tan crucial para ti en la primera etapa de la vida, el no ser amado puede hacerte sentir que no eres digno de amor y que eres responsable de eso. Más tarde, el amor puede equipararse a cumplir con los estándares de otra persona o estar vinculado a un sentido de obligación. Puedes sentirte de esta manera hacia tus parejas toda tu vida y nunca conocer la vieja historia subyacente.

Finalmente, así como un dedo no es la mano, la afectividad no es el amor, sino solo una parte de él. Ser abrazado y acariciado, pero no permitírsenos luego tomar decisiones libremente y sin culpa pronto se revelará como insuficiente e indigno de confianza.

Autorización

La libertad humana implica el derecho a tomar decisiones y actuar conforme a ellas. Autorización, como una de las cinco A, no se trata de obtener permisos de padres o parejas para ser libre, sino de respaldar nuestra libertad inherente. Es un estímulo para ejercer esa libertad de maneras que resulten beneficiosas, tanto para nosotros como para los demás, así como una colaboración en lanzarnos hacia la libertad de ser quienes realmente somos. La autorización es como desplegar una alfombra roja mientras avanzamos hacia la realización de nuestras necesidades, valores y deseos más profundos.

En una crianza suficientemente contenedora en los primeros años de vida, aprendemos a sentirnos seguros de ser nosotros mismos, de conocer y expresar nuestras necesidades y deseos más íntimos. Esta apertura se manifiesta en una familia que nos abraza con suficiente amplitud para incluirnos por completo. Con una bienvenida así al mundo, ganamos una sensación de estabilidad y coherencia. Al mismo tiempo, desarrollamos una fuente interna confiable de autoapoyo: un cuidador interior que sabe expresar sentimientos, sin importar cuán contradictorios o dolorosos puedan ser. Además, buscamos relaciones saludables, aquellas que nos brinden las cinco A.

Sin embargo, no todos tienen la fortuna de experimentar una infancia de ese tipo. Algunos padres imponen restricciones rígidas en la alimentación, el sueño, la vestimenta y el cuidado personal, todo para satisfacer sus propias necesidades o estándares, alegando que tales restricciones son cruciales para la salud del niño. En nuestro hogar de la infancia, podemos habernos sentido inseguros de ser nosotros mismos. Tal vez notamos que ser auténticos significaba perder el amor de quienes más lo necesitábamos. En respuesta, tal vez optamos por convertirnos en lo que otros necesitaban que fuéramos, como el precio a pagar por ser amados. El falso yo que emergió debe ceder paso eventualmente a una versión más verdadera si queremos que la intimidad funcione en nuestras vidas. Si nunca nos sentimos seguros de ser auténticos, si tuvimos que ocultar nuestra verdadera esencia, podríamos ahora no creer plenamente en nuestros talentos y virtudes, sintiéndonos como impostores y farsantes. Intentar vivir de acuerdo con las necesidades y deseos de los demás es similar a ser un cisne pequeño y tratar de convertirse en un pato, solo porque nos encontramos viviendo en un estanque de patos. Ese falso yo es como un heredero a la corona que vive en el exilio y se conforma con ello.

Los adultos psicológicamente saludables crecieron en un entorno caracterizado por la flexibilidad, no la severidad. Las necesidades tempranas (como todas las necesidades) se satisfacen mejor en un ambiente placentero e indulgente. En ese entorno, la estabilidad personal y los poderes de autocuidado florecen de manera continua, semejantes a las amarilis en un jardín bien cuidado. Estas cualidades son precisamente las que hacen posible la intimidad en la vida adulta. Sin una autorización saludable en la infancia, podríamos elegir una pareja controladora y convencernos a nosotros mismos de que "debo hacerlo a su manera o de lo contrario…". No notamos los intentos de manipulación por parte de los demás. Podemos engañarnos con una relación que parece buena, pero está llena de demandas y expectativas.

Sin embargo, incluso en medio de las cenizas de una sumisión continua, podemos llegar a encontrar algún día una libertad personal interior. Entonces, insistiremos en acuerdos bilaterales en lugar de unilaterales, en la cooperación en lugar de la dominación. La sumisión es la conformidad con las necesidades, valores y deseos más profundos de los demás, no con los nuestros. Pero la conformidad puede transformarse en resistencia.

No permitimos que otros nos controlen, pero comprendemos y sentimos su dolor cuando nos damos cuenta de que su manera de controlar es una compulsión. La mayoría de las personas controladoras no pueden evitarlo; no tienen control sobre su necesidad de controlar. No nos están insultando al intentar controlarnos; más bien, automáticamente toman el mando y dominan a las personas y situaciones. Lo hacen por un temor escalofriante a no soportar que las cosas sucedan como deban suceder. Se necesita un programa espiritual para liberarse de la compulsión de querer controlar y para volverse compasivo hacia las personas controladoras. Un poder superior al ego debe intervenir, ya que el ego no se entregará fácilmente ni se volverá tolerante tan fácilmente.

W. B. Yeats escribió sobre esa persona especial que "ama el alma peregrina en ti". Reflejar la libertad significa fomentar la vitalidad y la pasión en los demás en lugar de sofocarla por nuestro propio bien o seguridad. El "alma peregrina" también implica andar. Permitir de verdad también significa dejar que alguien se vaya. Permitir es apartarse cuando alguien necesita que le demos espacio o incluso nos abandona. Esto es una A en valentía. Podemos adquirir el coraje necesario para resistirnos al control o lo aprendemos en el camino de la vida, lo que hará imposible que otros impidan la manifestación de nuestro propio yo. "No me deja ser yo mismo" se convierte en "No puede detenerme". Una alternativa no saludable es: "Ella exigió cambios, y los hice por ella. Pero ahora ya no me reconozco a mí mismo". Así nos expresaríamos cuando nos obligamos a encajar en el diseño de otro.

¿Te resulta familiar la siguiente descripción de autorización? Instintivamente buscas el rango completo de movimiento y emoción en el curso de tu desarrollo. Puedes sentir en el ambiente psicológico de tu hogar un permiso sincero para ser tú mismo, tener tus propios pensamientos y expresarlos sin castigo, tomar tus propias decisiones e incluso cruzar límites. La autorización, tanto en la infancia como en las parejas adultas, significa seguridad para mostrar el espectro completo de emociones humanas a tu manera. La relación está a salvo, sin importar qué sentimientos expreses: "Siempre supe que podía decir o sentir cualquier cosa aquí". Y no escuchas con frecuencia: "No tienes motivo para tener miedo"; "mejor no te enojes o entristezcas (o alegres)" o "¿cómo te atreves a decir que no?". Cuando el amor es la fuerza vital de una relación o una familia, cada miembro se convierte en una entidad completamente independiente. Esta es la alternativa al control que genera un falso yo. Tus padres te permiten ver, contar, hablar, tocar y ser independiente; y te permiten protegerte y seguir tus propios talentos, relaciones e intereses. Todo lo que eres es abrazado, ya sea que te parezcas o no a tus padres, seas introvertido o extrovertido, convencional o marginal, religioso o no, tengas planes de ir a la universidad o no, seas atlético o no, homosexual, heterosexual o cualquier otra orientación de género. Todo lo que eres es bienvenido.

Si no recibiste el regalo de que se te reconociera en tu libertad, es posible que hayas escuchado: "Nunca lo harás tan bien en la escuela como lo hace tu hermano". ¿Como niño o niña, sentías que no había forma de expresarlo? ¿Te tuviste que preguntar: "¿Qué se necesita para ser importante aquí?" o sabías en el fondo que todo lo que se necesitaba era ser tú? ¿Representaban tus padres el mundo como algo aterrador: "Siempre tienes que tener cuidado", en lugar de: "Tienes la capacidad de cuidarte"? ¿Te sorprendiste cuando fuiste por primera vez a la escuela y te sentiste controlado y con miedo? ¿No te habían enseñado que así era el mundo?

¿Cuál es la diferencia entre controlar y establecer límites? El control pretende convertirte en lo que otros necesitan que seas. Establecer límites te permite estar a salvo siendo tú. Paradójicamente, no podemos lograr la libertad sin límites. Los límites preservan el entorno de contención en el que prosperamos. Los límites son inicialmente los brazos a nuestro alrededor y luego la palabra "no". Incluso un santuario tiene rejas a su alrededor. ¿Cómo podría proporcionar seguridad de otro modo?

Existe una estrecha relación entre la libertad y la autoconfianza: cuando se nos impide expresar nuestras necesidades y deseos más profundos, perdemos la confianza en su legitimidad y en nuestra capacidad de juicio. Sobrevivimos al descubrir las reglas y seguirlas, ocultando así nuestras verdaderas aspiraciones. Nos proponemos complacer a los demás en lugar de afirmar nuestra propia identidad.

Si experimentamos libertad en el seno familiar, nos resulta más fácil confiar en una autoridad de sostén, como un maestro amoroso o un terapeuta. Esta forma de autoridad consciente, exenta de culpas y juicios unilaterales, evita los elementos del ego que generan resistencia a la autoridad. Cuando los padres comparten gradualmente su poder con nosotros desde la infancia hasta la adultez, nos ayudan a construir una identidad sólida, un sentimiento de poder y agencia personal. Descubrimos aquello a lo que Shakespeare se refería en *Medida por medida*: nuestra propia soberanía desconocida. La autoridad humana y la jerarquía son útiles y legítimas cuando nos empoderan para tomar nuestras propias iniciativas, pero no cuando nos subyugan y menosprecian. Cuando la autoridad, ya sea civil o religiosa, imita una crianza saludable, nos honra y gana nuestro respeto.

Como nota final, cabe destacar la diferencia entre autorización y aceptación. Al observar los opuestos, podemos entender mejor las diferencias: lo opuesto de aceptar es rechazar, y lo opuesto de autorizar es prohibir. Autorizar se refiere a permitirnos nuestras elecciones y acciones, mientras que aceptar se centra en nuestros rasgos de personalidad, nuestra orientación sexual o de género, nuestra forma auténtica de relacionarnos con el mundo. En la infancia y la adultez, la acción de autorizar se orienta hacia nuestras elecciones, la búsqueda de nuestros intereses, si queremos casarnos o no, cómo queremos vestirnos, la decisión de dejar el hogar. De hecho, la autorización en la infancia hace posible el salto hacia la adolescencia y, posteriormente, hacia la adultez. La bendición de la autorización nos equipa para afrontar los desafíos que surgen en esos momentos de la vida y que continuamos enfrentando.

> ¿Puedes recordar quién eras antes de que el mundo te dijera quién debías ser?
> —CHARLES BUKOWSKI, *Cartero*

PRESENCIA INCONDICIONAL VERSUS LOS CINCO HÁBITOS MENTALES DEL EGO

En conjunto, las cinco A son los componentes de la presencia incondicional. Sin embargo, también existen cinco hábitos mentales significativos que obstaculizan la auténtica presencia incondicional y pueden generar en los demás la sensación de no ser amados. Estos hábitos son reacciones mentales prácticamente involuntarias, comunes en personas de todo el mundo. Podríamos pensar en estos hábitos mentales como matones que irrumpen sin ser invitados, alterando nuestra experiencia pura del presente y de las personas que encontramos en él. La práctica espiritual de la atención plena es un rescate del asedio de estos invasores.

Estos son los cinco hábitos mentales fundamentales del ego que interrumpen nuestra capacidad de estar plenamente en el momento presente y distorsionan la realidad:

- *Miedo* o preocupación acerca de una situación o persona: "Percibo una amenaza en ti o temo que no me agrades, por lo que adopto una postura defensiva".
- *Deseo* de que este momento o esta persona cumpla con nuestras demandas o expectativas, nos proporcione los recursos emocionales que necesitamos o satisfaga nuestros deseos: "Estoy intentando obtener algo de esto o de ti".
- El *juicio* puede manifestarse como admiración, crítica, humor, moralismo, sesgo positivo o negativo, censura, etiquetado, elogio o culpa: "Me veo atrapado en mi propia opinión sobre ti o sobre esto".
- El *control* se da cuando imponemos nuestra propia visión o plan a otra persona: "Siento apego a un resultado específico y me veo atrapado en la necesidad de corregir, persuadir, aconsejar o cambiar algo en ti".
- La *ilusión* anula la realidad y puede manifestarse como negación, proyección, fantasía, esperanza, idealización, depreciación o deseo: "Tengo una imagen mental o creencia

sobre ti (o sobre esto) que oscurece su verdadera naturaleza". (La ilusión central en la vida es la de separación).

Cualquiera de estas cinco interpretaciones por parte del ego puede ser correcta, pero aun así interfieren con nuestra experiencia del presente. Cada una de ellas representa una minimización que nuestros propios dramas personales imponen sobre la realidad, haciendo imposible una observación imparcial. En este sentido, constituyen causas de karma. La puerta hacia la iluminación se abre cuando la atención plena clausura el espectáculo, incluso por un breve momento. La puerta hacia la empatía y la compasión se abre cuando observamos la experiencia humana, independientemente de cuán desagradable o distorsionada sea, prescindiendo de los hábitos mentales del juicio y el miedo. En ambas puertas, pronunciamos el "ábrete sésamo", el sí incondicional a la realidad.

Los cinco hábitos no deben ser interpretados como algo negativo. Cada uno de estos "piratas" está lleno de una energía que puede ser dirigida a fortalecer el inhundible barco llamado *amor consciente*. La tarea no es renegar de estos hábitos, sino redirigir sus energías para que puedan servirnos a nosotros y a los demás. Así, el miedo puede ser transformado en una cautela sabia. El deseo posibilita el acercamiento. El juicio incluye una evaluación inteligente. El control es necesario en la mayoría de las actividades diarias. La fantasía es el trampolín hacia la imaginación y la creatividad. Cuando descubrimos el núcleo útil de estos esquemas mentales, los intrusos pueden convertirse en nuestros más cercanos aliados.

No podemos ofrecer las cinco A mientras estos cinco hábitos estén operando, ya que nos alejan del contacto auténtico y suspenden o inhabilitan la percepción directa de la realidad. A lo largo de este libro, nos referimos a estas cinco defensas mentales como las capas o el revestimiento del ego. No podemos evitar que nuestras mentes se embarquen en estas distracciones, pero la atención plena reduce su impacto y nos ayuda a reconocerlas.

La atención plena actúa como el guardián, o más bien como el perro guía, de la psique, vigilando a los invasores de la realidad y guiándonos de manera segura más allá de ellos.

Cuando nos acercamos a los demás con las cinco A, estamos profundamente presentes y se crea proximidad. En cambio, cuando nos acercamos a los demás con los cinco hábitos mentales, quedamos atrapados en una agenda personal y nos distanciamos. El compromiso con la intimidad es una transición desde los lugares favoritos del ego hacia el paraíso del amor consciente. Entonces podemos decirnos el uno al otro: "Soy verdaderamente yo cuando estás aquí". Ese "verdaderamente" se siente como una liberación del amor más profundo en nosotros.

La presencia incondicional de alguien que nos ama también nos conecta con el pasado y repara nuestra sensación de no haber sido queridos durante la infancia. Al mismo tiempo, no podemos esperar que un ser humano esté completa e incondicionalmente presente todo el tiempo. Un individuo solo puede ofrecer momentos y horas de presencia sin la intromisión de los hábitos mentales. Solo fragmentos de presencia pueden provenir de seres como nosotros, "reyes de retazos y parches". Si alguno de nosotros fuera completo y totalmente satisfactorio, no tendríamos incentivo para emprender el viaje que hace que nuestra vida sea tan maravillosa. La religión ha respondido con la reconfortante afirmación de que hay una presencia eterna e incondicionalmente amorosa, no fragmentaria, sino completa. La visión religiosa madura encuentra esa realidad en lo más profundo de nuestras almas. Así, incluso en el mundo espiritual, somos arrojados de nuevo a nosotros mismos, y los demás son compañeros, no proveedores.

Finalmente, ten en cuenta que siempre es aceptable no saber qué es o significa algo. Esta capacidad para aceptar el misterio es lo que John Keats llamó "capacidad negativa" o "permanecer en la incertidumbre, el misterio y la duda sin un irritante afán de buscar hechos y razones". Es en la atención plena que actuamos de esa manera: soportamos nuestro desconocimiento

COMO EMPEZÓ TODO 67

y nos sentamos serenamente. Desde esa posición, algún significado único madurará con el tiempo, en su propio tiempo. Esto es una alternativa al frenesí del ego por imponer un significado improvisado desde su léxico de esquemas mentales comunes.

Los hábitos mentales son minimizaciones, ya que cada realidad y persona es un campo infinito de potencial, un vasto espacio abierto e ilimitado. Sin límites creados por la mente, todo es perfecto y provocadoramente exuberante tal como es. Surge entonces, al liberarnos de los hábitos mentales, la energía del placer. Ya no nos sentimos obligados a entender las intenciones de las personas. Finalmente, somos libres para ser plenamente conscientes, para estar presentes sin necesidad de resolver, explicar, juzgar o controlar.

Prácticas

La práctica no implica forzarnos a mejorar, sino confiar en nuestra capacidad de abrirnos. Todas las prácticas que sugerimos tienen un único propósito: proporcionar un programa de recursos útiles para que puedas convertirte en un adulto psicológicamente sano y espiritualmente consciente, ya sea en solitario, en relaciones con otros individuos, o para el mundo.

En estas prácticas, el trabajo psicológico y el espiritual se deben realizar no de manera secuencial, sino simultáneamente. A medida que avanzamos en nuestro trabajo psicológico, nos volvemos más vivos espiritualmente. La participación en prácticas espirituales, a su vez, nos hace más hábiles desde el punto de vista psicológico. Las parejas que resuelven juntas sus problemas con la ayuda de herramientas terapéuticas no solo mejoran la salud psicológica de su relación, sino que la práctica espiritual compartida profundiza su conexión a nivel del alma. Después de todo, las almas gemelas son aquellas cuyos caminos espirituales se cruzan. Sentarse juntos en meditación contribuye de manera maravillosa al vínculo porque el compromiso mutuo con la atención plena es una herramienta poderosa para nutrir una relación. Por lo tanto, meditar juntos no es solo una práctica espiritual, sino también una práctica de relación.

Las secciones de práctica en este libro consisten principalmente en preguntas clave destinadas a desafiarte a enfrentar y admitir tu propia verdad. Deben responderse en tu diario y, cuando sea apropiado, compartirlas en voz alta con tu pareja. Si surgen acuerdos específicos para el cambio a partir de las respuestas, tanto mejor. Sin embargo, es crucial realizar tu propio trabajo. No intentes diseñar el programa de cambio de tu pareja ni juzgar lo que él o ella debería hacer o decir.

Es recomendable discutir tus prácticas con una persona en la que confíes, además de tu pareja, aplicando lo aprendido a tus amistades y a tus interacciones con todas las personas. Este programa no solo busca mejorar tus relaciones íntimas, sino también iluminar el camino hacia un amor eficaz para todos.

El trabajo psicológico y las prácticas espirituales no son empresas exclusivamente individuales. Si bien el esfuerzo es esencial, la gracia, es decir, la asistencia de fuerzas más allá de uno mismo, también desempeña un papel crucial. Es fundamental involucrar y reconocer la ayuda de poderes superiores al ego al iniciar cada práctica. La confianza en que tus esfuerzos están respaldados por propósitos más elevados te brinda apoyo, sostén y contención.

Las prácticas nos revelan nuestro vasto potencial para convertirnos en adultos saludables que saben amar. También señalan dónde pueden estar acechando nuestras limitaciones y resistencias al amor. Al observarnos activar nuestro potencial para el amor e ignorar nuestras barreras, elevamos nuestra autoestima. Independientemente de cuán inadecuados o defectuosos nos veamos, todos poseemos la capacidad de alcanzar la plenitud. Las palabras y prácticas en este libro ofrecen momentos de reparación y ajustes nuevos que pueden aliviar el dolor, haciéndolo menos invasivo o intimidante. Es fundamental estar atentos a cualquier resistencia a la reparación que podamos experimentar.

Las secciones de práctica amplían las ideas y temas explorados en cada capítulo, y se recomienda su lectura, independientemente de si decides probar o no los ejercicios en sí. Estas secciones complementan y enriquecen el texto. No obstante, es importante destacar que no es necesario realizar todas las prácticas. Algunas están diseñadas para introvertidos, otras para extrovertidos, y algunas abordan problemas específicos y no son aplicables a todos. Sin embargo, creo que descubrirás que la experiencia de este libro será mucho más emocionante si decides probar algunas prácticas de cada capítulo. Escoge aquellas que te resulten atractivas, desafiantes o que se ajusten a tus circunstancias y personalidad. Observarás que, como resultado, tu relación y tu propio ser se enriquecerán de manera sustancial y conmovedora como resultado.

Entendemos que la repetición de veredictos internos crea patrones en nuestras mentes. Regresamos una y otra vez a antiguas creencias sobre nosotros mismos y a viejos hábitos que no benefician nuestro comportamiento. Podemos abrir nuevos caminos neurales a través de la repetición, es decir, mediante la práctica de nuevas actitudes y comportamientos. Cuanto más repetimos nuestras afirmaciones y acciones útiles, más arraigamos los nuevos recursos. Asimismo, despertamos la mejor evaluación de nosotros mismos en la corteza prefrontal cuando pasamos de vernos como personas frágiles a afirmarnos como individuos fuertes. Cuando nuestro cerebro nos repite la misma historia de nuestra victimización, terminamos creyendo que somos débiles. Podemos reconfigurar nuestro cerebro con una nueva narrativa, presentándonos como héroes, y pronto activaremos y creeremos en nuestro propio poder.

Por último, presta atención a las sensaciones de tu cuerpo mientras lees este libro y trabajas en las prácticas. Estas sensaciones revelan mucho sobre qué debes trabajar, qué te está frenando y qué te sostiene.

MEDITACIÓN DIARIA: La primera práctica consiste en meditar a diario. Comienza con unos pocos minutos al día hasta alcanzar unos veinte como mínimo ideal. Si bien es preferible sentarse juntos como pareja, también es apropiado y valioso hacerlo a solas. Busca un espacio tranquilo, con los ojos abiertos o cerrados, la espalda recta y las manos en las rodillas o muslos. Presta atención a tu respiración. Cuando pensamientos o ansiedades ingresen en tu mente, etiquétalos simplemente como pensamientos y vuelve tu atención a tu respiración. No intentes detener el flujo de pensamientos; la práctica requiere simplemente que, al notar el pensamiento, vuelvas a centrarte en la respiración. Al concluir la meditación, intenta levantarte lentamente y observa si puedes mantener esa misma sensación de conciencia durante el resto del día. Con el tiempo, la respiración se vuelve más real y más fascinante que nuestras propias historias.

BONDAD AMOROSA: La segunda práctica para las parejas fomenta la bondad. El amor benevolente es una práctica budista (también conocida como *metta*) basada en la premisa de que todos buscamos lo mismo, la felicidad, y que nuestro vínculo amoroso con todos los seres nos lleva a desear su felicidad también. Aquí tienes un formato sencillo para esta práctica: Siéntate en silencio e imagina que rebosas de alegría, amor, compasión y ecuanimidad, cualidades de nuestra naturaleza budista. Afirma cada una de ellas en ti y luego envíalas a un círculo de personas que se amplíe hasta incluir a todo el mundo en los deseos que colman tu corazón: "Que yo sea feliz. Que aquellos a quienes amo sean felices", y así sucesivamente. Comienza con aquellos que te aman, luego agrega a aquellos a quienes amas, después a conocidos, es decir, personas con quienes te encuentras en la vida diaria, como cajeros de bancos y vecinos. A continuación, agrega aquellas personas a las que no les gustas o que no te agraden, personas difíciles, hostiles, enemigos (personales y políticos). Luego incluye a personas que son diferentes a ti, aquellas hacia las cuales podrías tener prejuicios. Finalmente, irradia felicidad al mundo, a todos los seres, grandes y pequeños. Así, nuestro corazón se expande en toda su dimensión.

Observa cualquier resistencia mientras avanzas por la lista de personas. No intentes erradicar la resistencia. Comprométete con una incondicional intención de amar, y verás que la resistencia disminuirá. Al desearles amor y felicidad a personas que no conoces o incluso a tus enemigos, algo cambiará en ti. Esta práctica nos enseña que el propósito de nuestra vida va más allá de nuestro propio bienestar. Estamos reconociendo que nuestras necesidades no son lo único que importa. También importa el bienestar de nuestros semejantes, y lo estamos irradiando desde nuestro corazón despierto. Ahora no hay límite para nuestro amor, la posibilidad de posibilidades.

Cuando realizas esta práctica a diario, sus efectos también pueden activarse cuando te encuentras con alguien que te provoca negativamente. Entonces podrías escucharte diciendo: "Que él (o ella) se abra a la luz". Aspiraciones como esta no significan que aprobemos el comportamiento negativo, sino que apreciamos las limitaciones de todos y su potencial de crecimiento. Esta es otra forma de nunca rendirse con nadie, lo cual es la joya de la corona en el corazón del amor.

ABANDONAR EL CONTROL: Un control saludable implica organizar nuestras vidas de manera responsable, como el mantenimiento de un automóvil o de nuestra salud. El control neurótico, en cambio, implica actuar según la compulsiva necesidad de que todo y todos se ajusten a nuestros deseos. Buscamos el control cuando notamos las inexorables condiciones de nuestra existencia y nos sentimos impotentes frente a ellas. Todavía no éramos capaces de decir: "Permaneceré en este atolladero y veré qué me ofrece. Me parece que me fortalezco de esta manera". Decir sí a nuestra experiencia de esta manera consciente conduce a potenciar nuestro corazón para amar más y temer menos. ¿Puedes tomar la decisión, comprometerte a controlar menos y dedicarte a esto como tu proyecto permanente?

ABRIRSE A LA RETROALIMENTACIÓN: Cuando te comprometes a trabajar para convertirte en una persona más amorosa, ya no dependes únicamente de tu propia mente para obtener toda tu información. Sientes disposición a aprender a través de tu pareja o de cualquier otra persona en la que confíes. Te encuentras abierto a descubrir cómo te perciben aquellos que ven tu sombra o tu lado oscuro. Quieres ser *expuesto* para poder dejar de lado tus poses y permitir que tu yo auténtico emerja. Le das la bienvenida a la retroalimentación sobre cómo afectas a los demás. El compromiso de trabajar en uno mismo, que es el núcleo central de estas prácticas, incluye esta apertura a la retroalimentación. El Maestro Zen Wuzu nos dice: "Los antiguos siempre se alegraban de conocer sus errores". Si descubres que tu ego no puede tolerar que te señalen errores o que se demuestre que eres inadecuado o te equivocas, entonces el trabajo comienza aquí. Un requisito indispensable de ese trabajo es la disposición a soltar el ego. *Me comprometo a encontrar algo de verdad en cualquier retroalimentación que reciba.*

Como un paso hacia lograr esta disposición, pídele a tu pareja que describa algo que le haya estado molestando y observa cuándo estás juzgando lo que dice, deseando controlar sus reacciones, sintiéndote temeroso de él o ella, queriendo cambiarle, y así sucesivamente. Reconoce cada una de estas reacciones como distracciones del ego y vuelve a escuchar abiertamente. Cuando tu pareja haya terminado, cuéntale qué distracciones interrumpieron tu escucha consciente de su historia. Comprométete a notarlas en futuras conversaciones. Puedes comprometerte a escuchar con tu corazón, donde se encuentran las cinco A. ¿Cómo puede suceder eso? Mediante el hábito de la atención plena que estás construyendo en la meditación, al volver a tu respiración sin distracciones de hábitos mentales preestablecidos.

Aquí te presento una práctica que emplea la atención plena y la conexión con nuestro corazón para responder de manera agradecida, y que, al mismo tiempo, nos protege a nosotros mismos cuando recibimos críticas.

- Acércate a cualquier persona que tenga un problema contigo con la intención consciente de brindar las cinco A. Dile esto en voz alta a la otra persona y mantén esta intención en tu corazón mientras él o ella se expresa. Esto describe una manera profundamente amorosa de escuchar, útil en cualquier etapa de la vida y en toda comunicación:

> Ahora te estoy prestando toda mi atención.
> Te acepto tal como eres en este momento.
> Te permito ser tú.
> Te aprecio por lo que has sido y eres.
> Siento un afecto verdadero por ti, sin importar las circunstancias.

- Establece contacto visual mientras escuchas con atención plena, sin defensas, enojo, o planes de contraatacar o demostrar que la persona está equivocada.
- Reconoce el impacto que has tenido en el otro y los sentimientos que has despertado en él o ella. Evita la negación como método de protección y no minimices ni descartes tu impacto contrastándolo con tus buenas intenciones. El impacto es más relevante que la intención.
- Comprométete a tomar lo que la otra persona dice como información, no como censura.
- Habla, sin embargo, si la retroalimentación incluye culpa, insulto, ridiculización o menosprecio. No puedes permitir esto si te estás cuidando.
- Pide perdón cuando sea apropiado, diseña un plan para cambiar y pide apoyo.

Esta práctica inculca la virtud de la humildad y te hace más abierto y querible.

COMUNICARSE CON EL CORAZÓN: Nos sintonizamos con las necesidades y sentimientos del otro, a menudo no expresados. Esta escucha con el corazón implica un compromiso con la compasión, el cuidado y la conexión.

- Compasión: Nos conmovemos por las necesidades y vulnerabilidad de alguien. Sentimos empatía genuina si el otro está sufriendo. Abrazamos la historia de esa persona con atención plena, es decir, sin juicio.

- Cuidado: La otra persona cuenta, es importante para nosotros. Nos importa que encuentre un camino hacia la curación y la integridad. Estamos dispuestos a unirnos en el trabajo de abordar, procesar y resolver cualquier conflicto que surja entre nosotros. Sinceramente queremos lo mejor para el otro. Estamos abiertos a ser tan vulnerables como sea necesario.

- Conexión: Somos compañeros, no mecánicos de problemas. Miramos junto con la otra persona su dilema. Estamos con el otro, a su lado, no por encima o más allá. Sabemos que podríamos tener la misma ansiedad que él, ella o ellos experimentan. Sabemos que hemos tenido sufrimientos similares. Sabemos que podemos o hemos cometido errores parecidos. Consultamos con el otro: "Aprendo a amar efectivamente al escuchar de ti cómo mi forma de amar se refleja en tu persona. Así que por favor, háblame con sinceridad". Esto es escuchar y abrirse en profundidad, un encuentro espiritual de corazón a corazón, el único encuentro en el que puede ocurrir una verdadera conexión: "Estoy escuchando" es mi nombre ahora. La presencia del corazón crea el mejor ambiente para que el amor brote y florezca. Escuchar con el corazón también es un componente esencial del héroe en el viaje. No recorremos el camino a menos que sea con un corazón que escucha. Todas las referencias en este libro al *camino* incluyen oído y corazón, no solo pies.

- Escucha corporal: Notamos sensaciones en nuestro propio cuerpo mientras estamos con la otra persona. Somos

conscientes de cómo sostenemos su verdad, sus necesidades y sentimientos, y dónde en nuestro propio cuerpo
sentimos su impacto. Notamos si estamos cómodos o ansiosos a medida que transcurre nuestro tiempo juntos. En
ambos casos, le damos la bienvenida con nuestro lenguaje
corporal: "Me inclino hacia ti, no me alejo. No me asusta tu
pesar. Puedes confiar en que te acompañaré en las buenas
y en las malas". Esto es la esencia de la intimidad.

Cuando combinamos las tres formas de escuchar basta nuestra presencia para crear confianza y abrir un camino hacia la
satisfacción. Finalmente, en la atención plena podemos aprender
a escuchar a los demás como escuchamos a los pájaros cantar:
sin juicio, solo apreciando la diversidad. Entonces, nuestro amor
por los pájaros, como lo hizo San Francisco, suma la dimensión
del corazón.

ATENCIÓN A LAS NECESIDADES: Utilizando las cinco A como guía,
reflexiona sobre lo que más necesitas de un compañero o amigo.
Pregúntale a tu pareja o amigo qué necesita de ti. Es fundamental no confundir necesidades con peticiones, planes o soluciones.
Por ejemplo, expresar: "Necesito que me escuches" no refleja una
necesidad, sino una solicitud. Decir: "Necesito más espacio en
esta relación" no describe una necesidad, sino un plan. Decir:
"Necesito un trago" describe (tu idea de) una solución, pero no
una necesidad. Cuéntale a tu pareja tus deseos actuales, tus planes
e ideas para mejorar. Luego, identifica la necesidad detrás de cada
uno de ellos y pídele que las escuche. Por ejemplo, detrás del deseo
de ser escuchado puede encontrarse la necesidad de una atención
auténtica, una concentración sin distracciones en tus palabras y
sentimientos con respeto y aprecio sincero.

SENTIRSE AMADO: Inicia este ejercicio recordando momentos
en los que te sentiste amado en la infancia y observa si se relacionan con los tipos de amor que buscas en tu adultez. Luego,

pregúntale a tu pareja qué significa el amor para él (o ella) y compártele tu definición. Puede que no te sientas amado por alguien que realmente te ama porque expresa su amor de una manera que no comprendes. Esto es similar a escuchar un idioma extranjero y asumir que es un sinsentido. Pide una traducción: el desafío en la intimidad para los adultos radica en ampliar nuestro concepto original de amor para adaptarse a la forma única de amar de la pareja. Aún podemos solicitar lo que necesitamos mientras intentamos aceptar una aproximación y nos abrimos a nuevas manifestaciones de amor.

Reflexiona en tu diario sobre preguntas como las siguientes: ¿Qué significa el amor para mí? ¿Quién me hace sentir amado de esa manera? ¿El amor de mi pareja tiene en mí resonancias corporales? ¿Quién fue la primera persona en mi vida que me hizo sentir amado? ¿Le he expresado suficiente gratitud? ¿Puedo comunicarle a mi pareja lo que significa el amor para mí? ¿Puedo hacerle la misma pregunta? ¿Cómo usaré esa información? ¿La forma en que ofrezco amor es infantil, paternal o adulta? ¿La forma en que busco amor es infantil, paternal o adulta? Cuando sentimos poco o nulo amor hacia nosotros, buscamos pruebas de amor. Cuantas más pruebas busquemos, más amenazada, examinada y presionada puede sentirse nuestra pareja. ¿Me encuentro en alguna de estas situaciones?

CONTACTO FÍSICO: Al convertirnos en adultos, nuestras necesidades fundamentales no desaparecen. Todos sentimos la necesidad de ser abrazados en ciertos momentos, sin importar nuestra edad. Esto proviene de un instinto de validación personal. Siempre estamos buscando el espejo y sostén que pudieron haber sido insuficientes en la infancia. Cuando alguien nos ama, se preocupa por nosotros y nos respeta, el cuerpo de esa persona se convierte en un recurso para reparar la negligencia o el abuso sufrido en el pasado.

Algunos de nosotros tememos, con razón, la posibilidad de encontrar cercanía y luego perderla. Queremos asegurarnos de que una posible pareja merezca nuestra confianza, y eso siempre es una apuesta. Si superamos el miedo inhibidor, podemos abrirnos al contacto con los demás, aunque sea limitado, y descubrir que tiene un poder curativo. Que nos sostengan con atención tierna, por ejemplo, en el regazo de alguien, o estando abrazados uno al lado del otro, proporciona ese reflejo amoroso que pudo haber estado ausente en nuestra infancia. Al principio puede sentirse incómodo; una vez roto el hielo, se vuelve natural. Experimenta este tipo de contacto en algún momento con tu pareja o alguien cercano. Puedes ofrecerle a tu pareja que se recline sobre tu regazo o abrazarle mientras lees una parte de este libro. No superamos la necesidad de estas formas reconfortantes de cercanía en la infancia, y no debe avergonzarnos.

BRINDAR APOYO: El apoyo emocional implica una generosa ofrenda de las cinco A. Sin embargo, ¿cómo determinamos exactamente qué tipo de apoyo necesita nuestra pareja en un momento o situación específicos? Por ejemplo, imaginemos que nuestra pareja está llorando. ¿Será más útil abrazarle o darle espacio en ese momento? El Principito reconocía: "Es un lugar tan secreto el país de las lágrimas". A veces, hay un sentimiento recóndito, inalcanzable, sin nombre, en la experiencia de una persona. La persona misma no sabe realmente lo que siente o necesita en ese momento. El apoyo puede consistir simplemente en honrar ese misterio interno. Es posible que no descubramos cómo ayudar. Entonces, como Hamlet, solo podemos decir: "Siéntate quieta, alma mía".

En otras ocasiones, el apoyo puede manifestarse a través de la indagación. Cuando nuestra pareja parece sufrir angustia y muestra disposición a comunicarse, practiquemos preguntándole qué tipo de ayuda necesita. Esto es una forma de honrar y fomentar su comodidad para pedir apoyo, contribuyendo así a la intimidad. Aquí tienes algunos ejemplos de cómo preguntar: "Veo tu dolor. Por favor, dime cómo puedo acompañarte". "Quiero apoyarte en este momento. Por favor, hazme saber lo que funcionará mejor para ti". "Estoy disponible de cualquier manera que pueda ser útil. ¿Cómo puedo cuidarte mejor en este momento?". "Si no sabes lo que necesitas en este momento, simplemente puedo estar aquí contigo".

RECONOCER LOS HÁBITOS MENTALES: La presencia amorosa adopta cinco formas: atención, aceptación, aprecio, afecto, autorización. La atención plena es el camino hacia esa presencia amorosa. El contacto consciente es incondicional al otorgar las cinco A y no lo condicionan los hábitos mentales del ego, tales como el miedo, la demanda, la expectativa, el juicio o el control. Observa el cuadro a continuación y registra en tu diario ejemplos en los que estuviste de un lado y del otro en tu forma de relacionarte con tu pareja. Comparte los resultados con tu pareja y pide retroalimentación para realizar cambios y obtener una respuesta compasiva.

Las Cinco A (basadas en la atención plena)	*Sus opuestos* (basados en los hábitos mentales)
Estar atento	Ignorar, negarse a escuchar, no estar disponible, temer a la verdad
Aceptar	Intentar cambiar a alguien para que se ajuste a nuestras especificaciones, deseos o fantasías
Apreciar	Criticar
Ser afectuoso	Actuar egoísta o abusivamente
Autorizar	Ser controlador, exigente o manipulador

CÓMO EMPEZÓ TODO 79

COMPROMISO ESPIRITUAL CON LAS CINCO A: Las cinco A son propósitos o fines en sí mismas. Brindarlas y recibirlas no solo son formas de satisfacernos, sino también prácticas espirituales mediante las cuales cumplimos nuestro destino heroico de llevar al mundo los beneficios y tesoros que encontramos en nuestro camino. Consideradas en términos espirituales, se pueden explicar de la siguiente manera:

- La atención significa tener conciencia de la interconexión de todas las cosas.
- La aceptación significa dar un sí incondicional a las realidades de la existencia, los hechos de la vida.
- El aprecio significa adoptar una actitud de gratitud.
- El afecto significa el amor que sentimos por los demás y por el universo.
- La autorización significa otorgar a los demás y proteger en nosotros mismos el derecho a vivir libremente y sin control externo.

Convierte estas cinco necesidades/propósitos en afirmaciones y compromisos que luego puedas repetir diariamente o con la mayor frecuencia posible. Usa las siguientes frases como ejemplos:

- Me siento unido con todos los seres humanos y con la naturaleza. Observo su sufrimiento y su felicidad. Tomo decisiones que me hacen sentir más conectado y cercano a ellos.
- Acepto las realidades de la existencia, tanto las que parecen positivas como las negativas. Me rindo a lo que no puede cambiarse y confío en que será útil en el camino de mi vida.
- Siento agradecimiento por todo lo que ha sido y estoy abierto a todo lo que será. Agradezco todo lo que recibo.
- Muestro mi amor en cada pensamiento, palabra y acción.

- Valoro mi derecho a vivir de acuerdo con mis necesidades, valores y deseos más profundos. Respeto ese derecho en los demás.

2. AMOR Y MENOS

> Una persona desea ser confirmada en su ser por otra
> persona... Secreta y tímidamente espera un Sí que le
> permita ser, y que solo puede llegar a él de otra persona.
> Es de un ser humano a otro que se comparte el pan
> celestial del ser.
> —MARTIN BUBER

Nacimos con la capacidad de experimentar toda la gama de emociones humanas, pero esta capacidad debe activarse antes de que podamos usarla plenamente. Todos poseemos lo necesario para sentir, pero para vivir plenamente y de manera segura nuestras emociones, estas deben ser "validadas" por alguien que las refleje. Dicho reflejo sucede cuando alguien nos devuelve con precisión la imagen de nuestros sentimientos con una cálida bienvenida. En ese momento, sabemos que somos comprendidos y que es seguro tener y expresar nuestras emociones. El reflejo impulsado por el afecto implica un respeto positivo e incondicional hacia nuestras necesidades, valores y deseos singulares, manifestado por alguien que conscientemente brinda las cinco A. El componente de conciencia plena hace que nos sintamos amados sin los artefactos del ego, como el miedo, el apego, el control, las expectativas, los prejuicios, las defensas o el juicio. Por ejemplo, si experimentamos miedo y este es recibido con atención consciente, aceptación, aprecio, afecto y autorización, entonces el miedo es plenamente bienvenido; es decir, podemos reconocerlo y sentirlo de manera segura a partir de ese momento.

Lo opuesto a reflejar es avergonzar. Cuanto menos reflejo hayamos recibido, más avergonzados podemos sentirnos de nosotros mismos. Aquí tienes un ejemplo de reflejo y su alternativa: un niño tiene miedo de ir a la escuela por primera vez. Su madre le dice: "Sé que da miedo, y está bien tener ese miedo. Iré contigo a la escuela hoy y estaré contigo un rato. Cuando llegue a casa, estaré pensando en ti. Luego iré puntual a recogerte ¡y nos iremos a tomar un helado! Puedes tener miedo, pero no dejes que te impida divertirte en la escuela y después de la escuela". Este niño, y más tarde el adulto en el que se convierte, tendrá menos probabilidades de abandonarse a sí mismo. Confía en su capacidad para superar el miedo. El miedo no significará "detente", sino "continúa con valentía y con apoyo de los demás". El sentimiento de miedo ha sido legitimado, instalado de manera segura y permanente, porque ha sido reflejado con las cinco A.

Ahora, compara la respuesta de la madre que refleja el miedo de su hijo con la de la madre que dice: "No seas llorón. Irás a la escuela te guste o no. Ninguno de los otros niños tiene miedo. ¿Qué te pasa?". La primera madre reflejó el miedo y acompañó a su hijo a atravesarlo. La confianza en uno mismo resulta de esta actitud. La segunda madre ridiculizó el miedo y lo asoció con la inadecuación, resultando en vergüenza. Sin un recipiente que contenga su sentimiento, este niño/adulto tendrá que encontrar su reflejo y la seguridad que conlleva en algún otro lugar.

El reflejo también puede darse en respuesta a la alegría. Entras corriendo a casa emocionado y le cuentas a tus padres sobre tu éxito en gimnasia. Ellos te responden con completa atención, emoción, abrazos, elogios y un plan para ir a verte. La respuesta opuesta es: "Vamos, no te emociones demasiado. Tomémoslo con calma. Esperemos a ver si todavía te gusta el próximo mes". Tu entusiasmo se ve sofocado. La primera actitud conduce a un futuro de autoconfianza y exuberancia, la segunda a un futuro de duda y vergüenza.

Avergonzar es una forma de abandono, y aferrarse a nuestra propia vergüenza es autoabandono. Ahora comenzamos a ver por qué tememos tanto el abandono: es la ausencia de reflejo, y necesitamos el reflejo para sobrevivir emocionalmente. También vemos por qué tememos la pérdida de nuestra pareja. Estar de duelo es sentirse intensamente aislado y privado de reflejo. Hacer el duelo con otros que nos apoyan, sin embargo, es reflejarnos mutuamente. Por eso, los funerales son eventos públicos: quienes nos acompañan reflejan nuestro dolor y nosotros el de ellos. El duelo se cura soltando y teniendo contacto.

Permitir que la pareja reflejada tenga su propia historia presenta un desafío importante para aquellos que quieren ofrecerse como espejo. Cuando somos conscientes, no estamos solucionando, sino apoyando a otro en su angustia o en sus elecciones. Respetamos su libertad y, sin embargo, estamos allí si necesita una mano. Este es el mismo protocolo que seguimos al criar a adolescentes. No nos quedamos quietos y los dejamos lastimarse; les informamos sobre las posibles consecuencias. Sin embargo, una vez que tienen la información, no les impedimos que tomen decisiones que puedan lastimarlos. Una madre no puede evitar los errores de su hija, pero puede ayudarla a lidiar con sus consecuencias.

El reflejo nos ayuda a sobrevivir emocionalmente, es decir, a experimentar los eventos de nuestra vida con el poder de manejarlos y sin ser devastados o amargados por ellos. Si el reflejo que recibimos es nulo o escaso, podemos creer que tenemos que sintonizar con el otro o perder nuestro vínculo con él o ella; un vínculo que se siente como muy necesario para nuestra existencia. Por lo tanto, nuestro inconsciente no es solo un mar de recuerdos reprimidos o impulsos inaceptables, como sugiere Freud. Contiene una serie de sentimientos que no lograron atraer una sintonía de validación y, por lo tanto, tuvieron que ser descartados o ahogados. Si, por otro lado, recibimos reflejo temprano en la vida y ahora nos permitimos sentir plena y apropiadamente, tenemos una red de contención segura, un lugar donde dejarnos caer cuando enfrentamos una crisis. A veces, a lo largo de la vida, podemos tomar decisiones que no encuentren un reflejo de aceptación de nadie. Entonces, por el bien de nuestra salud psicológica y espiritual, necesitamos buscar un sistema de apoyo del cual recibir reflejo, o pararnos solos y confiar en nosotros mismos cuando no encontramos sostén. *¿Puedo estar de pie a la luz de la luna y sentir su reflejo como el reflejo de mi propia naturaleza, y permitir que eso sea suficiente por ahora?*

Los adultos saludables valoran a aquellos que reflejan lo que quedó sin reflejar en la infancia. Por otro lado, los adultos no saludables intentan obtener lo que necesitan de los demás. En relaciones maduras, encontramos personas que nos reflejan, descubrimos esas mismas habilidades de reflejo dentro de nosotros mismos y luego las compartimos con los demás. A medida que tú me reflejas, aprendo a asumir tu función. Es como copiar una grabación y aún conservar el original.

Algunos padres temen los sentimientos de sus hijos. Cuando un hijo le dice a su padre: "¡No entiendes!", podría significar: "No puedo mostrarte mis sentimientos porque no puedes comprenderlos". El hijo está protegiendo a su padre de enfrentar esos sentimientos aterradores. Podemos quedarnos en este papel durante toda nuestra vida, creyendo implícitamente que algunas personas son demasiado frágiles para recibir nuestros sentimientos. Cuando perdemos la esperanza en el reflejo y en la posibilidad de confiar en otros, también perdemos aquello que precisamente hace posible la intimidad. La intimidad es un reflejo mutuo.

Ahora queda claro que las cinco A abordan una necesidad esencial: la necesidad de reflejo. Esto es afinación, la nota perfecta de aceptación emocional y apoyo. Cuando siendo niños minimizan, prohíben o ignoran nuestros sentimientos, no podemos escuchar la escala completa de tonos emocionales, y una parte de nosotros se vuelve inerte y anestesiada. Imagina la alegría que sentimos cuando alguien viene y nos recibe y nos ama con todos nuestros sentimientos. Una relación con una persona así nos abre y nos libera; en otras palabras, funciona. Apoya y enriquece las percepciones de la psicología del yo, que se centra en el poder curativo de la sintonización empática sostenida, la atención plena en la relación.

Por otro lado, nos sentimos decepcionados y devastados cuando nos aferramos a alguien cuyo amor resulta ser un engaño, que no muestra una aceptación real de lo que sentimos o de quiénes somos. ¿Quién puede culparnos por anestesiarnos nuevamente? En última instancia, nuestro miedo a la intimidad puede ser el miedo a que nuestro acercamiento sea recibido con el mismo rechazo que encontramos en la infancia. ¿Quién no tendría miedo de eso?

No parece apropiado seducir o engañar a otra persona para que nos refleje. Hay dos alternativas saludables. Primero, podemos pedir el reflejo directamente a aquellos en quienes confiamos: "¿Escucharías mi historia? ¿Me sostendrías la mano mientras digo esto? ¿Puedes apreciar lo que he hecho?". En segundo lugar, podemos abrirnos al reflejo que nos llega como gracia, un regalo espontáneo de los demás y del universo. Sí, la naturaleza también nos refleja. Nos está sosteniendo en este mismo momento. Dado que habitamos un universo generoso, realmente estamos siendo reflejados, y nuestro desafío es darnos cuenta. La amabilidad del universo se refleja en las enseñanzas budistas de la compasión universal. Cuando nos damos cuenta de que el reflejo es a menudo una forma de gracia, nos liberamos de la desesperación de nunca encontrarlo.

Contemplando una imagen del rostro compasivo de Buda, vemos todos nuestros dolores y alegrías reflejados allí. Este tipo de reflejo también toma dos formas: desactivación de nuestro ego apegado y temeroso y compasión por las dificultades de ser humano. Es el equivalente a una fuerza de asistencia para enfrentar las condiciones de la vida. Tal presencia nos dice que podemos estar separados, pero no estamos solos.

El reflejo genera un sentido de sí mismo en nosotros. Cuando internalizamos los poderes de los demás, pasan de ser sus poderes a ser los nuestros. El niño compite con sus padres por el poder y se frustra en el intento. Luego internaliza el poder de sus padres en lugar de competir con ellos, y como resultado desarrolla un sentido de dominio y autoestima. En la vida adulta, sabe cómo internalizar el apoyo de los demás y, así, obtener el poder para apoyarse a sí mismo. Un padre interior que cuida y protege al niño interior.

En la práctica de la devoción a Avalokiteshvara, el bodhisattva de la compasión, el iniciado comienza honrando al bodhisattva y termina reconociendo que no hay distinción entre ellos. De hecho, el altar de un bodhisattva o santo puede verse como un espejo de lo que somos en nuestra naturaleza esencial, es decir, nuestra naturaleza de Buda, la conciencia de Cristo, el aliento de Dios, parecido a lo que Carl Jung llamó el *Yo superior*. También podemos llamar a eso el corazón divino, centro de nosotros mismos. Somos reflejados por lo divino porque nuestra humanidad incluye una divinidad que nunca puede ser dañada o disminuida. Esta es una consecuencia espiritual de la atención plena, que puede liberarnos de una identificación limitante con nuestro ego y despertarnos a un sentido más rico de nuestra unión con la naturaleza y lo divino.

CUANDO NEGAMOS QUE TUVIMOS PRIVACIONES

Durante mi infancia en la ciudad de New Haven, cada verano pasaba varias semanas en el campo, en la granja de mi tía Margaret. A los cuarenta y dos años, durante una sesión de terapia corporal de reiki, tuve de pronto una visión del interior del refrigerador de la tía Margaret, que siempre estaba lleno, mientras que el nuestro en casa generalmente estaba vacío. En ese momento me di cuenta de que a menudo había tenido hambre en la infancia. Mi memoria mental no tenía un registro disponible de eso, pero mi cuerpo lo recordaba: abundancia en la granja y escasez en casa. En la infancia, quizá no reconocemos que nuestras necesidades no están siendo satisfechas, y este tipo de negación puede persistir toda nuestra vida. ¿Es la comida mi metáfora para el alimento emocional, que también escaseaba en casa? ¿Es por eso que siempre mantengo una gran cantidad de conservas en la despensa hoy en día? ¿Está mi cuerpo todavía atrapado en el pasado y manifiesta su miedo a la escasez en el presente? ¿Está este miedo relacionado con la mezquindad? Podemos negar que tuvimos privaciones en la infancia, pero nuestros cuerpos no se engañan. Sabemos visceral e instintivamente cuando nos negaron lo que necesitábamos. En una relación adulta, podemos seguir negando que nos sentimos carenciados y nunca abordar, procesar o resolver la privación. No sería sorprendente, considerando lo difíciles que son esas tareas. Puede que haya decidido, en medio de la privación en mi pasado, que simplemente no necesitaba lo que no estaba ahí. Cuando hemos sido entrenados para soportar la privación desde temprano, no tenemos problema en soportarla más adelante en las relaciones adultas. Cuando también nos enseñaron a reprimir nuestras necesidades, a silenciar nuestro ¡Ay! de dolor, es posible que sigamos haciéndolo con nuestra pareja. No es sorprendente que a veces nos encontremos deprimidos y no sepamos por qué. Nuestra depresión es el resultado de una supresión del dolor que aún continúa.

Bajo la privación negada, sin embargo, hay un grito silencioso, un llanto sofocado. Nuestra mente racional minimiza el efecto de lo que nos sucedió física, emocional o sexualmente, pero cada célula de nuestro cuerpo sabe y siente el verdadero impacto. Nuestro cuerpo es la única parte de nosotros que no puede mentir ni ser engañada. Frases como: "Lo hicieron con buena intención" o "No fue intencional" no significan nada para el cuerpo. Solo comprende palabras como: "Esto duele" o "Estoy tan asustado", o enojado, o triste, o impotente.

Si nuestra evaluación mental de un abandono o traición ahora incluye excusas para los perpetradores de estos actos, esta es otra manera sutil de evitar nuestro trabajo de duelo, que no se ocupa de la intención del otro, sino del efecto de sus acciones en nosotros. Sin embargo, forzar la memoria o el trabajo de duelo puede volvernos a traumatizar. Parte de nuestra respuesta al ser abusados es aprender a disociarnos, y es posible que aún necesitemos hacerlo por ahora. En el trabajo del duelo, una vez que estamos listos, nos volvemos a asociar con la visión oculta de nuestro dolor. La disposición es la clave, y solo nosotros sabemos cuándo estamos listos.

La parte infantil en nosotros puede tener un deseo dividido si fuimos abusados o descuidados cuando éramos niños. La mitad saludable de nosotros quiere recuperarse del pasado, y la otra mitad quiere repetirlo, recrear compulsivamente el pasado y así transmitir continuamente las necesidades no abordadas. Cuando nos ocurre una crisis o un accidente, nos sentimos obligados a contarles a las personas al respecto, no una sino muchas veces. Tal repetición es una forma de absorber el impacto. Sin embargo, solo el duelo por el pasado nos libera verdaderamente de él. El trabajo es complicado porque ambas mitades pueden estar trabajando hasta que una tome el control. Sí, realmente tengo algo dentro de mí que quiere sabotear mi felicidad. ¿Cómo puedo darle espacio, reconfortarlo y así darle paz?

Finalmente, ninguno de nosotros da lo mejor de sí todo el tiempo. Nuestros padres pueden haber hecho lo mejor en algunos momentos, incluso la mayor parte del tiempo. De hecho, esperar una consistencia total es demasiado. Mi nueva versión de "Hicieron lo mejor que pudieron" con respecto a padres inadecuados es "Hicieron lo mejor que estaban dispuestos a hacer".

LO QUE NOS DUELE NOS RECONFORTA

Cuando nuestras necesidades primordiales han quedado sin satisfacer, podemos llegar a tolerar el abuso en nuestras relaciones adultas. Persistimos en volver a lugares donde solo encontramos cada vez menos, regresando a lo que ya nos ha fallado antes ("Sigues lastimándome y no puedo dejarte"). Si cada mañana de nuestra infancia nos despertábamos pensando: "Alguien aquí me hará daño, y debo quedarme. Aquí alguien no me quiere, y no tengo adónde ir", ¿cómo podríamos olvidarlo fácilmente ahora? Lamentablemente, la lección de que somos impotentes se convalida cada día que permanecemos en una situación dolorosa.

El trato desconsiderado o humillante por parte de nuestros padres nos lleva a creer que somos defectuosos en lugar de reconocer que ellos son inapropiados al abusarnos. Colaborar en el abuso con pensamientos como "Lo hicieron por mi bien" solo refuerza esa conformidad y sumisión a una autoridad injusta, generando un odio hacia nosotros mismos que luego se expresa en violencia, ya sea de manera manifiesta o encubierta. Aquí se encuentran los orígenes de la represalia. Podemos reducir nuestro odio hacia nosotros mismos enfrentándolo plenamente de manera consciente, sin vergüenza, miedo ni censura, y abordándolo con compasión, tanto hacia nosotros mismos como hacia los demás.

En nuestra infancia aprendimos estrategias de autoprotección, encontrando maneras mentales y físicas de acostumbrarnos al dolor. Nos condicionamos para escapar mientras permanecemos en él. Sin embargo, actualmente estas mismas estrategias solo nos mantienen atrapados en situaciones insostenibles. Observa la ironía: nos protegemos mediante la negación y la disociación, y nuestro éxito se reduce a quedar a merced del abuso.

Así como el reflejo (la aceptación por parte de otro) nos empodera, el abuso bloquea nuestro acceso a ese poder. En una relación abusiva, creemos que no podemos liberarnos porque quizás las cosas mejoren. Así, nuestra fuerza se debilita de dos maneras: al creer que no podemos liberarnos del abuso y al aferrarnos a la esperanza infundada de que el abusador cambiará. Estas son las mentiras que aprendimos cuando nos acostumbramos a la infelicidad y al dolor. Como dijo Shakespeare: "Lloro por tener lo que temo perder".

En algunas relaciones abusivas, sentimos que no podemos vivir sin el otro. Si el drama es lo único que conocemos, imaginamos que eso es lo que implica tener una relación. Podemos entrenar a nuestras parejas para que participen en nuestro juego singular de conflicto y turbulencia, que puede manifestarse en abandonos y reconciliaciones continuas, comportamiento seductor y luego indiferente, discusiones constantes, triangulación, adicción a la infidelidad, etc. Cuando las cosas están tranquilas y funcionando sin problemas, podemos sentirnos aburridos e incluso inseguros. Si nuestro hogar de la infancia fue turbulento, podemos percibir el estrés como algo normal. Casi parece como si estuviéramos compelidos a recrear el árido paisaje de nuestro pasado desértico. Aunque algo dentro de nosotros desee cambiarlo, solo logramos restaurarlo.

En ocasiones, el abuso es tan sutil que no lo notamos. El sarcasmo, la ridiculización, las bromas o las críticas constantes, por ejemplo, comienzan a sentirse menos como abuso y más como parte del ruido de fondo. En algunos casos, un compañero no satisface las necesidades del otro, pero como tampoco hace nada importante para alterar la situación, Adán y Eva continúan en la relación sin pensar en opciones tales como el cambio o la separación: *nunca será tan malo como para que lo dejes, pero nunca será tan bueno como para satisfacerte.* En ambos casos, podemos engañarnos a nosotros mismos al esperar un cambio en lugar de trabajar para lograrlo. Si la esperanza no incluye un plan de cambio, en realidad es desesperación y evasión. Lo que no cambiamos, lo elegimos. ¿Es este el mensaje que recibimos de quien nos acompaña en nuestro malestar: "Quédate conmigo y no te daré lo que quieres", o "Vuelve y aun así no te daré lo que quieres"? No podemos ser engañados para siempre. Un día nos permitimos saber y luego tomamos medidas. En su poema "No es morir lo que duele más", Emily Dickinson compara dos tipos de aves en Massachusetts, las que permanecen en invierno y las que migran a climas más cálidos. Luego dice: "Somos los pájaros que se quedan".

Ser los pájaros que se quedan en la gélida Nueva Inglaterra cuando la sabiduría nos enviaría a México es un destino cruel que nos imponemos. Podemos usarlo como una metáfora para una relación en la que permanecemos con alguien que no nos nutre: necesitamos pan y mendigamos una migaja de alguien que tiene miedo de dar un pan entero y apenas está dispuesto a dar una migaja.

Vivir invierno tras invierno en Massachusetts y luego decir "Basta de esto" para mudarse a California requiere valentía y, finalmente, nos brinda el calor que esperábamos. Sin embargo, es posible que estemos condicionados a aceptar que nuestras vidas no deben ser cómodas. De manera similar, podemos creer que las relaciones nunca funcionarán para nosotros, que estamos destinados a ser infelices y estar insatisfechos. Desde esa perspectiva, quizás no podamos armarnos de coraje para decir "basta" cuando sufrimos dolor, y en su lugar, nos preguntamos: "¿Para qué molestarse?".

Convivir con el abuso es peligroso porque puede equiparar nuestro deseo de sufrir con nuestra voluntad de estar a salvo. Pensamos: "Nada que haga evitará que me lastimen", o "Nada que haga hará que me amen". De este modo, se puede llegar a una conclusión aterradora: "Nada importa, y no me importa". Esta profunda desesperación puede manifestarse en baja autoestima, enfermedades, distorsión del cuerpo por comer en exceso, autoabuso, adicción, empleos o pasatiempos riesgosos, propensión a accidentes, anorexia y la creencia de que no podemos mejorar nuestras vidas, entre otros. Todos estos problemas se reducen al deseo de morir.

Incluso podríamos buscar relaciones que nos garanticen estar protegidos de enfrentar o procesar nuestros problemas. Un compañero puede resultarnos atractivo precisamente porque nos promete de manera implícita que nunca tendremos que abordar, procesar y resolver ningún problema a nivel profundo, que nunca tendremos que cambiar un estilo de relacionarnos que derrota la intimidad. Pensamos: "Es superficial y tan temeroso de enfrentar las cosas como yo, así que aquí estoy a salvo". En tales relaciones, forjamos un acuerdo tácito para ser lo que el poema de Emily Dickinson describe como "trémulos junto a las puertas del granjero" esperando una "reluctante migaja".*

En relación con anidar en el frío, añado una reflexión personal. El año pasado celebré mi quincuagésimo aniversario como psicoterapeuta, y me pregunté cuál era el problema más frecuente de mis clientes. La respuesta fue clara: quedarse demasiado tiempo en lo que no funciona. Esto también ha sido cierto en mi caso. ¿Y en el tuyo?

¿CUÁN BENEFICIOSA FUE MI FAMILIA PARA MÍ?

El mito estadounidense del individualismo robusto ignora cuánto de nuestra identidad está arraigada en la familia y deriva de ella. Si la identidad significa lo que es identificable en nosotros, somos definitivamente ramas de un árbol genealógico. Cualquiera de nosotros podría decir: "Me miro en el espejo y veo los ojos de mi padre; hablo duramente con mi pareja y escucho las palabras de mi madre; acaricio a mi hijo y siento los brazos de mi abuela; les reto, manipulo, controlo o les exijo a mis hijos, y recuerdo cómo me trataban de niño; trato con un vecino molesto y ¡ahí está! ese ego arrogante que caracteriza a tantos hombres en mi familia. Mi nombre es el nombre de mi familia; mi tumba ya me espera junto a las de mis familiares. Vine aquí con rasgos ancestrales y dejaré esos mismos rasgos al partir. Mi vida es un capítulo, no un libro".

Sin embargo, existen diferencias entre mis padres y yo: me disculpo cuando lastimo a otros; tengo más recursos para lidiar con problemas interpersonales; me he vuelto más consciente y más compasivo gracias a todos los libros de autoayuda que he

---

* La traducción del poema "No es morir lo que duele más…" ("Tis not that Dying hurts us so") de Emily Dickinson está tomada de *Poemas*, selección y traducción de Silvina Ocampo, Editorial Tusquets, Buenos Aires, 2006.

leído y a todos los sanadores que he conocido. Mis antepasados inmigrantes nunca tuvieron la oportunidad de hacer esas cosas.

Ninguna familia es perfecta. Lo mejor que podemos esperar es una familia que funcione la mayor parte del tiempo, que sea tolerante con alguna disfunción, y que, cuando las cosas se rompan, encuentre una manera de repararlas. Desde mi punto de vista, una familia funcional es aquella que otorga las cinco A la mayor parte del tiempo y no abusa de ningún miembro de la familia.

Además, los sentimientos y privaciones se expresan cada vez que se notan o se sienten, tanto entre los padres como entre los hijos y los padres. Los padres en una familia así no tienen miedo ni son demasiado orgullosos para disculparse con sus hijos (y viceversa) cuando corresponde. Los eventos de la vida se procesan con paciencia y atención mediante la indagación en las reacciones, intuiciones y sentimientos de cada persona. Los miembros de la familia tienen tiempo suficiente y permiso para sentir plenamente y para resolver las cosas a su manera. Las crisis no se convierten en secretos que deben guardarse. No hay límites en la libertad de expresión. ¿Alguien me preguntó cómo me sentí cuando tuvimos una crisis familiar?

Cuán más fortalecidos podríamos sentirnos todos si nuestros padres hubieran compartido abierta y sinceramente sus sentimientos y temores con nosotros. Por ejemplo: "Jane, esta es la carta que tu padre envió desde Iraq. Siente miedo y desesperación a menudo, pero cuando piensa en ti y en mí, recobra algo de esperanza. Me entristece leer esto. ¿Cómo te sientes?". Este tipo de invitación al diálogo ejemplifica la atención consciente y el reflejo que hace que los sentimientos nos aíslen y nos desempoderen menos, y, por lo tanto, sean menos aterradores.

La frustración no beneficia a un niño, pero el esfuerzo difiere de la frustración. Un niño se esfuerza por ponerse su chaqueta, y un padre no interviene. Así, el niño aprende a permanecer en un proceso y a llegar a una conclusión exitosa: la chaqueta está puesta. Sin embargo, cuando el niño está frustrado porque una tarea es genuinamente demasiado difícil para él y está listo para rendirse, el buen padre interviene y ayuda. En familias saludables, existe tanto el esfuerzo como la asistencia cuando es necesario, y no la frustración y la vergüenza por el fracaso. De esta manera, los antídotos contra la desesperación encuentran su camino en nuestra psique como recursos internos.

Finalmente, en una familia funcional, los padres se separan si uno de ellos es adicto o abusador y se niega a recibir ayuda. El otro padre no permite que el abuso pase desapercibido, y los niños nunca se convierten en objetos de satisfacción inapropiada de las necesidades de los padres. Si un padre permanece en la relación, no es por los hijos, sino por un deseo gozoso o, como una alternativa menos deseable, para honrar su elección de haberlos engendrado.

Al convertirnos en adultos, aprendemos a asumir nosotros mismos los roles que se suponía que una familia funcional tendría para nosotros. Convertirse en adulto significa tener un padre interior que cuida y supervisa a nuestro indisciplinado niño interior, lo protege cuando está en peligro y lo reconforta cuando tiene miedo. Issa, un poeta japonés nacido en 1763 y abusado en la infancia, escribió: "No temas, pequeña rana. Estoy aquí para apoyarte". A menudo, nos sentimos solos no por falta de personas que nos entretengan, sino por la ausencia de un yo adulto que cuide de nuestro niño interior que de alguna manera se siente abandonado. (La soledad también es un sentimiento apropiado al realizar transiciones, tomar una posición, despertar espiritualmente o encontrarnos a nosotros mismos). Podemos tomar nuestra soledad literalmente y buscar compañía en todos los lugares equivocados. Cuando el niño interior no puede depender de nuestro padre interior, se aferra a algo o alguien, cualquier cosa o cualquier persona, como un sustituto. Un padre interno confiable acompaña a nuestro niño asustado de una manera tierna y potente, ayudándonos a evitar vínculos inapropiados. Aunque no elimina la soledad, reduce su impacto. Al respecto, son útiles estas palabras de la escritora y docente Natalie Goldberg: "Usa la soledad. Su dolor crea la urgencia de reconectar con el mundo. Toma ese dolor y úsalo para impulsarte a entrar más profundamente en tu necesidad de expresarte, para hablar, para decir quién eres".

Los antiguos griegos y romanos entendían lo difícil que podía ser la vida familiar. Comprendían que la sola agencia humana no podía mantener a las familias seguras y sanas, y que se necesitan el cielo y la tierra para hacer que un grupo humano sea verdaderamente funcional. Por lo tanto, reconocían e invocaban a distintos dioses según la dificultad. (Los dioses que ayudan a los humanos son personificaciones de la gracia, dones especiales de asistencia que nos llegan sin ser solicitados y nos ayudan a trascender los límites del poder de nuestro ego). Los santos patronos, fuerzas auxiliares invocadas para formas específicas de la necesidad, son su equivalente moderno. Las imágenes religiosas de los santos también están destinadas a brindar curación. Como todos los símbolos religiosos, también reflejan recursos internos de sanación en nosotros mismos. Una imagen de la Madre celestial otorga una bendición *y* es, también, un espejo del poder maternal en nuestras propias almas.

LUZ EN EL DOLOR

> Ahora que mi granero ha sido arrasado por el fuego,
> puedo ver la luna.
> —MASHIDE, poeta zen japonés

Dado que las cinco A son los componentes del apoyo emocional, cuando no las recibimos, nos sentimos física, emocional y espiritualmente desconectados y aislados. La falta de cualquiera de las cinco A se siente como una brecha en nuestra psique, un agujero, una deficiencia. Sin embargo, cada A no satisfecha es más que un simple agujero. Si permanecemos con el dolor del vacío, se abre una cámara espaciosa en nuestra psique. Ser humano, después de todo, es ser imperfecto, tener algunos huecos y, sin embargo, la imperfección puede tener un lado positivo. Aquí tienes un gráfico que muestra cómo las carencias pueden equilibrarse con recursos:

Que los otros no nos den	*Puede ser una puerta para*
Atención	Mirar dentro de mí
Aceptación	Explorar tanto los aspectos positivos como negativos de mi yo oculto
Permiso para ser libres	Encontrar mis necesidades, valores y deseos más profundos y comprometerme a vivir de acuerdo con ellos
Aprecio	Valorarme a mí y al mundo que se me ha confiado
Afecto	El amor incondicional a mí mismo y a los demás, la generosidad de amar antes de ser amado

Visto de esta manera, nuestras necesidades no satisfechas resultan ser fuerzas gravitacionales que nos atraen hacia las profundidades de nuestro yo adulto. Cuando aplicamos las cinco A a nuestras propias deficiencias, ellas nos llevan al lugar exacto de nuestra alma donde la satisfacción está garantizada. Encontramos nuestra profundidad cuando nos metemos de cabeza en el agujero, como hizo Alicia. El País de las Maravillas es realmente la profundidad del alma humana, con su desafío a la lógica y todas sus radiantes posibilidades.

La conciencia plena proporciona la tecnología para transformar nuestras carencias en profundo potencial. Cuando atendemos con plenitud, entramos en la conciencia pura de nuestra situación y la acunamos sin juicio, miedo, culpa, vergüenza ni expectativa. Esta lealtad a lo que es nos permite convertir las necesidades no satisfechas en autoconocimiento. *La atención plena muestra que un agujero es un túnel, no una cueva.* Así resulta que nuestro vacío es un espacio de transición, como un oscuro pasaje en un concierto, un movimiento entre otros en lugar de la pieza completa. La vaciedad significa que no nos sentimos sostenidos, no tenemos una red en la que caer seguros. Nuestra práctica es una red, un paracaídas, un "guardián entre el centeno". Lo son también nuestras relaciones saludables. ¿Qué necesito en términos de apoyo mientras observo los agujeros en mí mismo?

El trabajo de sanar el pasado no consiste en recordar el dolor y repararlo, sino en quedarnos con él, en él, hasta que comience a cambiar y abrirse por sí mismo. Quedarnos es encontrar al Amado interior, nuestra realidad personal más profunda. Permanecer en una situación dolorosa y en el abuso es aceptar nuestra victimización; quedarnos con nuestro yo dolorido es una victoria espiritual. El dolor se convierte en una puerta hacia nuestra vulnerabilidad, y en ese lugar en carne viva encontramos nuestro yo más tierno. Cuando nos comprometemos a quedarnos, estamos respetando nuestras heridas como santuarios que nos curan simplemente al ser visitados y permanecer en ellos. Somos peregrinos, no carpinteros, cuando realizamos este trabajo. Si fuimos heridos porque no encontramos amor, paradójicamente, podemos hallarlo simplemente sentándonos con plena conciencia en el anhelo que una vez sentimos. Resolvemos nuestra pérdida original no llenándola por completo con la respuesta de otra persona hacia nosotros, sino también reubicándola en nosotros mismos. Nuestro ego busca amor, pero se supone que primero debemos encontrar el amor dentro de nosotros mismos. Una vez que lo hemos hecho, podemos acercarnos a los demás como personas ricas que desean compartir su riqueza, no como mendigos que buscan apoderarse de ella.

El héroe de los mitos y las leyendas es intrépido. Sin embargo, cada historia heroica tiene un interludio en el que el héroe es impotente: por ejemplo, Robin Hood en la mazmorra, Jack en el armario de la esposa del gigante, Jonás en la ballena, Dorothy dormida en el campo de amapolas. Todos estos incidentes sirven como metáforas de los tiempos de permanencia tranquila en la meditación consciente. Reconocen la legitimidad de la impotencia y la inacción como etapas útiles de cualquier viaje humano. En cada ejemplo, el estado de reposo nos prepara para nuevos paisajes y aventuras.

En las últimas décadas, el movimiento de autoayuda ha puesto demasiado énfasis en que nunca deberíamos ser víctimas. Quizás nos hemos vuelto unidimensionales y olvidado la interacción dinámica entre opuestos complementarios como la indefensión y la capacidad de defendernos. Ser solo una víctima es, admitámoslo, peligroso. Nunca deberíamos aceptar ser víctimas de abuso violento. Pero sucumbir a la depresión cuando otros nos traicionan es apropiado. Ocasionales caídas en la impotencia nos ayudan a soltar el ego y el control, y todo héroe real les da la bienvenida.

Es cierto que las pérdidas, dificultades, decepciones, heridas y traiciones parecen ser necesarias para impulsar nuestro crecimiento desde la infancia hasta la adultez, y a lo largo de esta última. Un ejemplo de este proceso se observa en la perra que les gruñe a los cachorros que buscan mamar cuando ya es hora de destetarlos. Así aprenden a valerse por sí mismos. En la naturaleza, los poderes de autocuidado evolucionan a partir de la angustia y la separación. Cuando nuestros padres nos dicen que no, experimentamos el dolor de no ver cumplidos nuestros deseos, pero hay algo más en marcha en términos de nuestro desarrollo. Las prohibiciones nos otorgan el poder de negociar. Una madre que siempre cede a nuestros caprichos no contribuirá a forjar nuestro carácter. Como afirmó el héroe de guerra Tom Daly: "A menudo, los eventos que consideramos nuestras heridas más profundas son, de hecho, iniciaciones que nos sacan de los nada saludables embelesos de la inocencia, la grandiosidad, la pasividad, la violencia o la adicción". Necesitamos estas iniciaciones, ya que sin ellas podríamos resistirnos al crecimiento y al cambio, o llegar a negar nuestra responsabilidad hacia los demás y nuestro destino de trascender el ego personal. Incluso el abuso y la traición tempranos, aunque reprobables, pueden tener un lado positivo para seres como nosotros que se benefician de pruebas iniciáticas. Cada disrupción, interrupción y fracaso en la sintonía empática con nuestros padres nos ayuda a ganar el poder para enfrentar el futuro, con todas sus separaciones, decepciones y derrotas. Todo lo que se necesita para acceder a este poder es la disposición a visitar el pasado y quedarse con su dolor el tiempo suficiente para recibir su beneficio.

Los opuestos se encuentran continuamente en el devenir humano. Por ejemplo, la alegría nos exige abrirnos a la experiencia, y eso resulta en dejar entrar también la tristeza. Cuando un niño es capaz de sostener los opuestos aparentes que se manifiestan en un padre, está madurando: "Esta misma madre es a veces receptiva conmigo y a veces inaccesible, y puedo amarla en ambos momentos y confiar en que ella me ama en ambos casos". Todos nosotros tuvimos algunas experiencias buenas y malas con nuestros padres. Cuando, como adultos, miramos hacia atrás en nuestra infancia y solo vemos el abuso o solo los buenos momentos, sabemos que enfrentamos el desafío de convertirnos en adultos que puedan sostener opuestos con ecuanimidad.

Sin traición, no tendríamos estímulo ni incentivo para dejar el hogar, emprender nuestro propio camino y, en consecuencia, encontrar la emancipación. Sin ella, José no se habría vendido como esclavo y, de esa manera, transitado el camino hacia su destino especial junto a Faraón. Tropezamos con tales paradojas en cada giro de la historia humana: Dante tuvo que ser exiliado de Florencia, la ciudad que amaba, antes de poder escribir *La Divina Comedia*. Homero y Milton quedaron ciegos antes de escribir sus emocionantes epopeyas. Beethoven quedó sordo antes de componer los grandes cuartetos. En cada caso, el artista produjo la gran obra para la que estaba destinado después del dolor y la pérdida. Martin Luther King Jr. sufrió muchos reveses, muchas amenazas e incluso la cárcel, y fueron el preámbulo de un cambio en la concepción de la equidad bajo la ley en nuestra nación. También somos artistas, y nuestro destino y desafío es, en gran medida, el mismo. *No podemos cambiar nuestra dolorosa historia, pero no tenemos que revivirla. No podemos soltarla, pero no tenemos que aferrarnos a ella.*

En el mito egipcio, Osiris es cortado en pedazos por su malvado hermano Set. Después, Osiris se vuelve inmortal cuando su hermana/esposa, Isis, se toma el trabajo de encontrar esos pedazos y volverlos a unir. Los asaltos repetidos al sentido de nuestro sí mismo nos cortan en pedazos. Vivimos desmembrados por un tiempo y luego, a través de nuestros poderes femeninos de búsqueda y costura, nos reunimos y encontramos nuestro camino hacia la integridad. Los antiguos chamanes iniciaban a los hombres mediante el desmembramiento ritual. Al igual que en el caso de Cristo, de Dionisio, de Osiris y de nosotros, la fragmentación a menudo es una fase necesaria en la transición de la humillación y el abuso a la seguridad en uno mismo y al amor compasivo. Los héroes heridos redimen a otros solo porque ellos mismos han experimentado tanto la fragmentación como la restauración. Entre las ruinas se abre el camino hacia el amor.

Pensamos que somos la suma de todas las cosas malas que nos han sucedido, pero eso solo es cierto si no hemos trabajado en nosotros mismos. En realidad, todo lo que nos ha sucedido *y* nuestro trabajo en ello proporcionan los ingredientes necesarios para que emerja lo que estábamos destinados a ser. En una relación saludable, podemos decir con seguridad: "Únete a mí en mi caos, no para ayudarme a eliminarlo, sino para ayudarme a tolerarlo". La permanencia sostenida y empática en nosotros mismos, que logramos otorgándonos las cinco A, moviliza poderes que una vez estuvieron sepultados por el dolor. Esto hace más por nosotros que cualquiera de nuestros intentos de erradicar nuestro problema. Es la diferencia entre una respuesta agresiva y otra no violenta y amorosa frente a un ataque.

Detrás de nuestra sensibilidad herida, nuestros puntos débiles y lamentados errores, subyace un entorno interior fiable que fomenta el crecimiento y permanece vivo sin importar las circunstancias. Jamás perdemos nuestro amor incondicional a la luz; en esto basamos nuestra construcción. Los desafíos y traiciones son las fuerzas aflictivas que nos saludan en los umbrales del crecimiento, tal como aguardaban a los héroes míticos en sus travesías. Si hay una fuerza aflictiva en cada umbral, debe existir un umbral en cada fuerza aflictiva. No hay iniciación sin una cicatriz. En las sociedades primitivas, estas cicatrices eran agenciadas por padres y ancianos. En la actualidad, los jóvenes pueden reemplazarlas con tatuajes y perforaciones.

> ¿No existe una necesidad psicológica de encontrar algún valor positivo que pueda transfigurar estos deshechos dolorosos en el proceso que nos moldea y, eventualmente, hacerlo digno de aceptación, para que nuestro corazón se rinda sin rebelarse a la dura ley de la creación? Aunque el sufrimiento sea oscuro y repulsivo, se nos ha revelado como un principio sumamente activo para la humanización y divinización del universo.
> —Teilhard de Chardin

UN VIAJE HEROICO

La travesía heroica de la vida no se reduce a un simple desplazamiento de un punto A a un punto B, como en el fútbol americano, donde el objetivo es avanzar desde la línea de *scrimmage* hasta la línea de gol. Es más bien un movimiento que va de un punto A a un punto A elevado a la milésima potencia, al estilo del béisbol, donde la finalidad es ir de *home* a *home* para sumar puntos, es decir, tener algo que mostrar como resultado del viaje.

Las fases de la travesía heroica guardan una estrecha similitud con las de las relaciones íntimas. El héroe abandona su entorno familiar, enfrenta una serie de pruebas y regresa a casa acompañado de una pareja, un tesoro, un amuleto o un poder curativo. Del mismo modo, las relaciones comienzan con el acto de dejar la familia, lo familiar, atravesar una serie de conflictos en territorio desconocido y retornar a uno mismo, pero ahora dentro de un compromiso con el otro. Dado que las necesidades infantiles resultan ser las mismas que experimentamos en la intimidad adulta, el viaje nos conduce de nuevo a donde comenzamos, pero sin el temor a la soledad que inicialmente nos impulsó a abandonar el hogar. Los obstáculos que surgen en el camino hacia la intimidad, bajo la forma de conflictos a lo largo de una relación, se vuelven un puente hacia una auténtica comunión y compromiso cuando se sortean con éxito. Aquello que parece obstaculizar el camino, en realidad, se convierte en el camino. El amor adulto se erige como la meta del viaje humano. El héroe está destinado a transformarse en el amante de una pareja y luego a ingresar en una relación con el mundo. Este viaje no implica únicamente trabajo personal, sino que cada práctica, ya sea psicológica o espiritual, nos prepara para iluminar y servir al mundo. El amor, en esencia, constituye un trayecto que parte de la soledad, atraviesa la cercanía y la oposición, hasta desembocar en la comunión.

La etapa final de este viaje, semejante a la culminación de una relación saludable, implica regresar al punto de inicio y bendecirlo con amor, sabiduría y sanación, dones que hemos recibido durante el trayecto y que ahora podemos compartir en nuestro hogar. El camino del viaje personal e íntimo nos lleva más allá del ego inflado hacia un ego generoso y saludable, preparándonos para la tarea más elevada de ser mensajeros del amor para todos nuestros semejantes. Los regalos que traemos al regresar son los talentos que poseíamos al nacer, ahora activados de manera personal y en nuestras relaciones. Además, al realizar buenas acciones y mostrar compasión, contribuimos a hacer del mundo un lugar mejor de lo que era cuando lo encontramos, cumpliendo así nuestro destino evolutivo.

Prácticas

VERIFICAR LA SEGURIDAD: Elige las preguntas que más resuenan contigo y escribe las respuestas en tu diario. ¿Puedo permitirme ser auténtico y dejar que el amor fluya conmigo? ¿Es capaz esta relación de proporcionar una zona segura donde las partes más ocultas de mi ser puedan emerger? ¿Seguiré recibiendo apoyo y valoración incluso si revelo mis peores rasgos y mis sentimientos menos atractivos?

REFLEJO MUTUO: En cada fase de la vida, presenciamos la influencia de nuestros anhelos más tempranos. Nuestra tarea no radica en renunciar a nuestras necesidades infantiles, sino en tenerlas en cuenta, trabajar en ellas y contar con la colaboración de nuestra pareja, si está dispuesta. No buscamos simplemente cortar nuestros lazos parentales, sino unirnos a una pareja que pueda acompañarnos en nuestro proceso. Como bien expresó Shakespeare en *El rey Lear*: "Quien sufre solo, sufre más".

Hazle las siguientes preguntas a tu pareja: Me desvié en parte de mi desarrollo, ¿puedes ayudarme en mi intento de volver al camino correcto? ¿Eres la persona con la que puedo recibir y revivir de manera segura mis necesidades insatisfechas más tempranas y redirigir mis frustrados esfuerzos? ¿Podemos trabajar juntos en el reflejo mutuo, es decir, en comprender y dar la bienvenida a los sentimientos? ¿A veces provoco en ti sentimientos que yo no podría soportar, para que puedas ayudarme a identificarlos y luego sostenerlos conmigo? ¿Provocas en mí los sentimientos que tú no podrías soportar? ¿Cómo podemos desafiarnos mutuamente con relación a todo esto y superarlo? ¿Cuáles de mis sentimientos reflejas? ¿Cuáles de los tuyos reflejo? ¿Qué sentimientos tememos el uno del otro?

BÚSQUEDA ADULTA: Los adultos maduros tienen expectativas modestas en cuanto a la satisfacción de sus necesidades. Buscan la satisfacción de solo un veinticinco por ciento (la dosis de adulto) de sus necesidades en alguien más (el ciento por ciento es la dosis del niño), mientras que la satisfacción del otro setenta y cinco por ciento proviene de sí mismos, la familia, los amigos, la carrera, los pasatiempos, la espiritualidad o religión, e incluso las mascotas (los perros son expertos en brindar las cinco A).

En la meditación, según Chögyam Trungpa Rinpoche, el veinticinco por ciento de nuestra atención se destina a la técnica, otro veinticinco por ciento a relajarnos, un veinticinco por ciento a hacernos amigos de nosotros mismos, y otro veinticinco por ciento a una vital expectativa. Él utiliza la analogía de nuestra experiencia en una sala de cine: el setenta y cinco por ciento de nuestra atención está en la película, el resto en las palomitas de maíz y la persona que está con nosotros. La atención dividida contribuye a una experiencia placentera, que no sería posible si toda nuestra concentración estuviera solo en la película. Se dice que algo es mejor que nada. Aceptar ese "algo" puede ser uno de los secretos de las relaciones exitosas.

Responde a estas preguntas en tu diario o junto a tu pareja: ¿Cuáles son las fuentes de satisfacción de mis necesidades y qué porcentaje de mis necesidades es satisfecho por cada una de ellas? ¿Cuáles son tus fuentes y porcentajes? ¿Cómo reacciono ante esta observación de Antón Chéjov: "Si le temes a la soledad, no te cases"? ¿Tiene mi necesidad de las cinco A una medida adulta? ¿Se ha moderado desde la infancia (como mi necesidad de leche)? ¿Puedo recibir una cantidad moderada y adulta de atención y estar contento con ello, o tengo una sensación constante de que no recibí lo que me correspondía? ¿Sigo insistiendo con eso ahora? ¿Fui realmente feliz el día de nuestra boda, cuando cada célula de mi cuerpo estaba lista para llorar por lo que ocurrió en mi infancia? ¿Puedo coincidir con las palabras de Henry David Thoreau: "Vendré a ti, amigo mío, cuando ya no te necesite. Entonces encontrarás un palacio, no un asilo"?

ENFRENTAR NUESTRAS OPCIONES: ¿Cómo se relaciona el siguiente cuadro con tus experiencias? ¿Qué frases te describen?

El niño interior no reflejado puede optar por	*O*
Buscar relaciones que reflejen y fortalezcan la confianza.	Buscar relaciones que no reflejen y que destruyan la confianza.
Entender el trauma como un puente.	Experimentar el trauma solo como un obstáculo.
Recuperarse del pasado y superar su dolor.	Repetir el pasado y aferrarse a él.
Arriesgarse a lo diferente.	Hacer solo lo que le resulta familiar.
Tener el deseo de trascender una experiencia.	Sentirse obligado a revivir una experiencia.
Esperar tener éxito en las relaciones.	Esperar siempre el fracaso.

AUTOCUIDADO: El abuso temprano puede afectar nuestra capacidad como adultos para cuidarnos a nosotros mismos, especialmente en lo que respecta a nuestra salud. ¿Cómo reaccionamos a las advertencias sobre comportamientos que ponen en riesgo nuestra vida? Leer la advertencia en el paquete de cigarrillos puede llevarnos a dejar de fumar. En este caso, la advertencia se recibe de manera adulta. Sin embargo, también puede caer en el "No me importa" profundo y sordo del niño interior desesperado que ha encontrado otra manera de morir. Responde a esta pregunta en tu diario: ¿Dónde me encuentro en el espectro entre ambas opciones?

RECHAZO DEL ABUSO: La intimidad implica abrirse a los sentimientos de los demás. Sin embargo, no significa dejar que abusen de nosotros. Expresamos nuestro dolor y le decimos "¡Ay!" directamente a alguien que nos lastima. Si alguien es físicamente abusivo, nos alejamos inmediatamente y buscamos ayuda. En el caso de un malestar de larga data en una relación, aquí hay una práctica que puede ayudar: podemos comprometernos a no sufrir más de treinta días de infelicidad y dolor emocional con una pareja antes de hablar directamente con ella o compartirlo en terapia. ¿Estoy en el plan de treinta días o en el plan de quince años?

Al mismo tiempo, hay situaciones en las que no tenemos que enfrentarnos a los demás, pero tampoco tenemos que tolerar el abuso o la falta de cortesía. Por ejemplo, en una cena familiar donde un pariente ebrio está siendo sarcástico con nosotros, no tenemos que detenerlo, pero tampoco tenemos que quedarnos allí. Esta regla también puede funcionar en una fiesta, cuando el consumo de alcohol del grupo ha alcanzado el punto en el que ya no es posible una conversación inteligente. En ambos casos, nos retiramos. No hacemos esto para castigar ni juzgar a nadie, sino para cuidar de nosotros mismos.

Informa a un terapeuta y/o a alguien cercano sobre cualquier abuso que estés sufriendo en tu relación y pide sugerencias sobre cómo proceder. Recurre a la policía si el abuso es físico. Pide ayuda si no puedes ver la gravedad del abuso pero otros sí.

INVERTIR MENSAJES: Recuerda el mensaje parental que escuchaste con más frecuencia en la infancia. ¿Cuándo reaparece ahora? Por ejemplo, el mensaje puede haber sido: "Si algo bueno viene hacia ti, lo perderás". Ahora, cuando te prometen un trabajo, te preocupa y piensas: "Cambiarán de opinión y al final no me lo ofrecerán". Sientes que este tipo de actitudes se corresponden con un patrón antiguo en tu vida, pero el historial no confirma tus sentimientos. Simplemente estás actuando desde un miedo/creencia que te inculcaron desde temprano. El niño no merecedor todavía se esconde en ti y aparece cada vez que algo bueno te sucede.

El miedo que sientes ahora puede ser reconfigurado como una llamada de atención de ese niño. Dale la bienvenida y sostenle, asegurándole que ya no es impotente; puedes lidiar con sus pérdidas y te regocijarás con sus ganancias. Puedes decir: "La persona adulta que soy está aquí para el niño que hay en mí. Sé que aún sientes esos miedos. Estoy contigo ahora. Tengo muchos recursos y puedes confiar en mi protección. Simplemente me sentaré con lo que tú sientes de manera consciente/yo siento de manera consciente". Esta técnica metafórica de la imaginación activa pone fin a la sensación de no merecimiento del niño, y aumenta su confianza en sí mismo, lo que equivale a tu confianza en ti.

La mayoría de nosotros hemos internalizado muchos mensajes con los que nos juzgamos y nos ofendemos a nosotros mismos. Pero cuando notamos una voz censora de autodenigración dentro de nosotros, no tenemos que someternos a ella. Podemos concentrarnos en ella como un ataque de un enemigo interno atrapado en un hábito de autoderrota. Podemos redirigir pacientemente esa voz crítica, convirtiéndola en una cariñosa: una voz con compasión enérgica hacia nuestro asustado niño interior, que nos hable amablemente, que responda con atención, aceptación, aprecio, afecto, y que nos permita equivocarnos. Así es como nos calmamos a nosotros mismos y evitamos darnos por vencidos.

La voz amorosa del aliado interior nos acepta tal como somos y nos hace sentirnos más fuertes y amables. Una nueva fuerza adulta nos impulsa y está en funcionamiento cuando trabajamos en nosotros mismos de esta manera. Nuestra nueva voz interna no debe ser interpretada como un soliloquio. Está siendo escuchada por los compañeros iluminados de la gracia que nos ayudan en el camino. No estamos solos en nuestras prácticas. El amor está en todas partes a nuestro alrededor.

Todos somos merecedores de amor, ya que en nuestro interior reside una totalidad perdurable: nuestra naturaleza Buda, una capacidad para amar que permanece inalterada sin importar las circunstancias de nuestra vida. Esta bondad fundamental constituye el núcleo de nuestro ser y no requiere ningún esfuerzo para ser convocada, sino que es una gracia otorgada a todos nosotros, arraigada intrínsecamente en la naturaleza humana.

Accedemos a la dimensión de este don, la gracia, cuando miramos amablemente a nuestro propio ser.

Las defensas de nuestro ego surgieron como respuesta a la falta de amabilidad que experimentamos por parte de los demás. Originadas en un anhelo frustrado de amor, nuestro ego inflado merece compasión en lugar de críticas. Podemos elegir cultivar la compasión hacia nosotros mismos, adoptando una actitud de Buda hacia nuestra propia existencia. La primera palabra de Buda al alcanzar la iluminación y contemplar el mundo y el corazón humano fue: "¡Maravilloso!". También podemos optar por hacer una campaña contra nosotros mismos y ser la voz crítica que señala nuestros errores. Imaginémonos como misioneros cuando escuchamos la voz crítica interior. Trabajemos con diligencia, pero con gentileza, para conducir a nuestro crítico interior hacia la compasión, siguiendo el camino del Buda. De esta manera, cuando hable nuevamente, la voz crítica interior se convertirá en una compañía practicante de la atención plena y la bondad amorosa.

Finalmente, cuando los bandidos del ego neurótico, como el miedo, la avidez, las expectativas, el juicio, el control y el apego, amenazan nuestro bienestar psíquico, es el momento de practicar la atención plena. Ya sea sentados en silencio o caminando lentamente, contemplamos cada asalto estresante y lo liberamos etiquetándolo como "simplemente un pensamiento" o afirmando "en esta dificultad suelto el control y permito que las cosas sucedan como deban suceder". Luego expandimos nuestra preocupación personal hacia la bondad amorosa universal, el amor maduro: "Que todos los seres dejen ir todo lo que obstaculiza su felicidad". ¡Así es como transitamos del amor egoísta al amor ecológico!

ACEPTAR AMBAS CARAS DE LA MONEDA: Comparte estas preguntas y afirmaciones con tu pareja o contigo, y reflexiona sobre cómo puedes actuar en consecuencia:

¿Habrá pérdidas en mi vida? Ya he experimentado la pérdida y he aprendido de ella. ¿Habrá ganancias maravillosas? Las he experimentado antes y confío en que el universo las brindará nuevamente. La vida no será solo placer o dolor, esperanza o desesperación; será una combinación de estos opuestos, y tengo la capacidad de enfrentar el dolor y disfrutar del placer.

¿Fue mi madre siempre amable conmigo? ¿Fue mi padre siempre tierno conmigo? No, he descubierto que la consistencia es escasa en las relaciones humanas. Dado este historial, no esperaré perfección ni consistencia total de nadie ni de nada. Mi adaptación a las circunstancias de mi existencia me hace un adulto saludable. ¿Habría conseguido esta adaptación si hubiera pasado todo mi tiempo en la orilla soleada del río?

SER CONSCIENTE DE LA SATISFACCIÓN: En tu diario, detalla de manera específica cómo se satisficieron y/o se descuidaron las cinco necesidades básicas (atención, aceptación, aprecio, afecto y autorización) en tu pasado. Dado que estas necesidades también representan las cualidades centrales del amor y el apoyo, enumera lo que has estado buscando en tus relaciones de adulto y establece conexiones entre entradas similares en ambas listas. ¿Son tus necesidades más apremiantes aquellas que quedaron insatisfechas en tu infancia? Pregúntale a tu pareja y/o a tus hijos qué tan hábil eres para recibir y responder a sus necesidades. Si te sientes valiente y sincero contigo, elabora una lista detallada de todas tus necesidades no satisfechas, comparte esta lista con tu pareja y exprésale, con una sonrisa: "Esto es lo que *no espero* que me proporciones, porque este es mi trabajo".

IDENTIFICAR LOS VACÍOS: Nos resulta doloroso reconocernos por completo. Evitamos los huecos que la vida y las relaciones adultas han dejado en nosotros. Sin embargo, es fundamental explorarlos y atravesarlos. Aquí tienes una práctica empoderadora que puedes llevar a cabo de manera tranquila y meditativa:

1. Identifica los vacíos en ti, aquellos lugares donde las cinco A no han sido satisfechas.
2. Reflexiona sobre todas las veces que has intentado llenar estos huecos con alguien o algo más.
3. Comprométete a adentrarte en estos cráteres desafiantes y siéntate en ellos, sin intentar colmarlos. Las únicas herramientas que llevas contigo son las cinco A. Simplemente permanece en cada una de tus carencias con atención, aceptación, aprecio y afecto, permitiéndoles estar allí completamente, sin protestas, vergüenza ni culpa. Las cinco A son las únicas que pueden dar verdadera satisfacción a las necesidades. Al dártelas a ti, estás sanando las heridas que te causó no haberlas recibido de otros en tu pasado.

Al permanecer repetidamente en tus espacios vacíos, gradualmente notarás cómo se transforman en lugares llenos de vida. Nuestros vacíos no son ocultados ni cancelados, sino expuestos por las cinco A.

Así como Alicia siguió al conejo blanco por sí misma, sumérgete en esos agujeros que te llevan a partes de ti que son confusas y atemorizantes. Pregúntate si tus distintas parejas estaban destinadas a ser esos conejos amables que intentaron mostrarte el camino hacia tu yo más profundo, es decir, tu corazón abierto. Ahora, finalmente, estás dispuesto a entrar.

SER TESTIGO DEL DOLOR: A lo largo de la vida, tanto tu pareja como tú pueden haber sufrido abusos, traiciones y heridas. Ofrécele a tu pareja la experiencia de ser testigo consciente del dolor que aún persiste. Ser testigo consciente implica escuchar con total atención, aceptación, autorización, afecto y aprecio lo que la otra persona revela y los sentimientos que subyacen en su historia. Como testigo consciente, no ofreces consejos ni intentas solucionar nada; simplemente recibes lo que se dice y se siente de una manera respetuosa y alentadora. Guarda total confidencialidad sobre lo compartido y no hables al respecto más tarde, a menos que la otra persona te lo pida. Una advertencia: no intentes esta práctica si uno de ustedes no se siente preparado para enfrentar el dolor, ya que podría liberar un dolor reprimido y controlado durante años.

ENCONTRAR LA PERLA: Considera este comentario sobre la perla como una metáfora del dolor y su potencial para transformarse en algo hermoso. Luego, escribe un poema en respuesta (explorando tus recuerdos de perlas o cómo aparecen en tu vida) o responde las preguntas que se proporcionan a continuación.

> Ante una irritación causada por algún parásito o grano de arena, la ostra responde cubriéndolo con capas de aragonito gracias a su poder de autocuración. Después de varios años se crea una perla, compuesta de los mismos materiales del manto de la ostra. Una perla logra su belleza y valor desde lo más profundo de su propia concha protectora. El lustre único (oriente) de las perlas depende de la refracción de la luz desde sus capas translúcidas. La iridiscencia que algunas perlas emiten se debe a la superposición de muchas capas sucesivas que dispersan la luz cuando las golpea. A diferencia de otras gemas, las perlas no se cortan ni pulen. Pueden deteriorarse fácilmente, y su suavidad las hace vulnerables a los ácidos y al calor. A las perlas les gusta estar en contacto con la piel humana, que es la mejor manera de mantener su lustre.

Hay muchas capas en la metáfora de esta descripción. Registra en tu diario tus respuestas a las siguientes preguntas: ¿Cuál es la irritación en ti que espera atención o que ya ha sido cubierta? ¿Confías en tus recursos internos para transformar la irritación en perla? Observa las frases "poder de autocuración", "desde lo más profundo de su propia concha protectora", "su suavidad las hace vulnerables", "contra la piel humana (para) mantener su lustre". ¿Cómo las relacionas contigo?

HACER DUELO POR EL PASADO: Dirígete al apéndice y lee la sección introductoria. Cuando te sientas listo, comienza los pasos del duelo por las pérdidas y abusos de la infancia. Continúa con los pasos a tu propio ritmo mientras lees este libro, quizás trabajando en un paso con cada uno de los siguientes capítulos. También puedes optar por comenzar después de leer todo el libro. Respetar tu propio tiempo es un elemento esencial para el éxito en cualquier práctica y en cualquier relación.

3. ENCONTRAR UNA PAREJA

No podemos persuadir a nadie de que nos ame. Solo podemos abrirnos al amor cuando sucede naturalmente. Nuestro mejor camino hacia esa apertura es ser lo más amorosos que podamos y dejar de preocuparnos de que los otros respondan de igual manera. Amamos porque amamos, no para persuadir a nadie para que nos ame a cambio. Paradójicamente, un amor que no espera es el que más probablemente despierte en otros el amor hacia nosotros. En cualquier caso, cuando la intimidad es real, nuestra pareja no necesita ser persuadida. Tampoco se está sacrificando a sí misma, sometiéndose a nosotros o soportando la relación. Simplemente muestra con naturalidad el estilo de intimidad adecuado para tener una relación exitosa. Ambos lo hacemos. ¿Cuál es ese estilo? Es una continua interacción de las cinco A del amor.

Quizás los compañeros más prometedores llegan a nosotros cuando ni buscamos ni evitamos la posibilidad de encontrar a alguien. Simplemente vivimos de acuerdo con nuestras necesidades y deseos más profundos y estamos atentos a las personas que conocemos. Confiamos en el universo y en su poder milagroso de sincronía para traernos justo a la persona que es mejor para nosotros. Pero aún más importante que encontrar una pareja es cuidar nuestros corazones en un juego de citas que puede ser una empresa devastadora, plagada de promesas rotas y expectativas incumplidas. Cuidar de nosotros mismos mientras estamos en ese juego significa no traicionar nuestra verdadera naturaleza en un intento desesperado de hacer que alguien nos quiera. Debemos mantener nuestros límites si no queremos terminar en el autoabandono y el autodesprecio. No podemos permitir que nadie se aproveche de nosotros o nos menosprecie en nuestro intento. Mirándonos desde esta perspectiva, pensamos: "Quiero un compañero y estoy cuidando de mí en primer lugar. Sigo siendo quien guarda mi vulnerable yo interior durante este proceso que puede ser bastante peligroso para mi autoestima".

Sin embargo, no podemos ser demasiado cautelosos, porque nuestro sentido de vitalidad es directamente proporcional a cuánto permitimos que nuestros anhelos se desarrollen de modo pleno en nuestros corazones. El anhelo es una fuente de motivación y, por lo tanto, de logro. En lo profundo, el anhelo es nuestra capacidad de amar. Nuestro objetivo como personas saludables no es renunciar al anhelo de una relación, sino permitir que sea satisfecho moderadamente por otros mientras seguimos un modelo de reciprocidad en lugar de necesidad. Después de todo, las relaciones no están destinadas a satisfacernos completamente, sino a proporcionarnos recursos en constante cambio y evolución mientras avanzamos en la vida. Esto sucede cuando nuestros sentimientos son acogidos y respaldados con las cinco A, y cuando más percibe el otro, también con las cinco A, nuestro lado oscuro.

En la primera etapa de la vida, tal vez tuvimos que ocultar nuestro ser más profundo para mantener el vínculo con nuestros padres. Puede que nos hayamos acostumbrado a pagar ese precio, y así seguimos pagándolo en las relaciones. Nos quedamos donde teníamos que escondernos. Eso cambia a medida que nos convertimos en adultos saludables. Todavía tenemos necesidades, pero ya no nos poseen. Cuando toleramos que nuestras necesidades no sean satisfechas por completo, nuestro miedo se transforma en una vulnerabilidad saludable y un amor más generoso despierta en nosotros. Una persona saludable busca y anhela una pareja abierta, solícita y audaz, capaz de sintonizar y sostener sus sentimientos. Esto otorga un permiso sin precedentes al asustado niño interior para liberar viejas heridas y confiar en nuevos vínculos.

¿ESTOY HECHO PARA UNA RELACIÓN ÍNTIMA Y CERCANA?

El compromiso adulto es una empresa profundamente honesta de amor ininterrumpido. Requiere una disposición constante a mantener acuerdos y afrontar obstáculos mediante el abordaje, el procesamiento y la resolución de conflictos. De esta forma, el resultado es la felicidad y el respeto mutuo. El verdadero amor no puede ser engañado ni intenta engañar a otros. Como adultos maduros, ya no podemos ser seducidos por apariencias o palabras melosas. Lo único que realmente importa es un compromiso mutuo duradero.

Algunas personas confunden el apego con el amor. Podemos sentirnos apegados a alguien y creer que lo amamos; o alguien puede estar apegado a nosotros, y nosotros pensar que nos ama. Sin embargo, el amor consciente se basa en el compromiso, no en el apego. Estar apegado nos inmoviliza; en cambio, el amor nos ayuda a evolucionar de una manera efectiva y gozosa. También podemos confundir la dependencia con la conexión. Las personas inseguras pueden intentar crear una conexión con nosotros fomentando la dependencia a través de riquezas, humor, adulación, endeudamiento, etc. Las cinco A, especialmente la autorización, ofrecen un camino alternativo confiable.

Por supuesto, no todos están preparados para una relación completamente comprometida. Algunos pueden trabajar diligentemente en todas las prácticas de este libro y aun así no ser capaces de satisfacer las necesidades de otro adulto en un vínculo íntimo. Tales personas pueden no estar orientadas a las relaciones, o simplemente no tener interés en hacer el trabajo que requiere una relación. Algunas personas se sienten más cómodas en relaciones superficiales o amistades, y solo están psicológicamente preparadas para ellas. No están impulsadas por el miedo a la intimidad, sino por el reconocimiento sincero de que la intimidad no es para ellas. No hay vergüenza alguna en el hecho de no querer una relación. Una persona sana no es aquella que está en una relación, sino la que se siente cómoda en su propia piel.

Muchos de nosotros nos casamos por seguir una convención social y no por una elección que refleja nuestras inclinaciones más profundas, nuestra preparación y personalidad. A las personas que solo están hechas para ser amigos, nunca cónyuges, les gusta el ritmo de distancia y cercanía que proporciona la amistad. Prefieren la alternancia de ausencia y presencia a una presencia continua. Esta es una opción legítima. Sin embargo, las presiones sociales, una vez internalizadas, pueden empujar a tal persona hacia el matrimonio, y el resultado son dos personas infelices, y tal vez hijos infelices.

Según la visión convencional, vivir juntos es el objetivo lógico de relacionarse y un indicador de éxito. Sin embargo, la realidad es que algunas personas no se desenvuelven bien en situaciones de convivencia, y funciona mejor para ellas tener viviendas separadas, incluso cuando la relación se vuelve más íntima. Los vecinos tal vez tengan una mejor oportunidad de relacionarse sin estrés que los compañeros que viven juntos. Depende de ambos socios diseñar el plan singular y apropiado que mejor se ajuste a ellos. Un objetivo primordial en una relación es asegurarse de que tenga la mejor oportunidad de sobrevivir, y eso puede no ocurrir bajo un mismo techo.

El matrimonio y la familia son una vocación especial que no está destinada a todos. Son una elección individual, no colectiva. Es para aquellos que disfrutarán de un compromiso de trabajo de por vida, trabajando en y dentro de un contexto familiar. La cuestión para un adulto sano no es qué elección hace, sino si esta refleja sus verdaderos deseos y se lleva a cabo con integridad. Este libro, incluidas las prácticas, está destinado a lectores en todo el espectro de la sexualidad y el género: casados y solteros, amigos, compañeros; en resumen, cualquier persona que intente amar a alguien y ser feliz, que es un derecho de todo ser humano.

¿Cómo puedes determinar si estás realmente hecho para una relación? Considera las siguientes categorías y descubre cuál se ajusta mejor a tu situación:

En esencia, no lo estoy. Existe algún rasgo innato que me impide tener éxito en las relaciones. Ejemplos de estos rasgos podrían ser una introversión tan extrema que no puedo soportar la convivencia por mucho tiempo, trastornos mentales, adicciones activas, misoginia o misantropía, tendencias criminales o peligrosidad.

Existencialmente, no lo estoy. Hay aspectos de mi personalidad que me impiden tener éxito en las relaciones, pero son modificables; requerirán un compromiso de tiempo y esfuerzo. Esto podría manifestarse de manera más moderada o extrema: tal vez no he tenido éxito en mis relaciones anteriores y cada una ha sido peor que la anterior. Necesito que todo esté perfectamente organizado. Me encuentro atrapado en un círculo vicioso que dificulta la intimidad y no sé cómo romperlo; por ejemplo, cuando te acercas, huyo. Mi ego musculoso y arrogante es un monarca absoluto; no me permite admitir mis errores ni aceptar correcciones, o hacer del otro una prioridad, o dejar que otro me lastime sin una severa represalia. No puedo, o no quiero, mantenerme fiel a una sola persona. Me quedo estancado en una relación infeliz sin intentar cambiar la situación o salir de ella. Prefiero soportar la infelicidad de estar juntos antes que enfrentar el dolor de terminar la relación. Tengo poco interés en el sexo. Creo que tengo poca o nula capacidad para perdonar. Una relación no satisface mis necesidades y valores más profundos y es una elección que hago en reacción a las presiones sociales o familiares. Me es indiferente si mi pareja se va o se queda. Actualmente, necesito pasar el setenta y cinco por ciento de mis horas de vigilia solo.

Algunas personas ven este tema de manera taxativa: o estás hecho para las relaciones o no lo estás. Sin embargo, en realidad, podemos combinar aparentes opuestos. Podemos identificar nuestro nivel de comodidad y ajustar nuestro nivel de compromiso en consecuencia. No es necesario temer que alguien tome el gobierno de nuestras vidas y mentes. Podemos decidir cuánto espacio queremos darle a nuestra pareja en nuestra vida emocional y psicológica. Esto se logra entendiendo y respetando nuestras necesidades, valores y deseos más profundos, y encontrando a una persona que comparta y esté dispuesta a acompañarnos en ellos. En última instancia, la clave está en el consentimiento mutuo y en la capacidad de ambos para diseñar un plan que sea gratificante para los dos.

CANDIDATOS APTOS PARA RELACIONES

Una vez que tomamos decisiones relacionales de manera madura, una potencial pareja que no esté disponible, no nos retribuya o no esté abierta a procesar sentimientos y problemas, se vuelve poco atractiva por esos mismos motivos. Cuando nos amamos a nosotros mismos, las personas ya no nos parecen buenas a menos que realmente lo sean para nosotros.

Una persona es idónea para una relación cuando está dispuesta y capacitada para dar y recibir amor, manejar emociones, comprometerse y mantener acuerdos. Debe demostrar las cinco A de manera placentera, satisfactoria y no invasiva. También debe ser capaz de perdonar y dejar de lado su ego para resolver problemas de manera amigable y justa la mayor parte del tiempo. En sus interacciones, debería seguir un modelo de reconciliación en lugar de uno de represalia. Además, debe amarte por lo que eres, y no solo porque encajes en su idea de compañero (las relaciones de rebote son especialmente peligrosas en este aspecto).

Un candidato adecuado probablemente cumpla con los siguientes criterios adicionales:

- Reside a una distancia razonable de ti.
- Puede expresar y acoger toda la gama de sentimientos humanos, incluyendo los tuyos.
- Disfruta de dar y recibir las cinco A.
- Es tu amigo además de ser tu pareja sexual; valora tu compañía y es compatible contigo.
- Tiene disposición a hablar sobre los problemas de la relación.
- No tiene obligaciones que dificulten un verdadero compromiso, como estar en otra relación, tener asuntos pendientes de relaciones anteriores o estar enredado en problemas familiares (los hijos no representan un obstáculo, a menos que demanden o reciban tanta atención que como padre o madre esté atado a sus necesidades por un lazo de codependencia y no tenga vida propia).
- No tiene adicciones activas.
- No tiene un ego tan inflado que te exija constantemente complacerlo.
- No se siente amenazado por la igualdad de género.
- No está obsesionado con temas políticos o religiosos.
- Está dispuesto a tener hijos si tú quieres, o no, si tú no los quieres.
- Tiene la capacidad sexual, la accesibilidad y el interés para satisfacerte, y muestra disposición a trabajar en ello dentro de la relación.
- No tiene problemas relacionados con el manejo del dinero (por ejemplo, ganarlo, gastarlo, compartirlo, ahorrarlo, prestarlo, donarlo, recibirlo).
- Puede dedicar suficiente tiempo de calidad a fortalecer el vínculo continuamente.
- Está a un nivel intelectual similar al tuyo, para que puedan compartir ideas como iguales.
- Tiene valores similares a los tuyos.
- No está buscando al hombre o la mujer ideal (necesitar al hombre o la mujer ideal equivale a no querer un hombre o una mujer real, que es la única clase disponible).

- No te parece un ser perfecto; no estás tan enamorado como para ignorar sus aspectos negativos.
- Ha hecho al menos la mitad del trabajo que lleva tener una vida y relaciones saludables (sobre esto se discute más abajo, en la primera sección de prácticas).
- Cumple con el criterio de selección riguroso que se aplica a todas las decisiones importantes: que una relación contigo refleje y satisfaga tus necesidades, valores y deseos más profundos.
- Es capaz y disfruta de enfocarse en ti de manera comprometida y duradera (¿Cómo sabes si esto se cumple lo suficiente? Puedes recordar la última vez que sucedió).
- Cuenta con la aprobación cordial de tu tríada personal: tu mente, tu corazón y tu instinto.

¿Tu futuro o actual compañero cumple con estos criterios?

¿CUÁL ES NUESTRO VERDADERO PROPÓSITO?

Cada día, la caricia real reemplaza al amante fantasmal.
—ANAÏS NIN

Ahora nos queda claro que las transacciones completadas desde la infancia se establecen en nuestra psique en un estado de calma. Por el contrario, las necesidades no satisfechas y las transacciones incompletas, como los sueños y deseos no cumplidos, claman por su realización durante toda nuestra vida, y se ciernen sobre la mayoría de nuestras relaciones. Por tanto, debemos aprender a cerrar nuestros pasados asuntos emocionales por nuestra cuenta cuando una pareja no esté dispuesta a hacerlo por o con nosotros.

¿Cuál es nuestro verdadero propósito cuando buscamos una relación? Nuestra agenda aparente puede ser opuesta a nuestra agenda real. Tenemos una agenda consciente cuando lo que decimos que queremos coincide con lo que realmente intentamos hacer. Por ejemplo, decimos que queremos una relación y lo decimos en serio, por lo que estamos dispuestos a comprometernos. Sin embargo, una agenda secreta, por otro lado, generalmente es desconocida para nosotros. Tenemos una agenda secreta cuando, en realidad, deseamos lo contrario de lo que decimos que queremos. Por ejemplo, una mujer que dice que busca una pareja se entusiasma si un hombre parece inalcanzable. Sin embargo, una vez que él se torna accesible, ella pierde interés rápidamente. La pista para descubrir la verdadera agenda de una persona siempre está en cómo termina la transacción. En este ejemplo, la verdadera agenda de la mujer, genuinamente desconocida para ella, no es encontrar una pareja, sino conquistar a alguien y luego dejar de desearlo.

Aquí tenemos otro ejemplo: Piers se presenta como alguien que busca una relación íntima. Sin embargo, su agenda secreta no es encontrar una intimidad adulta, lo cual le asusta profundamente. Su fantasía de intimidad es ser abrazado y atendido físicamente, pero no le preocupa tanto lo que su pareja recibe de él. Curiosamente, cuando Piers encuentra a alguien, o bien ella es perfecta pero no está disponible, o bien está disponible pero no es la adecuada. Esto lo lleva a seguir buscando. Está decepcionado, pero totalmente convencido de que está buscando intimidad y no la encuentra. Sin embargo, en realidad, está girando en círculos.

La agenda de Piers es un secreto incluso para él mismo. Puede estar aterrorizado por la cercanía. Puede sentirse obligado a repetir una decepción primordial y ahora habitual con las mujeres. Sus acciones y frustraciones le muestran cuál es su trabajo, pero ¿lo hará alguna vez? ¿Cuántas mujeres serán culpadas, cuántas relaciones se deteriorarán antes de que él lo vea? Si no reconoce su patrón, Piers nunca conocerá su propia agenda, cómo lo incapacita para la intimidad, cómo se relaciona con problemas en su vida temprana, o cómo hacer el trabajo que lo liberará de la autoderrota.

Peter, a diferencia de Piers, tiene una agenda sincera y abierta, no secreta. Su fantasía es abrazar y ser abrazado por alguien que no tiene que ser perfecta. Cuando encuentra una pareja posible, se pregunta: "¿Está ella disponible emocionalmente, es independiente, se parece a lo que quiero y nos estamos acercando el uno al otro?". Si ella no está disponible, no importa cuán atractiva sea, él no desperdicia su energía y la deja pasar. Peter basa su nivel de respuesta en sus poderes intuitivos de evaluación. En una relación, cuando los obstáculos y los conflictos lo rodean, él trabaja con su pareja para superarlos, de la manera en que un adulto en una relación comprometida lo hace.

Piers y Peter ilustran la diferencia entre tener voluntad y desear. Tener voluntad es realmente querer algo, elegir tanto el objetivo como los medios para alcanzarlo. Esto implica aceptar el trabajo y los riesgos involucrados en llevarlo a cabo. Por otro lado, desear es solo estar enamorado del objetivo. Piers desea intimidad; Peter realmente tiene la voluntad de alcanzarla.

Ambos pueden casarse. Peter elige sabiamente a su pareja; el matrimonio realmente le conviene. Eventualmente, Piers se casa con alguien con quien puede continuar jugando a las escondidas. Se casa porque es lo que se espera, tomando esta gran decisión antes de conocerse a sí mismo realmente. En general, encontrar una pareja es fácil para personas como Piers porque, desafortunadamente, más personas son atraídas por la apertura aparente que por la auténtica. Por lo tanto, Piers tendrá muchas más opciones para elegir que Peter. Esto no se debe a que los candidatos sean tontos, sino a que tienen miedo. Después de todo, lo real puede ser exigente y lastimar, y ciertamente es desconocido.

Hay una última cualidad que debemos evaluar al determinar la disponibilidad. Un escritor debe saber si su computadora cuenta con suficiente memoria de acceso aleatorio (RAM) para almacenar el volumen de material con el que tiene que trabajar. De manera similar, procesar conflictos en las relaciones puede demandar una gran cantidad de energía emocional, por lo que es crucial saber si tenemos la energía emocional necesaria para abordar la clase de conflictos que surgen en una relación, así como si nuestra pareja también la posee. Por ejemplo, si una posible pareja tiene profundos problemas de desorientación sexual e inhibición debido a experiencias de incesto en su pasado, esto requerirá un compromiso serio y a largo plazo de ambas partes si desean tener una vida sexual satisfactoria. ¿Estamos dispuestos a realizar este esfuerzo? ¿Lo está nuestra pareja? Si no es así, estaríamos asumiendo un proyecto que no podremos completar. Si bien la terapia personal o los grupos de apoyo pueden ayudar, a menos que ambos estén dispuestos a abordar sus propios problemas personales, ninguna cantidad de amor será suficiente para garantizar el viaje. El compromiso de enfrentar los problemas a medida que surjan es la única señal de que realmente deseamos una intimidad plena. Solo este compromiso marca la diferencia, no la apariencia física, ni las palabras vacías, ni nuestras expectativas, ni siquiera lo que encontramos. Los adultos conocen sus límites, los enfrentan y, siempre que sea posible, los superan. Esto equivale a estar preparado para una relación intensamente auténtica.

Aun cuando no experimentamos las cinco A en nuestra infancia, podemos encontrarlas y brindarlas en una relación adulta verdaderamente íntima que permita un intercambio sincero de sentimientos. No todas las relaciones saludables ofrecen esto, por supuesto. Algunas parejas desean simplemente una compañía ligera y sin presiones, mientras que otras buscan compartir sus sentimientos y experiencias más profundas, tanto pasadas como presentes. Ambos estilos son válidos, pero es fundamental saber si nuestra posible pareja busca el mismo tipo de relación que nosotros. Los conflictos pueden surgir en ambos tipos de relaciones, pero en el primer caso tienden a tratarse superficialmente y a pasarse por alto, al igual que los dramas pasados. En cambio, en el segundo caso, los conflictos se enfrentan con franqueza y se procesan a través de lo que pueden ser sentimientos desagradables y complicados.

Una forma de determinar si alguien tiene disposición a trabajar en una relación contigo es darle este libro. Observa si lo lee, cómo reacciona y, sobre todo, si muestra interés en discutirlo y en poner en práctica sus sugerencias contigo. Leer y trabajar en este libro juntos también puede ser útil para crecer a la par en el camino del amor íntimo.

REVELACIÓN COMPLETA

> Yo ronco fuerte, bebo con exuberancia, trabajo en
> exceso y mi futuro está llegando a su fin. Pero soy alto,
> judío, y te amo de verdad.
> —DAVID O. SELZNICK, al declararse a Irene Mayer

El primer requisito para la confianza y el compromiso es la honestidad. A veces, no compartimos nuestros sentimientos y reacciones con nuestra pareja porque sentimos que él o ella no puede aceptar nuestra verdad. Solo cuando la relación ha terminado, dejamos salir todo lo que hemos guardado y siempre quisimos decir o mostrar. Entonces nos damos cuenta de lo inhibidora que fue la relación para nosotros y de cuánto miedo teníamos a la verdad completa, la nuestra y la de los demás. Temíamos decir lo que el otro temía escuchar. Estábamos renunciando a las cinco A, pero soportando la carencia para mantener el vínculo y evitar quedarnos solos.

Pero podemos decir y escuchar cualquier cosa cuando confiamos en la intención amorosa y la lealtad del otro. En el ambiente contenedor de la intimidad, podemos permitir que la verdad surja sin miedo, vergüenza o incomodidad. Esa confianza florece cuando las parejas están comprometidas a trabajar en sí mismas. La información personal que intercambiamos entonces no asusta, sino que se convierte en material para el trabajo. Así, el compromiso con el trabajo personal equivale al compromiso con la intimidad. Y dado que la revelación personal implica dejar de lado el ego, también supone una práctica espiritual.

Mientras tanto, es posible que queramos revelar algo para que una nueva pareja sepa en qué se está metiendo, pero solo si estamos abiertos a recibir los comentarios del otro, ya que seguramente conducirá a eso. La paradoja es que la revelación lleva a un mayor autoconocimiento. A continuación, se presenta un ejemplo, algo gracioso, de cómo suena decir la verdad:

Nuestra relación parece estar volviéndose seria ahora, y eso me alegra. Para que todo sea claro entre nosotros, me gustaría compartir algunas cosas sobre mí. Comenzaré con las cualidades menos atractivas y luego seguiré con otras más alentadoras.

Deseo mucho amar y ser amado, pero debo admitir que mis miedos me hacen resistirme con uñas y dientes cuando esa posibilidad se acerca. Solo puedo ser amado por alguien lo suficientemente flexible como para aceptar ese defecto. De hecho, no se puede esperar de mí perfección alguna.

Si solo puedes amar a alguien que cumpla tus expectativas de un compañero perfecto, no soy yo lo que quieres. Si tienes una definición rígida del amor, no me ajusto a ella. No tengo un historial de hacer las cosas bien.

Es muy probable que no cumpla tus expectativas tan a menudo como te gustaría. A menudo soy combativo, especialmente cuando noto que la intimidad está comenzando a ocurrir. Puede que no siempre escuche o intente entender. Puede que no siempre esté cuando me necesites. Puede que no te acepte tal como eres. Puede que te seduzca con mi aspecto, mis encantos, mis palabras o el sexo, ¡y luego puede que no cumpla!

Parece que soy autosuficiente, pero es solo una fachada. Debajo de ella, soy demandante, asustadizo, desposeído y solitario. Puedo mentir o esconder mis verdaderos sentimientos; puedo huir de los tuyos.

Puedo intentar que hagas cosas por mí o me des cosas. Esa es mi forma de hacer que pruebes que me amas.

Puedo querer una relación por razones narcisistas: tenerte ahí para mí cuando y como te necesite. Puede que no esté disponible para un verdadero intercambio. Puede que no dé la bienvenida a alguien que venga con demandas personales. Tendré que aprender a respetarlas, y eso puede llevar tiempo. ¿Tienes tiempo?

He notado que, gracias a mi infancia infeliz, la colina de la relación me resulta bastante empinada. Puede que vea a uno o ambos de mis progenitores en ti e intente que me des lo que me dieron o no pudieron darme.

Puedo tratar de controlarte. Tendrás que estar alerta para desenmascarar las muchas maneras escurridizas en que intentaré manipularte. Y si me atrapas y me enfrentas al respecto, puedo tener tanto miedo que te ataque. Puede que no pueda tolerar tu libertad o tus elecciones. Soy celoso e incluso paranoico a veces. Puede ser insoportable para mí que tengas amigos cercanos.

Si necesitas a alguien que nunca te haga llorar, soy la persona equivocada. Podría lastimarte.

Solo puedes amarme como soy, no como necesitas que sea. Te decepcionaré una y otra vez mientras esperes que me ajuste a tus criterios. Solo puedes amarme incondicionalmente y sin garantías de que valdrá la pena hacerlo.

Por otro lado, también puedo ofrecerte algunas cosas valiosas, más valiosas que lo que el dinero puede comprar (y puede ser que no siempre tenga mucho). En cada una, reconozco mis limitaciones y mi compromiso de trabajar en ellas.

Sé quién soy, y no tengo vergüenza de admitirlo. Al mismo tiempo, sé que tengo la capacidad de mentir o esconderme para protegerme.

Estoy trabajando en mí mismo. Estoy buscando formas de amar más auténticamente. Lo hago mediante ensayo y error, preguntando y accionando, cayendo y levantándome, destruyéndome y dejando que me destruyan, siendo y deviniendo.

Quiero amarte de la manera en que quieres ser amada, y agradezco que me lo digas.

Siempre estoy examinando mi comportamiento para ver exactamente cómo estoy controlando y exigiendo. Y aunque a menudo no lo note, agradezco que digas "¡Ay!". Cuando veo que te ofendo, pido perdón. Puedo lastimarte, pero nunca será con malicia, solo por descuido o porque mi ego asustado está estrangulando mi deseo de ser amable.

Estoy tratando de sentirme a salvo con la vulnerabilidad, de dejar que la verdad salga, no importa cuánto me amenace. Este trabajo está en ciernes, muy lejos de estar terminado. Quizás puedas, en este momento, ver cómo me abro en esta honesta —y embarazosa— presentación de mí mismo. No estoy tratando de parecer bueno. Quiero ser lo suficientemente bueno como para amar honestamente. Quiero ser transparente para que puedas ayudarme a identificar en qué debo trabajar.

Considera mi desempeño, no mis promesas; repasa mi historial hablando con mis excónyuges, parejas, amantes y amigos. Luego busca indicios de cambio. Toma tu decisión con los ojos bien abiertos; da un consentimiento informado.

No te decepcionaré si me conoces como un ser humano falible, con amor para dar y no mucha práctica en darlo de manera constante, pero con el compromiso de seguir practicando. Solo puedo ser amado con todos mis defectos, mis esfuerzos por corregirlos y mis fracasos al intentarlo. Acéptame como soy, y el amor puede florecer entre nosotros.

Solo podré ser amado por alguien que aprecie mis debilidades y errores, cuya magnitud seguirá sorprendiéndonos a ambos. Solo puedo ser amado por alguien que acepte mi ego arrogante, mi sombra y todas las cicatrices de mi infancia. Solo podré ser amado por alguien que, al igual que yo, haya renunciado a la creencia de que alguien puede ser perfecto para otra persona. Necesitaré ser perdonado una y otra vez.

Se requerirá valentía y perseverancia para estar a mi lado. Necesitarás brazos capaces de sostener a un niño interior asustado sin perderle respeto al adulto que soy. Necesitarás ojos que puedan vislumbrar el terror que a veces se esconde detrás de la máscara de la ira. Necesitarás un corazón que pueda soportar el dolor y la pérdida sin que tambalee la fe en el amor que está tratando de encontrarte.

He vivido demasiado tiempo en un pasado de "no es suficiente" y un futuro de "aún no". Me siento más preparado que nunca para el amor aquí y ahora. Me he enamorado antes, generalmente de la imagen de un ideal o la proyección de una fantasía. Pero esta vez, me gustaría levantarme y permanecer enamorado del verdadero tú. Esta vez estaré trabajando para obtener una libreta de calificaciones con cinco A. Quizás así no nos quedemos, tú y yo, sin esa maravillosa cosa que es el amor.

Cierro con una de mis frases favoritas de *Noche de Reyes*, que dice: "Ya he abierto para ti el libro secreto de mi alma".

P.D. No te dejes engañar por mi elocuencia. A veces puedo ser bastante grosero.

> He llegado a reconocer que ser digno de confianza no requiere que sea rígidamente consistente, sino que sea auténticamente real... ¿Puedo como persona expresarme lo suficiente como para comunicar lo que soy sin ambigüedades?
> —CARL ROGERS

SEXUALIZAR NUESTRAS NECESIDADES

> El sexo no es un juego. Da lugar a emociones y consecuencias prácticas reales y duraderas. Ignorar esto es rebajarse a uno mismo y despreciar la importancia de las relaciones humanas... Una vida sexual activa dentro de un marco de compromiso personal aumenta la integridad de las personas involucradas y es parte de una vitalidad floreciente.
> —EPICTETO

En una ocasión, se le preguntó a Santo Tomás de Aquino si Adán y Eva tenían relaciones sexuales antes de su caída en el Jardín del Edén, es decir, antes de que el ego se convirtiera en la fuerza impulsora de la elección humana. Él respondió: "¡Sí! La intensidad del placer no está excluida del estado de inocencia; solo están excluidas la fiebre de la lujuria y el desasosiego". Tal vez a partir de esta idea comenzamos a vislumbrar cómo sería el sexo con las cinco A: la motivación principal para cada uno de nosotros es brindar placer al otro, no hay una meta. Permitimos niveles cambiantes de excitación a lo largo del acto amoroso. Nos mantenemos en permanente contacto a través de la mirada, las sonrisas y el lenguaje corporal.

De hecho, existe una base orgánica para la conexión entre la crianza y la satisfacción sexual. La hormona pituitaria oxitocina se libera en los momentos de ternura compartida posteriores al sexo. La oxitocina actúa en las glándulas mamarias para estimular el flujo de leche en madres lactantes. Parece que la naturaleza pretendía que el sexo estuviera conectado con la ternura maternal, como si, en el amor, amamantáramos mutuamente nuestros corazones.

El sexo desesperado lleva esa carga deliciosa, la emoción de la sensación involuntaria y el impulso irresistible, la anticipación del éxtasis, la *forza* del destino. La lujuria demandante aprovecha nuestros hábitos y anhelos inconscientes. Es sensación (reacción física autónoma), no sentimiento (respuesta física, emocional e inteligente). El sexo basado en esta energía es estimulante y sensacional, pero no incluye la profundidad auténtica del sentimiento necesaria para la intimidad.

A veces no buscamos una relación sexual para compartir una pasión adulta, sino porque creemos que una respuesta sexual de otra persona colma nuestras necesidades emocionales no satisfechas o incluso nos da una sensación de seguridad. Podemos sentir que solo buscamos sexo, cuando, en realidad, estamos buscando ser recibidos y aceptados personalmente con las cinco A. Cuando sexualizamos nuestras necesidades de esta manera, estamos alistando nuestros genitales para tareas para las que no están diseñados.

La forma específica del sexo que procuramos puede representar en realidad la búsqueda de una o más de las cinco A. Queremos ser abrazados o tocados en nuestros cuerpos de un modo que nos haga sentir como si nos estuvieran prestando atención, aprecio, aceptación o permiso abundantes. Las intimidades acogedoras que se nos ofrecen pueden sentirse como un afecto auténtico, aunque solo sean una imagen de ese afecto. Los brazos que buscamos son aquellos que trascienden el momento presente o la pareja sexual. Pertenecen a tiempos ya pasados. Esta confusión sexual es propia de la adicción al sexo, que también es una búsqueda de lo trascendente, aunque sea inútil.

El sexo es un embaucador. Puede hacernos sentir bien sin importar lo insatisfactoria o problemática que sea la relación. El sexo incluso puede sobrevivir incólume en medio del abuso o la ira. Esto no es una habilidad, sino que puede señalar una severa discapacidad y confusión con relación al autocuidado. Como escribe sarcásticamente en *Medea*, Eurípides: "Si lo que sucede por la noche funciona, crees que lo tienes todo".

Debido a que el sexo crea vínculo, los problemas con el sexo en una relación pueden aumentar con el miedo a la intimidad. Cualquier persona que tema el compromiso huirá cuando perciba el creciente vínculo que se forma automáticamente a medida que el sexo madura. La huida puede tomar la forma de una ruptura o un escándalo (ira, infidelidad, comportamiento adictivo, etcétera).

Una relación basada únicamente en el sexo, en lugar de en una amistad satisfactoria que incluya el sexo, puede reducirse a cenizas en los años venideros. Tales relaciones pueden sobrevivir a treinta años de matrimonio, pero serán insípidas, malnutridas y muy lamentables. Los adultos hacen la transición de la atracción como impulso a la atracción como elección. No reprimen el impulso; lo disfrutan. Pero no se enredan en un melodrama por eso. Cuanto más opaca sea la vida interior de las personas en las relaciones, más sofisticada será su búsqueda de emociones fuertes, de sensación sin sentimiento. Algunas personas solo han tenido sexo como sensación. Quizás esta sea la definición de lo superficial.

A medida que nos volvemos más sanos y adultos, ya no buscamos el sexo por placer, sino que compartimos el sexo debido al placer. Cuando hay felicidad en nuestro mundo interior, renunciamos a la búsqueda frenética de la felicidad en el sexo. De hecho, renunciamos al deseo de cualquier cosa fuera de nosotros mismos porque ya no hay nada fuera de nosotros, solo una unidad que se expande constantemente. Permitimos que el sexo tome su justo lugar, sin que ocupe más espacio en nuestra vida que el que ocupan nuestros genitales en nuestro cuerpo.

NUESTROS ANHELOS

A veces sentimos que nuestra vida carece de sentido si no estamos enamorados de alguien o en una relación sexual. Si es así, nos desmerecemos a nosotros mismos y pasamos por alto todo lo demás que forma parte de nuestra existencia. Cuando experimentamos una necesidad absoluta de tener una relación amorosa con una persona, en realidad nos enfrentamos a una fuerte necesidad de trabajar en nosotros mismos a nivel personal. El anhelo por esa persona especial, que parece ser el centro de nuestras vidas, también nos distrae de apreciar nuestra propia compañía. Además, podemos estar prestando poca atención a nuestra práctica espiritual de bondad amorosa, que es nuestro verdadero objetivo y destino como seres iluminados.

No es que el amor erótico e íntimo no sea un objetivo humano digno, sino que parece funcionar mejor si lo abordamos con atención plena. Nos relacionamos con nuestro deseo de amor de manera consciente, experimentándolo con plenitud, observando cómo cambia y adónde nos lleva, y aceptando que puede o no satisfacerse en poco tiempo. La dolorosa alternativa es dejarnos poseer por nuestro deseo, obsesionados con él hasta el punto de que nuestra perspectiva más amplia nos abandone y solo veamos el interior de nuestra propia mente. Somos, entonces, como un prisionero que solo ve las paredes de su celda y cree que esta es el mundo entero. En ese momento, somos inconscientes de cómo funciona el deseo o cómo puede ser un medio para alcanzar la madurez psicológica y espiritual.

Compartir nuestros anhelos con nuestra pareja implica confiar en que él o ella los entenderá, los sostendrá y los reflejará como perfectamente legítimos. Esa validación es lo que anhelamos aún más que la satisfacción misma. A veces, nuestro anhelo es tan fuerte y la llegada de la pareja de nuestros sueños se hace esperar tanto que nos conformamos con el sexo como si fuera amor. Afortunadamente, mucho contacto físico sin amor suele volverse monótono rápidamente. Este desencanto puede ser un regalo que nos trae de regreso a la senda de la integridad.

Cuanto más sanos nos volvemos, más deseamos una combinación de amor y sostén, y menos nos interesan las relaciones superficiales que ofrecen desconocidos en encuentros casuales o el sexo a cambio de dinero. Al respetar más nuestra propia sexualidad, corremos menos riesgo de atrofiarla o debilitarla. Cuando reservamos el sexo para los propósitos del amor y lo hacemos por todo el tiempo que el amor se tome para llegar a nosotros, nos sirve a nosotros y a los demás como un medio para acrecentar dicho amor.

EL DESTINO DESEMPEÑA UN PAPEL

> Me prepararé y algún día llegará mi oportunidad.
> —ABRAHAM LINCOLN

La sincronía es una coincidencia significativa que nos guía hacia nuestro destino. Algo, que no conocemos, siempre está en movimiento, sin que sepamos cómo, pero entendemos el porqué:

para ayudarnos a liberarnos del miedo y abrirnos al amor. Por lo tanto, encontrar una pareja no depende únicamente de nuestros esfuerzos. Otras fuerzas sobre las que no tenemos control entran en juego.

James es un joven que anhela fervientemente conocer a la mujer de sus sueños. Cree estar haciendo todo bien: frecuenta bares para solteros, responde a anuncios, se une a servicios de citas y se acerca a las damas de honor en las bodas de sus amigos, donde a menudo ha sido ujier o padrino. Pero nada funciona. Frustrado y desanimado, decide renunciar por un tiempo y dejar que la naturaleza siga su curso.

En otra parte de la ciudad, Jamie desea encontrar al hombre de sus sueños: alguien con sentimientos tiernos, intereses similares a los suyos, sentido del humor, un aspecto razonablemente atractivo y una sensatez básica, lo cual parece significar hoy en día no ser un asesino serial con motosierra. A veces va a bares para solteros con sus amigas, se subscribió brevemente a un servicio de citas (sin suerte) y a menudo ha sido dama de honor en las bodas de sus amigos, pero se aleja de los invitados a la fiesta de bodas que hacen avances atrevidos envalentonados por el alcohol. Al igual que James, Jamie ha renunciado a la búsqueda y está dejando que el universo se haga cargo, aunque se siente molesta porque el tiempo pasa y nada aparece.

James es un ciclista que todos los días sigue la misma ruta a lo largo de la playa. Un día, sin motivo aparente, decide tomar un camino alternativo a través del jardín botánico. Aunque generalmente pedalea con fuerza sin detenerse en ningún lugar, en esta ocasión se permite detenerse y oler las flores.

Caminando con su bicicleta por el jardín, James queda absorto por la belleza de una fila de cactus entre dos senderos. De repente, nota que en uno de los cactus ha brotado una impresionante flor blanca y dorada. Sabe que esta especie florece solo una vez al año durante un día, así que se siente atraído por la flor de manera instantánea e intensa, y espontáneamente se agacha para disfrutarla en todo su esplendor.

En ese mismo momento, en el camino paralelo, sin que James, embriagado por el perfume de la flor, note su presencia, una joven que trabaja en el jardín botánico también se inclina a oler su fragancia. Sus cabezas se juntan en un choque resonante e inocuo, y de pronto se encuentran mirándose a los ojos, solo separados por el aroma del cactus.

James dice: "Bueno, realmente hemos unido nuestras mentes para esto, ¿verdad?". Jamie responde con una sonrisa: "Sí, podría decirse que fue un auténtico encuentro de mentes". Pronto descubren que tienen más en común que su sentido del humor. Ambos adoran los cactus, los cultivan en casa, conocen todos los nombres latinos de las diversas especies y han sufrido la estocada de sus espinas en muchas ocasiones, lo que es una clara señal para la posibilidad de una relación.

Un año después, James y Jamie finalmente asisten a una boda en la que no son ni padrino ni dama de honor. En esa feliz ocasión, sin saber cómo se conocieron ni de su mutuo interés botánico, el pastor, amante de la poesía, cita estas líneas de la "Elegía" de Gray: "Muchas flores nacen para sonrojarse sin ser vistas / y malgastan su dulzura en el aire del desierto". Esa dulzura no se ha malgastado en el caso de James y Jamie. Perdura más allá de su maravilloso romance, a través de conflictos normales hacia una vida de almas gemelas. Han encontrado el amor que puede sobrevivir a cualquier cataclismo y persistir a lo largo del tiempo.

Los eventos de esta historia son todos coincidencias, pero también son un ejemplo de sincronía, es decir, son coincidencias significativas u oportunidades porque impulsan el cumplimiento del destino personal de dos individuos. ¿Es casualidad que tanto James como Jamie hayan tenido mala suerte en sus citas? ¿O esto fue así para preservarlos hasta su encuentro? ¿Es casualidad que James, "sin motivo aparente", es decir, no por lógica cerebral sino por impulso de una fuente intuitiva más profunda, tome un camino diferente y decida detenerse donde trabaja Jamie? ¿O fue ese "algo, que no conocemos (y) siempre está en movimiento"? ¿Jamie aceptó este trabajo porque solo a través de él conocería a James? Cuando James se interesó por el ciclismo, ¿estaba preparándose para conocer a su futura esposa? ¿Es casualidad que ambos amaran los cactus desde la infancia? ¿O su relación comenzó de un modo invisible, muchos años antes de conocerse, con eventos que se alinearon repetidamente para hacer posible un encuentro? ¿Estaba trabajando algo desconocido, cuidadosa y misteriosamente, incubando una unión que sería buena para dos buenas personas? ¿Está el universo tan confiablemente de nuestro lado, y de un modo tan minuciosamente calibrado, que hace que un cactus florezca precisamente el día en que dos personas podrían verlo y así encontrarse? Y ¿cómo eligió el pastor, que conocía muchos poemas, precisamente ese para la ceremonia de boda? Un gran poema beneficia a una larga lista de personas en generaciones futuras. ¿Escribe un poeta su poema para ellos?

La razón y la lógica consideran que todo esto es mera casualidad. Pero algo intrépido e ilimitado en lo más profundo de la psique le hace honor como parte de un diseño más amplio del universo, articulado en y para la realización de vidas individuales. Observa cómo, en esta historia, una realización personal requirió la participación de la naturaleza. Los métodos humanos, como los servicios de citas, los anuncios, etc., habían fracasado, así que intervino algo más grande que lo que el ego podría construir. Es fácil ver por qué la gente en todas las épocas ha creído que el amor gobierna el universo.

La sincronía significa que nada ni nadie existe en aislamiento. Los pasados de James y Jamie se encuentran en el presente e inician su futuro. La serie de coincidencias que llevó a su encuentro une las capas del tiempo; de hecho, la sincronía significa que los tiempos se fusionan. También observa cómo la sincronía solo es visible retrospectivamente. No podemos anticiparla ni planificarla, y podemos pasarla por alto.

Los nombres de nuestra joven pareja suenan similares, pero eso no es sincronía. Es una simple casualidad, ya que no es algo que los lleve a su destino. La sincronía ocurre cuando los eventos, la naturaleza y las personas coinciden para manifestar lo que estaba oculto, hacer consciente lo inconsciente, para que lo que estaba en nosotros fluya a través de nosotros, que lo que estaba más allá del alcance del ego se vuelva completa y fácilmente accesible. Puede ser un evento único el que marca toda la diferencia. E incluso hace que las flores broten en el desierto.

Prácticas

HACER EL TRABAJO: En la sección anterior "Candidatos aptos para relaciones", uno de los requisitos era realizar la mitad del trabajo necesario para convertirse en una persona psicológicamente saludable. Las parejas pueden revisar la siguiente lista y luego reflexionar en su diario sobre su estado o progreso. Posteriormente, pueden conversar sobre estos puntos como testigos, no como jueces. El objetivo no es cambiar o convencer al otro. Están descubriendo cómo está preparado cada uno para relacionarse de un modo saludable mediante una técnica de entrevista mutua. El potencial de éxito en una relación es directamente proporcional a estas diez áreas de trabajo para alcanzar la madurez como adultos:

1. **Afrontar problemas de la infancia.** Reflexionar sobre cómo nuestra infancia ha influido en nuestra vida actual, especialmente en nuestras relaciones: cómo transferimos problemas con nuestros padres a otras personas, cómo se satisficieron o no nuestras necesidades tempranas, qué miedos o actitudes negativas adoptamos, y si crecimos en un entorno seguro de confianza y amor, o si fuimos maltratados o descuidados. Como dijo James Hollis en su libro *Finding Meaning in the Second Half of Life*: "No es un error tener una región infantil en nuestra psique, porque todos somos niños en recuperación, pero es un acto culposo imponerle esa historia desempoderada y narcisista a quien amamos en el presente".

2. **Desarrollar la autoestima.** Continuar avanzando con un sentido de valía, confianza en uno mismo, autoconocimiento, enfoque responsable en metas, asertividad saludable y respeto por los límites.

3. **Abandonar la inflación del ego.** Concentrarnos en dejar atrás el egotismo, es decir, la tendencia a ser egocéntricos, a querer ser los primeros, a tener un control excesivo, a no aceptar críticas sin ponernos a la defensiva, a tener dificultades para perdonar y a adoptar un estilo vengativo.

4. **Dar y recibir las cinco A.** Atención, afecto, aprecio, aceptación y autorización: todas son formas de mostrar amor sin inhibiciones al recibir, y manifestarlo con generosidad al dar.

5. **Liberarnos del miedo.** No permitir que nos dominen los miedos en una relación: por ejemplo, el miedo a la intimidad, al compromiso, a mostrarnos tal como somos, a ser vulnerables y al abandono, lo cual resulta en apegos y necesidades.

6. **Actuar con integridad ética.** Vivir de acuerdo a estándares de honestidad, comprometidos con la confiabilidad y el amor en acción (ver capítulo 8, "Formas de mostrar integridad y amor").

7. **Comodidad con los sentimientos.** Ser capaces de expresar libremente, sin agresiones, el espectro completo de nuestros sentimientos, incluyendo alegría, ira, miedo, dolor, y estar abiertos a los sentimientos de los demás.

8. **Manejar los conflictos.** Abordar, procesar y resolver los conflictos con la conciencia de que todos tenemos un lado oscuro, partes de nosotros mismos que son socialmente inaceptables y, por lo tanto, no reconocidas, en lugar de proyectar nuestras actitudes negativas en el otro.

9. **Una actitud saludable hacia el sexo.** Tener plena capacidad en el área del sexo para que sea desinhibido y refleje placer, cercanía y cuidado, y nunca sea utilizado como un arma o para la manipulación.

10. **Aceptar la realidad.** Tomar las cosas con calma, no permitir que nos desestabilicen, aceptando las circunstancias de la vida con serenidad y cordura sin importar cuán estresantes sean, con ecuanimidad para encontrar el coraje para enfrentar lo que necesita ser cambiado, y con sabiduría para percibir la diferencia.

No buscamos la perfección en ninguna de estas áreas, sino más bien el progreso continuo en ellas. Esto supone haber realizado cierto trabajo, seguir haciéndolo en el presente y comprometerse a continuar en el futuro. Todo esto se resume en hacer, al menos, la mitad del trabajo. Integrar los diez componentes de manera constante, aunque sea lentamente, es un signo de preparación para una relación.

Si una posible pareja ni siquiera quiere considerar estos aspectos, los desestima como "tonterías de la Nueva Era", afirma que no existe tal cosa como trabajar en nosotros mismos, menosprecia alguno de los diez puntos o dice que no le atañen, nuestra conclusión es clara: esta persona no es una candidata para una relación saludable. Es posible que nos sintamos tan atraídos por alguien que justifiquemos su rechazo a la lista: "Sí, él o ella están por encima de todo esto, así que no necesitan tomárselo en serio". Con esa actitud, continuamos en la relación bajo nuestro propio riesgo. El mejor pronóstico para una relación funcional es que cada uno en la pareja responda a las diez áreas de trabajo con cualquiera de estas opciones, excepto la última:

- He trabajado un poco en esto, y esto es lo que…
- Sé que necesito hacer más y lo haré, y esto es lo que…
- Nunca he trabajado en esto, pero veo que es valioso, así que me abocaré a ello, y esto es lo que…
- Nunca he trabajado en esto y no veo su valor.

Las parejas también encontrarán útil este ejercicio para evaluar su compromiso con la integridad psicológica. Nos atreveríamos a dar nuestra opinión si un compañero no tiene buenos hábitos de salud física. ¿Podemos hacerlo sobre los hábitos de salud psicológica?

Aquí tenemos otra práctica: con los ojos cerrados, visualízate solo haciendo exactamente lo que te brinda felicidad y paz mental. Observa dónde estás, tu postura, tus sentimientos internos, tu sensación de seguridad. Una vez que estés disfrutando plenamente de la escena, imagina a tu pareja en ella. ¿Cómo cambia tu postura corporal, tu nivel de seguridad, felicidad, creatividad, entusiasmo por la vida?

COMPARAR DESEOS: ¿Tienen (o prefieren) un estilo de vida que los pone frente a frente o uno al lado del otro? Si colocas tus manos con las palmas enfrentadas y luego las ubicas una al lado de la otra de modo que ambas palmas miren hacia afuera y tus pulgares casi se toquen, tendrás una imagen clara de los dos estilos. Si ambas personas están de acuerdo con cualquiera de los estilos, la vida puede transcurrir sin problemas. Si un compañero quiere una configuración y el otro quiere lo opuesto, surge el conflicto. Mantén una palma hacia adentro y la otra hacia afuera, y verás el problema. Luego, coloca tus manos una detrás de la otra, con las palmas hacia afuera. Ahí tienes un ejemplo de distancia. ¿Cuál se adapta mejor a tu situación?

Si tu relación es con las palmas hacia afuera, ¿las manos aún se están tocando en los pulgares, o se han alejado para que tú y tu pareja hagan cada vez menos cosas juntos? Esto sucede con frecuencia en relaciones en las que se enfatiza la libertad individual. Los compromisos en el transcurso de una relación son saludables. Cuando los compromisos favorecen la autonomía, la distancia puede aumentar. Cuando los compromisos favorecen el vínculo, la intimidad crece. ¿Dónde te encuentras en esta relación? Medita sobre estas preguntas y comparte tus respuestas con tu pareja de una manera que no implique censura. Elaboren un plan para alinearse de manera más satisfactoria. Si no pueden hacerlo, consideren pedir ayuda a un terapeuta.

Los adultos diseñan un estilo de vida de acuerdo con el porcentaje de tiempo que necesitan estar solos o con otro. Por ejemplo, si cada uno de ustedes quiere pasar el 50 por ciento de su tiempo juntos, eso necesariamente supone intereses externos. Hazte estas preguntas en tu diario: ¿Tienen intereses y pasatiempos establecidos? ¿Te resientes con tu pareja porque tiene intereses externos? ¿Se ha considerado todo esto en la ecuación de su relación?

¿PUEDEN RESPONDER SÍ A ESTAS PREGUNTAS?: ¿Puede tu pareja concentrarse en ti y responder a tus necesidades? ¿Está tu pareja trabajando en sí misma? ¿Te ama tu pareja sanamente, en lugar de necesitarte con desesperación? ¿Cumple con los acuerdos? ¿Colabora contigo para enfrentar obstáculos juntos? ¿Son felices más de la mitad del tiempo que pasan juntos? ¿Puede el otro lidiar con tu fuerza, tus sentimientos y tu libertad? ¿Te sientes amado de esa manera especial que es única para ti, y lo sientes físicamente? ¿Puedes compartir con esta persona lo que te preocupa, entusiasma, o deleita?

Si puedes distinguir entre un buen compañero y uno que no lo es tanto, pero no puedes dejar a alguien que no es adecuado para ti, si cometes los mismos errores con un compañero tras otro, o si eres víctima o presa voluntaria de un depredador tras otro, pide a un amigo que sea tu *padrino de relaciones*. (Todos necesitamos asesores, defensores y padrinos a lo largo de la vida.) Un padrino supervisa tus relaciones y debe aprobar a cada pareja posible, ya que has admitido que tus habilidades de evaluación son débiles. Esta sugerencia poco común puede tener más sentido de lo que parece al principio.

USAR LA TÉCNICA DEL *AUNQUE*: Responde sí o no en voz alta: ¿Estarías dispuesto a comer fresas que sabes que son deliciosamente dulces si sufres de una alergia grave a ellas? ¿Consumirías hongos que parecen sabrosos si supieras que podrían ser venenosos? ¿Intentarías leer un libro que sabes que es interesante si estuviera escrito en un idioma que no comprendes? ¿Permanecerías en una relación con alguien a quien amas si fueras infeliz?

¿Culparías a las fresas por tu reacción alérgica, a los hongos por envenenarte o al libro por confundirte? ¿Responsabilizas a tu pareja por tu infelicidad?

Examinemos detenidamente las preguntas. Cada objeto ofrece beneficios, pero con un serio inconveniente, uno que es inaceptable. Los adultos pueden renunciar a las cosas buenas si algo malo supera su bondad: "Aunque me encantas y eres un gran apoyo, no puedo seguir contigo si mientes y rechazas la ayuda". ¿Te seducen los beneficios de una pareja mientras ignoras, niegas o te engañas sobre sus desventajas? ¿O actúas de acuerdo con la pura verdad, aunque desearías que fuera diferente? ¿Cuánto autocuidado y tolerancia al dolor conlleva ignorar ese *aunque*?

Estas son las palabras de un adulto: "Aunque me satisfaces sexualmente y llevamos mucho tiempo juntos, aunque no sé si alguna vez encontraré otra pareja, tengo que dejarte ir porque no tenemos un vínculo adulto y espiritual. Me falta algo esencial y no puedo seguir adelante". Estas palabras se pronunciarían con tristeza, no con culpa.

Y estas son las palabras de alguien codependiente: "Porque me satisfaces sexualmente y llevamos mucho tiempo juntos, porque no sé si alguna vez encontraré otra pareja, no puedo dejarte ir, aunque no tengamos un vínculo adulto y espiritual".

Elabora tu propia declaración *aunque* utilizando la formulación del adulto: "Aunque... ya que... por lo tanto...". Aplica esta técnica a la falta de intereses en común, por ejemplo. Podemos amar a alguien y saber que nos ama, pero si no está a la par o no está interesado en lo que nos apasiona, la incesante soledad acabará eventualmente con la relación. ¿Te atreverías a decir: "Ni con la sentida amistad ni con la auténtica intimidad que me ofreces satisfaces mis necesidades. Aunque colmas muchas de ellas, tengo que dejarte ir porque no sacias las más esenciales"?

HACER/DESHACER COMPROMISOS: Hazte esta pregunta: ¿Mi compromiso con mi pareja requiere que renuncie a alguna parte de mí? Luego, pregúntense mutuamente: ¿Podemos encontrar formas de trabajar individualmente para descubrir en nuestro interior lo que ambos necesitamos hacer antes de poder satisfacer adecuadamente las necesidades del otro? ¿Puedes brindarme ese espacio? ¿Puedo otorgarte ese espacio? ¿Puedo confiar en que estarás ahí para mí cuando regrese íntegro y listo para volver a vincularme? ¿Estaré yo también ahí para ti? ¿O serán nuestras necesidades urgentes de la infancia o nuestro deseo de drama tan intensos que viciarán o arruinarán toda esta empresa tan significativa? ¿Estamos verdaderamente comprometidos a realizar el trabajo necesario para proteger nuestra relación?

REALIZAR UN INVENTARIO SEXUAL: En tu diario, elabora un inventario de tus comportamientos sexuales a lo largo de tu vida y pregúntate si estás satisfecho con ellos. ¿Cómo has encontrado o brindado reflejo en el ámbito sexual? En tu relación actual, ¿buscas y ofreces unión sin intrusión, cercanía sin posesividad? ¿Lo has hecho en el pasado? ¿Sexualizas tu necesidad de amor? ¿Buscas a alguien que te lleve a los límites más extremos del placer o a alguien con quien puedan tocarse mutuamente en lo más profundo de sus corazones?

ABRIR VENTANAS: Dibuja un cuarto cuadrado visto desde arriba, con una ventana en cada pared. Marca las ventanas según los puntos cardinales de la brújula. Debajo de la palabra *este*, por donde amanece, enumera tres cosas en tu vida que ahora estén emergiendo. Debajo de la palabra *oeste*, por donde se pone el sol, escribe tres cosas en tu vida que ahora estén terminando. Debajo de la palabra *norte*, enumera tres cosas en tu vida que te estabilizan y guían, como la Estrella del Norte. Debajo de la palabra *sur*, escribe tres cosas en tu vida que evocan tu espontaneidad y creatividad, ese tipo de apertura que puede ocurrir al orientarte al sur para exponerte a la calidez del sol. Has dibujado la imagen

ENCONTRAR UNA PAREJA 143

de una mente humana saludable, un espacio claro que se abre en todas las direcciones posibles sin obstrucciones, distracciones ni temores.

Imagina que te sientas con atención plena en el centro de la habitación, mirando alternativamente hacia cada una de las cuatro ventanas. El desafío es mirar al este dispuesto a asirlo, enfrentar tu oeste dispuesto a soltarlo, ponerte de cara al norte sosteniendo tu práctica espiritual, y encarar el sur con una creatividad siempre entusiasta para reinventar tu vida.

Ahora pregúntate si tu psique es una habitación con aberturas como esta. ¿Cómo miras por cada una de las ventanas? ¿Quién te ayuda a abrir tus ventanas y quién intenta cerrarlas? ¿Quién dice "¡Alto!" cuando dices "¡Vamos!", y quién dice "¡Adelante!"? Registra tus respuestas en tu diario y comparte lo que descubras con tu pareja y con cualquier ángel guardián o bodhisattva que te llame desde afuera de cada ventana.

4. ROMANCE DE ALTO VUELO

Einstein dijo en cierta ocasión que si observáramos profundamente la naturaleza, comprenderíamos nuestra historia humana. La naturaleza está modelada en ciclos, y nuestras vidas son parte de ella. Sin embargo, intentamos con gran empeño mantener estático el amor; queremos que permanezca tal como es o como deseamos que sea. Esto equivale a esperar que una rosa esté siempre plena, sin pasar por las fases de florecimiento y descomposición. En cambio, el estilo de la naturaleza consiste simplemente en permanecer a través de los cambios y confiar en el renacimiento. Nuestra meta humana es bastante similar: permanecer en el amor en todas sus vicisitudes, desde que brota hasta que florece, y de allí hasta marchitarse para volver a brotar. Como dice Julieta en la obra de Shakespeare: "Este capullo de amor, con el aliento maduro del verano, se convertirá en una hermosa flor cuando nos volvamos a encontrar". La rosa de la relación desarrolla sus pétalos en el romance, sus espinas en el conflicto y sus raíces en el compromiso. Podemos aceptar tal rosa, con sus pétalos desplegados o cerrados y sus espinas que nos lastiman, pero también nos abren.

Todas nuestras experiencias e intereses siguen una curva en forma de campana: ascienden, llegan a la cima/floración, y descienden. Esta figura geométrica ilustra el hecho de que en la existencia humana todas las cosas cambian y nada es permanente. Por lo tanto, el interés creciente en alguien alcanza su punto máximo en el romance, desciende en el conflicto y finalmente reposa en el compromiso. El amor es auténtico cuando permanece intacto a través de todas las fases del cambio. Las relaciones basadas solo o principalmente en la atracción física o sexual no pueden sortear tales curvas.

La fase ascendente, por definición, conduce a un punto culminante, a la fase de cima/floración, que nos seduce con una aparente inmutabilidad. La conciencia plena se suspende a favor del apego. Esto nos prepara para la etapa de conflicto. El diálogo y el procesamiento que tienen lugar para la resolución saludable de esta etapa allanan el camino hacia el compromiso. Una fase progresa naturalmente hacia la siguiente. La curva se reanuda y vuelve a ascender de otra manera.

Es reconfortante saber que las relaciones atraviesan etapas. Si siempre permanecieran iguales, ¿no nos aburriríamos y aburriríamos a los demás? Las fases de las relaciones humanas implican pasajes de origen, cambio, pérdida, duelo y renovación. No son lineales; entramos y salimos de ellas, y su orden varía. El propósito de las relaciones no es endurar (lo que en latín significa "endurecer"). Cuando intentamos aferrarnos y resistir, la relación cambia y nos deja atrás. Cuando aceptamos y trabajamos los cambios, evolucionamos junto con la relación. Nuestro objetivo, entonces, es disfrutar de los cambios y crecer gracias a ellos, utilizarlos como crisol para la transformación personal. Al no trabajar juntos los cambios, la relación se convierte en un caldero en lugar de un crisol.

Las etapas caracterizan todas las experiencias humanas, no solo las relaciones de pareja, sino también el vínculo entre padres e hijos, las amistades y la afiliación religiosa. El modelo del viaje heroico se basa en las mismas fases: partida, lucha y retorno. El héroe parte de —rompe con— el encierro. Se separa y, después de luchar, busca reunirse con mayor madurez. A menos que interrumpamos el proceso, pasamos instintivamente por estas mismas etapas. Son mapas en nuestras psiques. Cuando se omite una etapa, se produce un vacío en nuestro interior. Más tarde en la vida, este vacío nos exige que lo llenemos. Por ejemplo, todos parecen necesitar un período de obediencia durante la infancia. Es una característica del apego saludable. Los niños criados con total libertad llegan a la edad adulta con un vacío de límites. Más tarde pueden unirse a cultos o movimientos con reglas rígidas para llenar por fin ese vacío en su interior. Esa oquedad afecta su juicio, por lo que no pueden ver que el fanatismo sectario, como cualquier cosa que prevenga el crecimiento, es peligroso.

¿Por qué el viaje del amor solo se completa si atraviesa las tres fases? Eso es lo que se necesita para poder dar y recibir plenamente las cinco A, que florecerán con una fragancia embriagadora, serán esparcidas por el viento y se arraigarán con más firmeza, y luego volverán a sembrarse para el futuro venidero. Así, en el romance tradicional, dos egos encuentran dos ideales de ego en un amor ideal. En el conflicto, dos egos se enfrentan entre sí en un amor conflictivo. En el compromiso, dos personas se encuentran en un amor sin ego.

Las tres fases: romance, conflicto y compromiso, se refieren a una relación en progreso. Sin embargo, antes de embarcarse en cualquier relación, tiene que haber un período de investigación. Queremos sondear la idoneidad de alguien antes de entregar nuestro corazón. Ciertamente no traeríamos un electrodoméstico a nuestro hogar sin verificar cuidadosamente su calidad y funcionalidad. ¿Podemos tener el mismo cuidado con la persona que traemos a casa?

Un adulto sano comienza una relación como investigador y observador. No estamos enamorados hasta la médula, sino que tenemos la cabeza bien puesta en su lugar. ¿Vemos, sentimos y confiamos en que estas cualidades están presentes: capacidad para ser fieles a nosotros, veracidad inquebrantable, habilidad para escucharnos, auténtico interés por nosotros, compromiso con nosotros mismos, respeto por nuestros límites, disposición para dar y recibir las cinco A de manera suficiente la mayor parte del tiempo? Si tenemos alguna inquietud en estas áreas, sería útil comunicarle nuestra preocupación directamente a nuestra pareja. Luego observamos la respuesta. ¿Es apertura o defensa?

El modo en que cada uno maneja los sentimientos del otro es información crucial para saber si la relación tiene futuro. La investigación es un acto de sabiduría porque insiste en recopilar información antes de hacer un compromiso que podría resultar en un error. Si tienes la más mínima duda, es importante esperar a que se aclare antes de proceder. Nosotros, los adultos sabios, honramos fielmente la prueba del tiempo porque sabemos que hay una diferencia entre el amor y la fascinación, pero cuando las hormonas están alteradas es posible que no lo veamos:

> Entre un amor real
> y la férrea fascinación,
> por supuesto, hay una brecha,
> pero en un beso a la luz de la luna como este,
> seguramente se superponen.
> Así que simplemente no puedo saber
> si lo que siento contigo
> es fantasía o realidad.

ELEVARSE EN EL AMOR

El romance es uno de los momentos más elevados de la vida humana. Nos produce una alegría profundamente conmovedora, que debe ser apreciada y valorada con entusiasmo. La razón de esta alegría es simple: las cinco A están fluyendo en ambas direcciones, las estamos dando y recibiendo al mismo tiempo y con la misma persona. Esto es lo que hace que el romance sea tan tierno, dulce y deseable, sin importar nuestra edad o historia. El secreto está en disfrutarlo como Ulises disfrutó el canto de las sirenas: con pleno placer, pero con prudencia. Queremos entusiasmarnos, pero no naufragar mientras navegamos en él. Esto significa disfrutar del romance como un participante pleno y desinhibido, pero también como un testigo interesado y sobrio.

Caemos, notamos cómo estamos cayendo y nos atajamos en la caída al mismo tiempo.

El romance es real pero pasajero. Estamos enamorados, pero solo de una proyección de nosotros mismos, no de un verdadero otro. Todavía no es una relación yo-tú, solo una relación del yo consigo mismo. El lado oscuro del otro no ha aparecido todavía. Solo vemos el espejo; el ego ha encontrado su ideal de ego. Como dice el psiquiatra Irvin Yalom: "En el romance ves el reflejo de tu propia mirada suplicante". Después de todo, un espejo solo puede darnos una imagen, no una realidad. Este es el origen de la expresión "El amor es ciego". Pero el amor no es ciego; ve y enfrenta todo. Es el romance lo que puede ser ciego, cuando solo ve lo que necesita ver. Por lo tanto, podemos estar enamorados sin realmente amar, sin estar comprometidos a dar las cinco A, lo que solo podemos hacer con una persona real que conocemos completamente.

Pero nada de esto constituye una falla en nosotros. Así es como aman los humanos. Las proyecciones se establecen precisamente para ser transformadas. Las imágenes son señales de tránsito hacia la realidad. La sombra no tiene que venir antes de la luz. Lo más importante es que, en el romance, aunque sea ciego, estamos siendo vistos en todo nuestro potencial de ser amados. El romance nos da la oportunidad de ser apreciados en toda nuestra grandeza. Esto es tan normal y legítimo como lo fue en nuestra infancia cuando despertábamos tanta atención. La visión ideal que un amante tiene de nosotros no es falsa: refleja quiénes somos realmente en lo más profundo. Si el amor romántico es saludable, nos vemos reflejados de una manera que puede enriquecer nuestra autoestima.

Por otro lado, nuestro primer romance puede hacernos una promesa seductora: ¡nuestras necesidades tempranas insatisfechas, las cinco A, pueden ser por fin colmadas! Esta es probablemente la ilusión más cruel del romance: "Puedo salir impune. No tengo que lamentar lo que perdí en el pasado. ¡Puedo pasar por esa etapa y encontrar lo que perdí aquí mismo en tus brazos!".

Hay dos formas de acercarse al romance. Puedo encontrarte en el amor mientras ambos permanecemos de pie, o caer en el enamoramiento. Caer es lastimarse o estar en peligro. También decimos "caer enfermo", "caer en desgracia" y "el mercado cae". Hablar de enamorarse implica impotencia, permiso para perder el control, ser imprudente, convertirse en esclavo de las emociones, dejarse llevar como si ya no se dominaran las propias facultades. El amor es un lazo consciente, no un trance embelesador.

Sin embargo, el verdadero amor no sucede por accidente. Tampoco somos sus víctimas pasivas. Requiere una elección en respuesta a una atracción. Es cierto que no tenemos control sobre la atracción o nuestra reacción inicial a ella. Pero después elegimos una respuesta tras otra, y de esas elecciones somos responsables. Siempre tenemos el poder de hacerlas de manera sensata y consciente. Las emociones fuertes conducen a transformaciones fuertes si se pueden experimentar con conciencia plena. Esto significa relacionarse con un sentimiento en lugar de estar poseído por él. La atracción simplemente sucede, pero el amor es un proceso que requiere de nuestra participación, una forma única de satisfacernos mutuamente a través de dar y recibir al mismo tiempo. Es una forma de renacimiento.

El romance florece en el deseo, el amor en la voluntad. En el romance, pensamos: "Tú me contienes y yo a ti. Estamos encontrando, o redescubriendo, las cinco A que buscábamos en nuestra relación primordial. Siempre quise ser amado así. Ahora que lo he encontrado, nunca quiero dejarlo ir, y creo que nunca tendré que hacerlo debido a la fuerza con que lo siento florecer entre nosotros. Se manifiesta tan fuerte que debe ser real y nunca cambiará". En realidad, el corazón de la ilusión está contenido en esta última afirmación: fuerte no significa inmutable, solo enfático.

El romance es una experiencia exuberante y valiosa en la medida en que podamos disfrutarla sin volvernos adictos a ella. El romance es la mejor manera de comenzar una relación y es un puente hacia un compromiso más maduro. Pero no deberíamos sorprendernos de que no dure. Es una fase que construye un vínculo, pero no es un vínculo maduro en sí mismo. La naturaleza diseñó el romance para unir a las personas en el apareamiento, propagar la especie y hacer que se apoyen mutuamente. En esta fase, la energía sexual es alta, al igual que la adrenalina. Sin embargo, niveles continuos de alta adrenalina disminuyen nuestra respuesta inmune y eventualmente socavan nuestra salud. Por lo tanto, para beneficio de nuestra salud, el romance dura solo lo necesario para que tengan lugar el sexo y la procreación.

"Sé que puede ser cariñoso y permanecer a mi lado porque fue así al principio" es una declaración que no tiene en cuenta el poder del romance para suspender nuestros miedos al acercamiento y esconder nuestro lado oscuro para que nada obstaculice la unión sexual. Podemos ser engañados por el brillo de las apariencias durante la fase del romance y sentirnos traicionados cuando ese brillo se desvanece y nuestra pareja vuelve a sus miedos, prioridades, adicciones e instintos básicos. Nuestro compañero no estaba mintiendo, solo se estaba enamorando y apartándose de su modo de ser habitual. Volverá a su modo de ser después de que termine el baile. También es común que cuando alguien le tiene miedo al acercamiento incluso en la fase del romance, ese miedo sea más fuerte que su instinto. Aquí debemos ser doblemente precavidos.

Como adolescentes, nos enseñaron que sabemos que estamos enamorados por nuestra pérdida de control y voluntad, y por la convicción de que no podríamos haber actuado de otra manera. Este enamorarse contrasta con la realidad de elevarse en el amor con una elección consciente, un afecto cuerdo, límites intactos y una claridad despiadada. Nos enseñaron que en una noche encantada sentiríamos fascinación y nos enamoraríamos perdidamente de alguien especial. Pero ese tipo de reacción, en realidad, es una señal del niño necesitado dentro de nosotros diciéndonos en qué debemos trabajar, no dirigiéndonos a nuestro salvador.

Podemos creer firmemente en la singularidad de nuestra apasionante relación. Decimos: "Nunca ha sido tan emocionante";

"nunca he disfrutado así del sexo"; "tenemos un vínculo de por vida"; "eres como mi familia y nunca nos separaremos", o el ahora popular: "Estuvimos juntos en otra vida". Todas estas son las alertas que parecen confirmar: "Es el verdadero amor, ¡así que adelante!". En realidad, sentimientos como estos son las alarmas que nos dicen que tengamos cuidado y señalan qué aspectos debemos trabajar, en lugar de ser un atajo en nuestro trabajo. ¡Cuánto podemos confundirnos cuando nos entusiasmamos con la oportunidad de satisfacer todas las cinco A!

Pero también podemos sentir la emoción del romance sin engañarnos ni prepararnos para la decepción. ¿Cómo podemos ver la diferencia? Las relaciones saludables conducen a la interdependencia y las no saludables a la dependencia o a la dominación. La electricidad de la pista falsa se presenta en forma de *shock*. La electricidad de la pista verdadera es una corriente constante. Un *shock* nos deja exhaustos. Una corriente sigue moviéndose a través de nosotros.

Nada de esto niega el esplendor del romance y el enamoramiento. Estar enamorado es un estado de alta carga espiritual. Nos obliga a abandonar el control, nos ayuda a amar incondicionalmente y nos facilita perdonar. Estas condiciones crean un paraíso aquí en la tierra, algo así como el entorno contenedor que conocíamos o extrañábamos en la vida temprana. La sensación que tenemos de lo ultraterrenal, de una fuerza irresistible, de que el tiempo se detiene, de algo en marcha que no está bajo el control del ego, son todos signos de lo numinoso. Las palabras que usamos para describir el romance, como palabras sagradas, provienen del vocabulario de lo sobrenatural. Frases como "su rostro brillaba" o "nunca la vi tan hermosa" hablan de una realidad espiritual que simultáneamente trasciende y abraza nuestra sensibilidad. Incluso la trillada expresión "juntos en otra vida" le da a nuestra intuición una pista de que algo poderoso y lleno de gracia está sucediendo dentro de nosotros. El romance nos transporta al mundo del alma, así que no es de extrañar que a una pareja se le pueda llamar *alma gemela*.

Es común sentir tristeza al llegar al final de esta fase, pero con frecuencia no abordamos, procesamos ni resolvemos este sentimiento. A menudo, cuando la emoción se ha desvanecido, se convierte en culpa, decepción, y hasta en ira. Paradójicamente, cuando la pareja comparte su dolor, fortalece su vínculo, y el primer duelo que enfrentan juntos bien podría ser por el fin del romance.

La gratitud del uno hacia el otro por el apoyo en el transcurso y la negociación de las etapas conduce a un creciente compromiso y respeto mutuo. Dejar ir una etapa y pasar a otra establece una conexión adulta con una condición básica de nuestra existencia humana: la naturaleza siempre cambiante y renovadora de la realidad. "El mayor riesgo es confiar en que estas condiciones son todo lo que necesito para ser yo mismo", dijo el sabio taoísta Han Hung.

En realidad, hay una fase que precede al romance. Es la *investigación*, el tema del capítulo anterior. Este es el momento de solicitar revelaciones de todo tipo, preguntar sobre relaciones pasadas y qué funcionó o no en ellas. Un experto buscador de oro quiere ver qué es realmente lo que ha encontrado antes de gritar *¡Eureka!* Nadie pensaría en contratar a alguien para un trabajo sin verificar referencias y entrevistar cuidadosamente al candidato. Sin embargo, a menudo elegimos a una pareja sin mucha investigación, excepto por partes de nuestro cuerpo que no siempre hacen la evaluación más sabia o por sentimientos que dicen más sobre nuestra necesidad que sobre los dones de otra persona.

Parafraseamos aquí el diálogo de una escena de *Las aventuras de Robin Hood,* película de 1938:

MARIAN: ¿Cómo sabes que estás enamorada?
BESS (*su criada*): Te tiemblan las piernas. Pierdes el apetito.
MARIAN (*más tarde, a Robin Hood*): Te amo, pero por ahora, me quedaré aquí para servir a Inglaterra en lugar de ir contigo.

Bess describe el romance que desatiende todo excepto las sensaciones. Marian describe el amor que respeta tanto el sentimiento apasionado como las prioridades sensatas. Ella no se ha enamorado y ha perdido conciencia de sus propósitos de vida. Se ha elevado en el amor y ha aumentado su conciencia de sus necesidades más profundas, deseos y valores. El amor es nuestra identidad, y amar de manera saludable es nuestra forma de ponerlo en práctica.

CUANDO EL ROMANCE SE VUELVE ADICTIVO

> No puedo esperar de formas exteriores obtener la pasión
> y la vida, cuyas fuentes están dentro de mí.
> —SAMUEL TAYLOR COLERIDGE, "Abatimiento:
> Una Oda"

A primera vista, la adicción a las relaciones se asemeja a la fase romántica de cualquier relación. Sin embargo, la diferencia radica en que el romance es apropiado para su fase, mientras que la adicción desafía el cambio y se aferra a la cima de la emoción y el drama. Mientras el romance progresa, la adicción se estanca y nos paraliza. La adicción es insaciable porque, en última instancia, la satisfacción resulta de avanzar por la curva de la emoción hacia el reposo, mientras que la adicción permanece estancada en la cima de la excitación.

La adicción también se asemeja al amor incondicional: "No importa cuánto me traicione, aún la amo después de todos estos años". ("Todos estos años" sugiere que ha habido una interrupción en el ciclo natural). Sin embargo, en la adicción nos encadenamos en lugar de unirnos. ¿Recuerdas *Cumbres borrascosas*? Se la considera una gran historia de amor, pero en realidad es una gran historia de adicción. Cathy no puede dejar a Heathcliff, aunque él la lastime con frecuencia; Heathcliff no puede dejar a Cathy y, sin embargo, tampoco puede permanecer con ella.

Nos unimos en relaciones adultas de la misma manera en que lo hicimos en la infancia. Si hubo una unión disfuncional en ese entonces, podemos ser presa fácil de un vínculo adictivo más tarde. Un recuerdo celular de la infancia activa un reflejo celular en nuestro ser adulto. En el vacío paisaje marino de nuestro pasado, buscamos una isla paradisíaca. La encontramos y la sobrevaloramos, subestimando así las necesidades auténticas de nuestros seres a la deriva. Esas necesidades son las cinco A, que están destinadas a ser satisfechas en el amor consciente. En la adicción, buscamos una versión distorsionada de una de las A, como por ejemplo, la necesidad de afecto o contacto que se confunde con la necesidad de sexo.

Hay otro problema con la adicción: tanto el rechazo como la aceptación activan la misma hormona, la adrenalina, por lo que ambos son igualmente excitantes para el adicto. De esta manera, la adrenalina nos enlaza tanto al entrar como al salir; seguimos enlazados incluso cuando nos separamos. Podemos obtener una "dosis" de nuestro compañero incluso mientras lo estamos dejando. Las adicciones de este tipo a menudo siguen el patrón de "atraer y alejar". Primero te atraigo hacia mí y luego me alejo de ti. Después, tú haces lo mismo conmigo. En cualquier adicción, sentimos miedo y deseo al mismo tiempo. La iluminación espiritual nos libera de estos sentimientos, por lo que la adicción se convierte en una enfermedad espiritual, especialmente porque implica buscar algo que está más allá del cambio. Como lo expresa este verso de un poema de Rumi: "Mis placeres eróticos con mi amante tejen cada velo de mi vida".

Esto significa que vemos a los demás no como son, sino como los imaginamos, deseamos, esperamos o creemos que son. Nos enamoramos no de la persona, sino de una imagen en nuestra mente. Cuando la persona real emerge y nuestra propia versión de esa persona se desvanece, nos parece que el amor se ha ido. Pero desde el comienzo no hubo amor porque se inició en nuestra propia mente, no en la realidad. El objeto de amor no era una persona, sino un espejismo. Cuando vemos a la persona real y la aceptamos, su sombra incluida, hemos experimentado y encontrado el objeto del amor real.

Una adicción al sexo o a las relaciones nunca es unilateral. Una parte puede sentirse más fuertemente atraída que la otra, pero cuanto más deseado se siente uno, más amado se siente y más control tiene sobre cuánto responderá o no responderá. En este tipo de vínculo (o más bien atadura) doloroso, una persona adopta el estilo de acercamiento directo y la otra recurre al patrón indirecto de seducción y alejamiento. Nunca estamos solos en el escenario. El otro actor o actriz siempre está interpretando su papel.

El objeto de nuestra adicción se convierte en un poder superior: hemos entregado nuestra voluntad y nuestra vida a una pareja. Tal reverencia a una persona y su historia, o a cómo mejorarla, puede ocupar nuestra mente durante años. Todo el tiempo que podría haberse dedicado a una práctica espiritual, a participar en actividades creativas o a bailar libremente, se destina a la gran obsesión. Así es como el "acreedor rapaz" de la adicción saquea nuestro potencial y puede arrastrarnos hacia "una desmoralización incomprensible", como lo expresa el programa de Alcohólicos Anónimos.

En una relación saludable, nos vinculamos pero no nos aferramos. Solo podemos poseer verdaderamente lo que no nos posee. Esto nos lleva a la gran ironía de las relaciones adictivas: nos aferramos y, por ende, no tenemos. La segunda ironía es que cuanto más dependemos de alguien para nuestra seguridad, menos seguros nos sentimos. A veces, es aterrador darse cuenta del gran impacto que una pareja ha llegado a tener en nuestra vida y nuestros pensamientos. Podemos reaccionar de manera contrafóbica y ¡acercarnos aún más! Los hombres adictos a las mujeres pueden preguntarse: "¿He estado usando a las mujeres para sostener una parte de mí que dudo que pueda mantenerse por sí sola?".

En el misterioso devenir de nuestras vidas, podemos pasar de un foco a otro, o de una crisis o fascinación a otra. Dieciocho años centrados en nuestros hijos, veinte años en una carrera, catorce en una adicción física, siete en una obsesión por un hombre o una mujer, quizás cada uno de estos períodos, algunos superpuestos, sirve para mantenernos alejados de nuestra propia vida interior. Tememos no tener nada entre nosotros y nosotros mismos. Nuestra vida interior nos parece un vacío aterrador cuando en realidad es un inmenso espacio. La meditación consciente nos abre a ese espacio y nos muestra que no es tan aterrador después de todo. La atención plena es liberarse del miedo que impulsa la adicción.

Los anhelos adictivos no tienen por qué señalar debilidad, enfermedad o insuficiencia. Todos somos susceptibles a ellos. El hecho de que el amor no correspondido aumente nuestro deseo es una realidad en las relaciones. De hecho, el tema del apego adictivo es recurrente a lo largo de la historia. No estamos solos en el misterio del placer con dolor. La compasión por nosotros mismos y la observación de nuestra situación con interés y sin vergüenza, remordimiento o malicia, darán a nuestro drama humano un final feliz.

La adicción parece tener muy poco que aconsejar y, sin embargo, tiene muchas dimensiones positivas. A través de nuestras adicciones descubrimos cuáles fueron nuestras pérdidas en la infancia, cuáles de nuestras necesidades no fueron satisfechas, qué parte de nuestro dolor aún no ha sido sanado. Descubrimos cuán necesitados, desamparados y abandonados estamos. Revelamos nuestra verdadera condición y nos volvemos más humildes. Esta es otra manera en que la adicción puede ser un camino hacia el despertar espiritual: nos ayuda a soltar el ego, esa costumbre de creer que controlamos nuestras emociones, deseos y necesidades. Entonces, el dolor de la adicción no es malo ni inútil. Nos inicia en el camino a alcanzar una mayor profundidad de autocomprensión. Un universo sincrónico se vale precisamente de la persona que nos hará caer en la trampa, si esa es la única forma en que emprenderemos el viaje. Es el mismo universo que fraguó un tornado para que Dorothy encontrara sus poderes.

El cataclismo es un lanzador hábil que nos arroja la dura bola de nuestra propia verdad.

Finalmente, la adicción revela nuestra perseverancia, nuestro vigor para obtener lo que queremos. Aunque su objeto es inapropiado, nuestra concentración exclusiva en él demuestra que tenemos la capacidad de prestar mucha atención y de esforzarnos. Estas son habilidades maravillosas para la intimidad que simplemente esperan ser redirigidas.

¡Qué paradoja tan conmovedora sobre nosotros los humanos: buscamos lo que no podemos recibir de aquellos que no pueden dárnoslo! Nos aferramos desesperada e ineficazmente a lo que no puede proporcionar lo que creemos que necesitamos.

¿CÓMO SE SIENTE EL AMOR?

¿Es esta dicha un cóctel,
o es lo que siento la felicidad de verdad?
—COLE PORTER, "Al fin llegó el amor"

A menudo el amor puede ser confundido con el apego que es bienvenido por el otro, el deseo sexual que es saciado por el otro, o la necesidad que es colmada por el otro. Incluso puede ser confundido con la dependencia, la entrega, la conquista, la sumisión, la dominación, la gratificación, la fascinación, el dolor o la adicción. Puedo creer que te amo porque tú me amas, o porque no me abandonas, o porque me salvas de la soledad, o porque no me harás sentir nada. Puedo decir "te amo", pero su significado es "estoy apegado a ti y me siento bien".

En ocasiones, podemos confundir el amor con los buenos sentimientos que surgen en nosotros cuando estamos enamorados o creemos que poseemos al otro. Las cinco A son antídotos para tales motivaciones. Son dones auténticos, a veces difíciles de dar, que requieren y generan un corazón compasivo, un amor dirigido hacia el otro, libre de narcisismo. En el amor verdadero, siento y demuestro un respeto incondicional por ti, y te amo incluso en los momentos en que no me satisfaces. Mi amor puede sobrevivir a los periodos en los que no tienes nada que ofrecer. Este tipo de amor no refleja mis propias necesidades o expectativas, sino un compromiso de dar y recibir.

A lo largo de nuestra vida, a menudo esperamos o exigimos que las personas nos demuestren su amor de la misma manera en que primero nos sentimos amados: haciéndonos el centro de atención, defendiéndonos, mostrando afecto físico, y así sucesivamente. Uno de mis primeros recuerdos es sentirme amado por mi abuela italiana simplemente porque se quedaba conmigo mientras mi madre estaba en el trabajo. Se sentaba a mi lado mientras armaba mi rompecabezas de Dick Tracy y escuchaba las comedias de la radio conmigo, aunque no podía entender el inglés. Toda mi vida, en las reuniones familiares, me encuentro sentado en medio de mis ancianas tías, procurando esa comodidad única y familiar que solo me brinda la presencia de una mujer mayor. Mi mente racional me dice que son viejas y no pueden moverse mucho, y por eso se quedan tanto tiempo en sus asientos, pero ningún pensamiento puede disuadir a las células de mi cuerpo de lo que sienten. En mi viaje a Inglaterra, amé la hora del té, cuando nadie se levanta y se va. Sí, incluso eso lo sentí como amor. Sé que a veces he importunado a mis amigos insistiéndoles en pasar la noche en casa en lugar de salir. *Siempre estoy tratando de recrear el amor que recuerdo y deseo. ¿Sigo pensando que a mayor presencia y dedicación mayor amor?*

Cuando nuestras demandas de amor se vuelven compulsivas o insaciables, tenemos una señal de que dudamos de nuestra propia capacidad para ser amados, y entonces, a menudo, necesitamos pruebas una y otra vez. Esto puede parecer narcisista de nuestra parte, pero visto desde una perspectiva más compasiva, puede sugerir que tenemos una baja opinión de nosotros mismos. De hecho, la necesidad de ser considerados especiales puede ser una compensación por no sentirnos amados.

¿Cómo podemos superar nuestras dudas sobre nosotros mismos? A través de una práctica simple: actuar amorosamente. La capacidad de ser amados es en realidad la otra cara de la moneda del amor. Las personas que creen que pueden ser amadas son personas que aman. Las personas que aman son más propensas a ser amadas. Esto implica dejar de lado el ego, pero también requiere una forma singular de pensar: cuando surge cualquier conflicto o problema entre nosotros y otra persona, no preguntamos cómo ganar, sino cómo convocar una intención amorosa y cómo actuar en consecuencia. Nuestra pregunta inmediata es: "¿Cómo puedo ser lo más amoroso posible en esta situación?". Cuando mostramos las cinco A a los demás, se sienten amados y al mismo tiempo nos ven como seres merecedores de amor. Cambiar nuestra preocupación por la victoria o la vindicación personal por un intento de ser más amorosos nos trae dicha, y esa dicha es el mejor contexto para soltar el ego y dejar fluir las cinco A.

Cuando la excitación proviene de aprender a crear amor con cada pensamiento, palabra y acción, pronto nos damos cuenta de que podemos ser amados. Debido a nuestra nueva forma de ser, nos amamos más a nosotros mismos, y esto lleva a que otros nos amen más. Entonces dejamos de insistir en que otros nos demuestren cuánto nos aman. El pozo sin fondo en nuestro interior se ha llenado por fin, o al menos se ha vuelto menos molesto. Una exuberancia reemplaza nuestra necesidad. Cuando damos lo que nos falta, ya no lo extrañamos tanto. Permitir que el amor fluya a través de nosotros nos convierte en el camino del amor. Entonces podemos pedir amor a cambio en lugar de exigirlo compulsivamente. Podemos encontrarnos recibiendo lo que necesitamos cuando ya no sentimos la exigencia de tenerlo.

Como resultado de liberarnos de nuestra necesidad, nuestro amor se expande a todas las personas. Amamos a otros porque nosotros y ellos estamos íntimamente conectados. En ninguna parte hay un yo separado a la vista. El amor compasivo es la respuesta natural ante el sufrimiento humano y la humana verdad de la interdependencia, y esto alivia el peso de encontrar a alguien especial. A medida que nos volvemos más receptivos a las necesidades de los demás, experimentamos menos necesidad.

> Si no es posible el amor equitativo
> Deja que yo sea el que más ama.
> —W. H. AUDEN, "El que más ama"

Prácticas

OBSERVAR SIMPLEMENTE DÓNDE ESTOY: En el compromiso, los egos saludables se relacionan. Tres etapas caracterizan la mayoría de las empresas humanas, incluyendo las relaciones íntimas o familiares, la afiliación a una institución educativa o religiosa y cualquier interés a largo plazo. Intenta ubicarte en una de estas tres fases de relación, que se corresponden con el viaje heroico:

Apego	Separación	Integración
Romance: los egos ideales se abrazan	*Conflicto: las sombras de los egos chocan*	*Compromiso: los egos saludables se relacionan*
Dependencia mutua	Pelea por afirmar necesidades y deseos personales	Interdependencia, con facilidad y compatibilidad en la satisfacción de las necesidades
Enmarañamiento, sin límites	Establecimiento de límites e independencia	Respeto mutuo a los límites
El héroe se va	El héroe lucha	El héroe regresa a casa

Detenerse en la fase de apego conduce a la regresión, la dependencia o la adicción. ¿Estoy ahí? Detenerse en la fase de

separación conduce a problemas con la autoridad y al distanciamiento. ¿Estoy ahí? Moverse de fase en fase conduce a la serenidad y nos abre a la preocupación por el mundo en general. Así
es como las relaciones saludables contribuyen a sanar el mundo.
Yo elijo estar en esta última.

¿Cómo aparecen las cinco A en tu fase actual?

COMPARAR ROMANCE Y ADICCIÓN

Romance	Adicción
Deseo de contacto proporcional	Desesperación por entrar en contacto
	Más se da a medida que se recibe menos
Generalmente equitativo	A menudo jerárquico
Recíproco	Unilateral
Tiene un futuro	No tiene futuro
Sentimientos de satisfacción y alegría	Sentimientos de no tener lo suficiente
Seguro	Siempre en duda
Anticipación por el próximo encuentro	Ausencias dolorosas o intolerables
Aumenta la autoestima	Disminuye la autoestima
Límites flexibles	Sin límites
Ambos compañeros se relacionan entre sí	En la pareja, uno es poseído por el otro
Comienzo del desafiante viaje hacia el amor	Se convierte en un círculo vicioso de dolor

Utiliza esta tabla para identificar tu forma actual de relacionarte. Si te parece que eres adicto, responde en tu diario a estas

afirmaciones: Sigues persiguiendo a alguien que no te quiere ni te respeta. Permaneces con alguien con quien los problemas son insuperables o que es abusivo. Estás con alguien que te agota. Sigues regresando por más donde solo hay menos. Nunca puedes tener suficiente de lo que no necesitas. Te olvidas de que si no puedes tener suficiente, no lo necesitas. Estás tratando de rehacer y deshacer al mismo tiempo un vínculo parental. Estás en un vínculo adictivo con alguien que también es adicto a ti. Eres el objeto de la adicción de alguien.

Podrías decir algo así: "Cuando no puedo soltar, ni siquiera sé si realmente quiero quedarme. Mientras estoy enamorado, pierdo mis límites y a veces incluso mi autoestima. Soportaré cualquier cosa del otro solo para obtener mi dosis. Pierdo mucho en mis vínculos adictivos".

LIBERARSE DE LA NEGACIÓN: En el romance queremos lo que el otro puede dar. En la adicción anhelamos lo que el otro, cualquier otro, no puede dar. La recuperación de una adicción unilateral puede comenzar liberándonos de la negación: "No quiero saber lo que no puedes decirme. No puedo ver que lo que quiero no es lo que ofreces. En realidad, no estoy mirándote a ti en absoluto, sino a mi propia necesidad". Liberarse de la adicción significará poner fin a nuestra confusión. Habla primero en tu diario; luego, cuando estés listo, con un amigo o amiga; y finalmente, cara a cara con el objeto de tu adicción.

LIDIAR CON LA OBSESIÓN: Una adicción es una obsesión en nuestras mentes y una compulsión en nuestro comportamiento. Alimentamos la adicción cuando dejamos que los pensamientos obsesivos se conviertan en acciones compulsivas. Permitir los pensamientos y no actuar sobre ellos es una parte crucial para soltar. Por lo tanto, puedo pensar en ti cada minuto mientras conduzco en la autopista, pero no tengo que tomar la próxima salida y llamarte solo para escuchar tu voz. Liberarnos de la adicción significa renunciar a la oportunidad de obtener otra dosis.

Requiere trabajo ver realmente lo que estamos haciendo. Dilo en voz alta si lo que sigue aplica a ti: "En realidad, cada pensamiento sobre la persona que me amó o me dejó es realmente una súplica de atención de la parte herida e inmadura de mí que ahora está experimentando nuevamente su dolor original a través de esta versión más reciente del papá o mamá que me abandonó, ya sea física o emocionalmente. Los pensamientos obsesivos sobre este hombre o mujer son en realidad súplicas urgentes que llegan del pasado. El gran dolor en mis relaciones actuales es una señal, quizás no deseada, de los lazos familiares rotos hace mucho tiempo. Esta persona solo desencadena una vieja, pero siempre presente, situación difícil".

RESPONDER A QUIENES SEDUCEN Y LUEGO SE ALEJAN: Cuando una persona adopta el estilo de seducción y alejamiento, seduce debido a su temor de estar sola o ser abandonada. Se aleja debido a su temor a estar demasiado cerca, absorbida, y se encuentra a merced de un miedo que crea una respuesta automática. En el contexto de ese temor, la seducción no es una mentira ni el alejamiento un castigo. Podemos responder a una persona que actúa de esta manera hacia nosotros con compasión en lugar de venganza. Pregúntate en silencio: ¿Puedes mantenerte al margen como un testigo que no juzga y apoyarla para que encuentre ayuda para superar su miedo? Si eres tú quien seduce y se aleja, ¿por qué no buscar ayuda en un programa de doce pasos o en terapia?

ENCONTRAR EL PROGRAMA ADECUADO: En mi práctica como terapeuta, sigo descubriendo que las adicciones casi siempre deben seguir su curso. Marcel Proust parece respaldarme en su comentario de que "el amor obsesivo es como un hechizo maligno en un cuento de hadas contra el cual uno es impotente hasta que el encantamiento haya pasado". La terapia y la práctica espiritual ayudan, pero no pueden competir con un flujo activo de adrenalina. Una relación adictiva promete y ofrece una excitación que la mayoría de la gente interpreta como verdadera vitalidad. Es difícil abandonar eso, especialmente cuando no hay muchas cosas que puedan ocupar su lugar. La adicción es, en última instancia, una forma de dolor, como dicen las viejas canciones: "¿Quién puede darme lo que tú me das?"; "¿quién puede hacerme sentir así?"; "¡quién, oh quién, puede herir tan bien?"; "¡nunca habrá otro como tú!"; "¿por qué tu beso tiene que torturarme de esta manera?".

Al mismo tiempo, ¿hay herramientas que funcionen? Un programa de doce pasos es una poderosa herramienta espiritual para las personas adictas a las relaciones, al romance o a una persona específica. Al trabajar a través de pasos adaptados del programa de Alcohólicos Anónimos y tener un padrino, uno puede liberarse de la adicción. Reconoce que todos tus esfuerzos no son del todo suficientes para liberarte de este tipo de dolor. Tendrás que entregarte a un poder mayor que tú mismo. ¿Quién o qué es eso para ti? El poder superior al que recurrimos puede ser Dios, la Madre Naturaleza, el sagrado corazón del universo o lo que sea trascendental para ti. Todas estas son formas de la fuerza auxiliadora de la gracia, la ayuda que nos llega desde más allá de nuestro esfuerzo o control. Un programa de doce pasos nos ayuda a establecer un vínculo con ese poder que es superior al ego, un refugio contra la trampa de la adicción.

La práctica espiritual puede frustrar los intentos frágiles pero obstinados del ego para controlar a los demás y hacer que el mundo obedezca nuestros deseos. Lo que se requiere es meditar sobre las tres marcas de nuestra existencia: impermanencia, sufrimiento y el hecho de que un yo sólido es, en última instancia, una ilusión. No podemos ver nada de esto sin la ayuda de alguien más, especialmente mientras somos adictos, razón por la cual necesitamos un programa con un padrino, una práctica espiritual con un maestro y un tiempo de terapia.

No enfrentes las adicciones con vergüenza, sino con un espíritu inquisitivo, para saber cómo tu mente quedó atrapada en el deseo. Esto significa encontrar una manera de aceptarte a ti mismo sin los hábitos de juicio, miedo, culpa, apego, prejuicios o defensas, es decir, con conciencia plena. Observa al otro como a un Buda que está aquí para mostrarte qué debes trabajar, hasta qué punto te has desviado del camino y cómo puedes regresar a él.

ABRIRSE CAMINO A TRAVÉS DE UNA ATRACCIÓN NO CORRES-PONDIDA: Alguien se vuelve poderosamente atractivo para nosotros y puede ser que no sienta lo mismo o ni siquiera se fije en nosotros. Inicialmente, el enamoramiento puede sentirse placentero y alentador. Sin embargo, las fantasías agradables pronto se vuelven obsesivamente dolorosas y los tímidos deseos se transforman en necesidades desesperadas. La alegría de anhelar da paso a la angustia de anhelar, convirtiendo un simple impulso en un afán doloroso. Sin darnos cuenta, nos encontramos tan profundamente atrapados que nuestra vida se convierte en un infierno cuando no estamos en contacto con esa persona, y en el cielo cuando la vemos. Manipulamos al otro o a nuestras circunstancias para satisfacer nuestro anhelo de contacto, perdiendo así nuestro autorrespeto. Esta progresión hacia la adicción es descrita en la literatura de Alcohólicos Anónimos como "astuta, desconcertante y poderosa". Nos desconcierta lo rápido e intensamente que nos arrastra. Nuestra felicidad está en las solas manos de aquel que creemos que necesitamos. Estamos inmovilizados; deseamos que las cosas sean diferentes de como son y nos sentimos impotentes para cambiarlas. La adicción es el embaucador que pone al ego en su lugar. Por tanto, es un problema tanto espiritual, al trascender los poderes del ego, como psicológico, al suspender los poderes del ego sano. Se requiere hacer un trabajo tanto espiritual como psicológico en respuesta. En tu diario, reflexiona sobre estas preguntas: ¿Cuáles de las cinco A estás buscando? ¿Cómo desatendiste tu propio cuidado en este drama? ¿Cuáles son tus sentimientos; son estos los mismos sentimientos que has estado evitando por mucho tiempo? ¿Cómo puedes sentirlos ahora de manera segura y catártica? ¿Es este un momento para hacer terapia?

Si actualmente te encuentras en una relación adictiva (o en el espectro que va desde un simple enamoramiento hasta la obsesión y posesión), considera estas afirmaciones e identifica las que reconoces como propias: Admito que ya no puedo controlar mis pensamientos, sentimientos o comportamientos en lo que respecta a él. Sigo actuando como si pudiera ser quien normalmente soy a su alrededor, mientras noto que no puedo. Estoy asustada todo el tiempo. Intento actuar normalmente cuando no me siento normal. Actúo. Él me está llevando, con su presencia y con su ausencia, a un contacto directo e inevitable con mi gran necesidad de las cinco A. Ya no me dejará evadirme de mí misma. No se trata de cuánto necesito a un hombre, sino de cuánto me he abandonado a mí misma. Utilizo la imagen del hombre que necesito para salir del apuro y no tener que enfrentarme al desafío del autocuidado, mi único objetivo legítimo. Todo en mí y todo lo que hice solo sirve para hacerme pensar que lo he perdido o decepcionado; eso demuestra cuánto desconfío y niego mi capacidad de ser amada. Y durante todo el tiempo, no me atrevo a mostrarle lo más adorable de mí: mi honesta vulnerabilidad. Creo o supongo que no puede manejarla. Podría asustarlo si revelo mis sentimientos, y temo que ese miedo me haga perderle, así que me reprimo.

Aquí tienes algunas recomendaciones prácticas para personas que no son correspondidas: Evita sugerir planes elaborados para pasar tiempo juntos cuando el otro solo quiere charlar en una situación informal. No propongas planes e invitaciones cuidadosamente elaborados que pueden parecer inocentes o amables, pero cuyo verdadero objetivo es incrementar el contacto. Más contacto significa más distracción del único objetivo saludable para un adicto: tu propio trabajo en ti. Utiliza afirmaciones como: "Estoy superando mi antojo de contacto con Jim" y "Estoy soltando mi apego a Jim". Un programa de doce pasos puede ser de gran ayuda.

DESCUBRIR LO QUE ESTOY BUSCANDO: Responde estas preguntas en silencio mientras las lees: ¿Tengo el propósito adulto y empoderador de encontrar a alguien que me brinde las cinco A? ¿O tengo una agenda desempoderadora según la cual busco a alguien que me cuide o a quien yo pueda cuidar, haga cosas por mí o por quien pueda hacer cosas, me dé cosas o a quien pueda dárselas, me controle o a quien pueda controlar, me halague o incluso me lastime? ¿Cuál de estas conductas, o parte de ellas, describe tu forma actual de estar en tu relación? Comparte con tu pareja lo que descubras.

ESTAR PRESENTE CON AMOR: El amor no es tanto un sentimiento como una forma de estar presente. Mostramos amor a través de una presencia sostenida y activa con una expresión incondicional de las cinco A y sin los condicionamientos o hábitos del ego, como el juicio, el miedo, el control y demás. Recibimos amor de la misma manera, con las cinco A y sin las interferencias de nuestro ego. En otras palabras, el amor se manifiesta mejor en el contexto de la conciencia plena.

Podemos expandir nuestra conciencia de que dar y recibir amor es nuestro propósito de vida y el verdadero cumplimiento de nuestros anhelos humanos. Podemos comprometernos a una vida de amor universal. Una forma es adoptar el estilo "con/sin" utilizado en el párrafo anterior. También puede ser de ayuda repetir cada mañana y durante todo el día la siguiente afirmación, que es especialmente poderosa como mantra silencioso o un preludio para interactuar con alguien o enfrentar una situación aterradora, concentrándote en cada palabra e imaginándote que actúas de esa manera: "Estoy completamente presente aquí y ahora, con toda mi atención, aceptación, aprecio, afecto y autorización incondicionales. Estoy feliz de dejar de lado el juicio, el miedo, el control y las exigencias. Que esta sea la forma en que les ofrezco a todos mi amor. Que esté cada vez más abierto al amor que me llega. Que sienta compasión por aquellos que temen al amor. Que todos los seres encuentren este camino del amor".

EXPRESAR INTIMIDAD: Estas son algunas de las cualidades de un momento íntimo: calidez, cercanía física, contacto visual respetuoso, presencia incondicional sin reservas, vulnerabilidad, apertura, franqueza, relajación, humor, una alegría radiante, ausencia de tensiones o demandas, disponibilidad total, pasar tiempo juntos sin esfuerzos ni planificaciones, sin preocuparse por el tiempo o los horarios, la sensación de que alguien quiere estar aquí y en ningún otro lugar, y finalmente, la no participación de los hábitos mentales del ego. Todo en ese momento es *off the record* y, por lo tanto, inmensamente permisivo.

En tu diario, responde estas preguntas: ¿Cuáles son las cualidades de la intimidad que experimentas en tu relación? ¿Qué falta? Algunas personas actúan de esta forma íntima solo cuando la relación está amenazada. Pregúntate cuáles son los momentos íntimos para tu pareja y cuáles para ti. Comparte tus descubrimientos con tu pareja suspendiendo todo juicio.

5. CUANDO SURGEN CONFLICTOS

Tiempo, violencia, y muerte,
en este cuerpo hagan sus estragos;
mas de mi amor la firme base y edificio
es como el centro de la tierra misma:
atrae cuanto existe.
—SHAKESPEARE, *Troilo y Crésida*

En los relatos heroicos, a menudo, la iluminación es seguida por un descenso al inframundo. Nuestro viaje en una relación desciende desde la cumbre en lugar de ascender hacia ella. La segunda fase en las relaciones, y usualmente más larga, es el conflicto, cuando la luz del romance es reemplazada por la sombra de la tensión. En esta fase, la imagen romántica cede paso a la realidad de quién eres. No nos conocemos a nosotros mismos, ni podemos integrar nuestra experiencia hasta que nos enfrentamos a nuestra propia sombra y la aceptamos al luchar con ella. ¿Cómo podemos conocer a nuestra pareja hasta que hagamos lo mismo con ella? ¿Cómo podemos amar lo que no conocemos? Si realmente nos conocemos a nosotros mismos, nada de lo que haga cualquier otra persona es completamente extraño o imperdonable.

El romance muestra el lado brillante del objeto de amor, la sombra positiva: el potencial latente para el bien que proyectamos sobre aquellos a quienes idealizamos. El conflicto expone los lados más oscuros de una persona, la sombra negativa, es decir, una propensión a la mezquindad, al abuso o al egoísmo, que luego se proyecta como un fuerte desagrado hacia aquellos que muestran dicho comportamiento. Después de estar cegados por el romance, ahora somos libres de ver la relación en todos sus aspectos. Nos enfrentamos a la mezquindad, la falta de consideración, las decisiones egoístas y al arrogante ego con su necesidad de tener razón, de salirse con la suya y de vengarse. Notamos todas las cosas en nuestra pareja que no podemos soportar ni ocultar. Lo que era lindo en el romance puede volverse feo en el conflicto.

Esta fase es una parte totalmente normal, necesaria y útil para construir un vínculo duradero. Sin la lucha que implica, podríamos perdernos el uno en el otro y así perder nuestra identidad. Necesitamos el conflicto para evolucionar desde la proyección romántica hasta la madura autoafirmación. Es la fase del amor que corresponde a la fase de separación del viaje heroico.

La experiencia humana ocurre solo en un contexto relacional, y conflictos específicos de nuestro pasado salen a la luz en las relaciones. Como resultado de relacionarnos con una pareja adulta, podemos recordar nuestra vida con nuestros padres más vívidamente de lo que jamás pensamos que fuera posible. De hecho, en la fase de conflicto, no podemos evitar encontrarnos con los fantasmas de la infancia. Esta es la fase en la que nos escuchamos a nosotros mismos diciéndole a nuestra pareja y a nuestros hijos las mismas palabras que escuchamos de nuestros padres mucho tiempo atrás. Es cuando cuidadosamente entrenamos a nuestra pareja para que nos ayude a recrear nuestras decepciones, heridas y pérdidas más amargas y tempranas. En esta fase, instintivamente sacamos a relucir las situaciones que estamos ahora listos para lamentar, y recreamos el pasado para mostrar lo que nos sucedió y dominarlo con la ayuda de ilusiones que lo reflejen, ya que la psique se ajusta continuamente a verdades recién reveladas.

El camino hacia el centro es a través de los extremos. Pasamos del extremo del romance al de la contención para llegar al centro del compromiso, según el ciclo de tesis, antítesis y síntesis. La naturaleza también pasa de la exuberancia del verano a la muerte del invierno para que podamos regocijarnos en la vitalidad de la primavera. Ahora podemos ver que relacionarnos con alguien o algo en lugar de ser poseídos por él, ella o eso, es equivalente a reconocer que la relación inevitablemente pasará por fases.

Finalmente, resulta esclarecedor reconocer que atravesamos el trayecto desde el romance hasta el conflicto de tres modos distintos:

Ideal	Normal	Marea baja
La mejor de todas las situaciones posibles en el amor	Vida rutinaria sin grandes tensiones ni emociones extremas	Altos niveles de estrés, colapso emocional y profunda depresión
Mostramos nuestra mejor versión.	Adultos funcionales.	Mostramos nuestra peor versión.
De este modo, nos verán como seres amorosos, heroicos y compasivos. Aquí, apenas hay necesidad de trabajar en uno mismo.	De este modo, nos comportamos de manera clara, confiable y estamos comprometidos a abordar, procesar y resolver los problemas.	De este modo, verán nuestras tendencias mezquinas, autocompasivas y paranoicas. Resulta imposible trabajar en la relación; primero debemos abordar nuestros problemas personales.

Las personas maduras transitan muchas veces desde el mejor hasta el peor momento y luego regresan al centro. Aceptar esto nos libera de asumir el comportamiento de nuestra pareja de manera demasiado personal, de culpar y de temer, todas formas de soltar el ego. Cuando nos encontramos atrapados en la marea baja, como la mítica imagen de un barco varado en el puerto, debemos tomar acciones especialmente decisivas, ya que quedarnos paralizados puede resultar más cómodo que el esfuerzo requerido para avanzar. Por eso, el riesgo se convierte en el estilo del héroe.

O bien, utilizando otra metáfora, la naturaleza requiere la descomposición de las estructuras establecidas para adaptarse a las nuevas condiciones del entorno. Esto implica que la vida incluye necesariamente la crisis e incluso la desintegración, los precursores de la transformación. De hecho, los sistemas naturales participan activamente en su propia trascendencia. San Juan de la Cruz habla en estos términos sobre su ego: "Veloz, con nada quedo, soy de todo despojado". Es un ruego, no solo una afirmación. La alteración del *statu quo* y el desmantelamiento de las viejas formas son signos de una evolución saludable. La naturaleza se regocija en los brotes de primavera, pero se emociona por igual con el otoño, que asegura otra primavera más próspera. ¿Podemos ver nuestros conflictos con el mismo optimismo?

> El proceso de evolución es intensamente autotrascendente.
> —KEN WILBER

RESOLVER LOS PROBLEMAS

Las arduas exigencias del amor resultan ser los únicos componentes de la plenitud y la madurez. Esto se debe a que podemos colaborar con nuestra pareja para mejorar las cosas y/o podemos fortalecer nuestros propios recursos de autocuidado si nuestra pareja no cumple con nuestras expectativas.

Defender nuestra postura es lo opuesto a abordarla. El compromiso con una relación implica abordar, procesar y resolver nuestros problemas personales y los de nuestra pareja. Respecto a los conflictos, *abordar* significa permitirnos ver qué está suce-diendo en nosotros y en la relación, cuáles son nuestros desen-cadenantes y reacciones, qué necesitamos explorar en lugar de negar o encubrir. *Procesar* implica expresar nuestros sentimien-tos sobre el conflicto, observar sus raíces en nuestro pasado y abrirnos sinceramente a las emociones y problemas infantiles de la otra persona. Los conflictos suelen ocultar un problema sub-yacente, a menudo arraigado en el pasado y que no ha sido ni abordado ni procesado, ni resuelto. Abordar y procesar nos re-velan cuál es este problema. Los adultos saludables buscan des-cubrir cuáles son sus problemas y dónde radican; desean abordar cada uno y hacerse responsables de ellos, en lugar de culpar a otros. Finalmente, pasamos a la tercera parte de nuestro proceso para lidiar con el conflicto: *resolver.* Experimentamos una sen-sación de cierre, de ser escuchados mutuamente, de soltar. Deja-mos que el problema descanse en paz en lugar de guardarlo para futuras represalias o resentimientos. Establecemos acuerdos que sanan el conflicto y evitamos que se repita. Así, comenzamos con una observación y terminamos con una mejora.

Si tememos la verdadera cercanía, huimos de la posibilidad de un proceso así. Debemos sentirnos lo suficientemente seguros como para examinar lo que puede haber permanecido oculto en nosotros mismos o lo que hemos evitado abordar en nuestra pareja. Por supuesto, muchos de nosotros tenemos la tendencia a ignorar lo que sabemos que requerirá una respuesta difícil o do-lorosa. Pero esta negación puede costarnos nuestra sensibilidad y vulnerabilidad. Y, como cualquier virtud, el coraje necesario para abordar temas dolorosos se adquiere fácilmente mediante la práctica. A continuación, damos una muestra de cómo esto puede suceder.

Un grifo que gotea no es una tragedia para el dueño de la casa que tiene las herramientas y la habilidad necesarias para repararlo. Nuestros conflictos pueden tener resultados positivos para nosotros si mostramos respeto mutuo y utilizamos herra-mientas que nos ayuden a colaborar, en lugar de estrategias para

probar que tenemos razón. Resolver problemas de manera coope-
rativa implica convertir el conflicto en compromiso. De hecho, el
compromiso se manifiesta en nuestra disposición para enfrentar
obstáculos en lugar de evitarlos, frenarnos frente a ellos o resen-
tirlos. Trabajar juntos es un umbral en el viaje heroico hacia la
intimidad: un desafío doloroso que conduce al cambio. Cuando
hemos cruzado con éxito este umbral, transformamos un obstáculo en un puente. La energía que una vez se destinaba a la
competencia entre egos ahora alimenta el comportamiento adulto responsable. Decimos: "Puedo negociar contigo, y podemos
acercarnos más a través de nuestros conflictos. Nuestro amor
no se trata de ser dos tortolitos, sino del compromiso adulto
de lidiar directamente con nuestros sentimientos y problemas".

A pesar de las dificultades que conlleva estar juntos, el amor
supone la elección continua de resolver problemas. Cuando nos
negamos a hacerlo o lo hacemos solo de mala gana, ya no amamos verdaderamente. Todavía podemos estar unidos por el sentimiento, una historia en común o la obligación, pero eso no es
amor ni será suficiente para una relación feliz y efectiva.

Lo que hace que las relaciones sean tan desconcertantes es
que no se basan en el pensamiento lógico y discursivo, sino en
sentimientos y necesidades ambiguas y confusas que escapan a
la mente y sacuden el corazón. Aunque el amor puede funcionar
a veces de manera automática, por lo general funciona porque
trabajamos en él. Podemos identificar fácilmente lo que debemos
encarar: cualquier cosa que no funcione requiere trabajo. Dado
que cada adulto tiene áreas en las que trabajar, negarse a hacerlo
es equivalente a rechazar relacionarse como un adulto. Y si se ha
trabajado bastante y no ha habido ningún cambio, es momento
de soltar la relación para que ambas partes puedan seguir adelante. Algunas relaciones nunca funcionarán, y cuando desper-
diciamos nuestra energía tratando de revitalizarlas, simplemente
terminamos sintiéndonos exhaustos.

Por lo tanto, no es egoísta abandonar una relación que no
nos hace felices. El propósito de relacionarnos no es soportar

el dolor. Aunque el dolor es parte de la vida humana, nuestro desafío como adultos es atravesarlo y superarlo. Esto no significa que debamos abandonar una relación a la primera señal de dolor. Cualquiera puede distinguir entre un sufrimiento interminable y pequeñas dosis de dolor. Lo primero es inaceptable, excepto para una víctima. Lo segundo constituye un desafío adecuado para un héroe, alguien que trabaja a través del dolor y es transformado por él. Un lema del mercado de valores también se aplica a las relaciones saludables: "Volatilidad a corto plazo, pero crecimiento a largo plazo".

Crecemos en nuestras relaciones cuando adoptamos un programa de práctica espiritual que nos enseña a dejar de lado el ego y sus demandas: las expectativas y las ideas preconcebidas sobre cómo deben ser las relaciones, qué debe brindarnos nuestra pareja o cómo se supone que debe ser su apariencia o comportamiento. En la práctica espiritual, también dejamos de lado viejos hábitos de manipulación y ocultamiento de nuestra verdadera naturaleza, y comenzamos a permitirnos ser vistos (expuestos) tal como somos. Como resultado, cooperamos con la energía del otro en lugar de sentir la necesidad de dominarla. Podemos hacer acuerdos para cambiar, cuyo cumplimiento es el mejor indicio de que una relación funcionará.

La cooperación, la asociación, es el corazón en la resolución de conflictos. *No estamos trabajando individualmente para imponer nuestras propias posiciones. Trabajamos juntos por la salud y la felicidad de la relación.* Como en las artes marciales orientales, los movimientos armoniosos reemplazan la lucha agresiva. Este amor no resistente, no dominante, no pasivo, no violento, surge del desarme incondicional y, por lo tanto, no tiene lugar para el "yo soy bueno, tú eres malo" o "yo tengo razón, tú estás equivocado". Si caemos en ese dualismo, proyectamos la imagen de un adversario sobre nuestra pareja, y ambos perdemos. Libres de tal dualismo, alternamos, como en la relación entre maestro y discípulo o entre amigos. Pero la única manera de llegar a ese punto es ser lo más humildemente amorosos de lo que jamás hemos sido. Si ambos somos simplemente justos el uno con el otro, el amor nunca comenzará, y mucho menos perdurará. Alguien tiene que ser generoso primero.

Esto puede parecer una concesión, pero la fuerza no siempre significa firmeza. Un adulto encuentra el equilibrio entre afirmar su autonomía y reconocer su interdependencia con los demás. Consideremos el caso de Margo, por ejemplo. Está casada con Evan, un hombre cariñoso pero que interpreta cualquier *no* como un rechazo. Esto la intimidaba en los primeros años de su matrimonio, cuando siempre era conciliadora y caminaba sobre cáscaras de huevo. Sin embargo, a medida que Margo hacía el trabajo de convertirse en adulta, se fortalecía. Sintió compasión por Evan, por su miedo y tendencia inmediata a defenderse. Las antenas de Evan eran tan sensibles al rechazo, debido a sus experiencias en el pasado, que no podía evitar encontrarlo en todas partes. Ella se dio cuenta de que lo ayudaría cuidando la forma en que expresaba las cosas. Antes, Margo criticaba el desorden de Evan, usando afirmaciones acusatorias ("Siempre haces un desastre y nunca lo limpias") que provocaban el estallido y la furia de él. Ahora usa afirmaciones que describen su propia reacción a los hábitos de él ("Me siento herida cuando haces un desastre en nuestra casa porque pienso que no te importo"). Evan entiende el mensaje sin sentirse regañado. En este contexto, un entorno de contención, los cambios en el comportamiento ocurren con mayor facilidad. Al procesar su propio miedo al ver el de él, dejó de andar en puntillas a su alrededor. Sintonizó con su frecuencia. Ahora puede darle lugar a los miedos de él sin tener que calmarlos ni sentirse disminuida frente a ellos. Esto sucedió porque Margo está soltando su ego y permitiendo que el amor entre, dándose cuenta que la pareja adecuada llegó en el momento justo para que ella pudiera hacer su trabajo, es decir, convertirse en una persona adulta más comprensiva.

Margo y Evan cambiaron bastante rápidamente. En una relación, una persona puede estar lista para abordar un problema tan pronto como surja, mientras que la otra prefiere esperar un tiempo para reflexionar y responder. Necesitamos respetar el ritmo singular de cada individuo y no tomar como algo personal que nuestra pareja no responda tan rápido como esperábamos. Esto es similar a la velocidad con la que se devuelve una llamada telefónica después de dejar un mensaje en un contestador automático: no refleja cuánto nos valora la persona que recibe el mensaje, sino su propio ritmo. Algunos devuelven la llamada en el momento que reciben el mensaje, mientras que otros esperan un día o más. Se trata de un estilo personal, no de un indicio de falta de respeto hacia nosotros.

De hecho, una respuesta lenta puede ser una buena señal que indica un proceso reflexivo. En el gran drama cada evento sigue su derrotero, mientras que en las telenovelas nada se procesa. Los soliloquios de Shakespeare procesan la acción que acaba de ocurrir, mientras que en los melodramas los eventos simplemente se acumulan sin cierre, resolución o transformación.

Procesar una experiencia implica traerla a la conciencia. Sin este proceso, la vida se convierte en una serie de episodios sin conexión entre sí, sin avanzar hacia nuevas perspectivas y al crecimiento personal. Vivir de manera episódica es lo opuesto a una vida coherente. Por ejemplo, si la hija adulta de un alcohólico se casa con tres alcohólicos sucesivamente y ve sus matrimonios fallidos como meras coincidencias debido a una visión episódica de la vida, lamentará su mala suerte. Sin embargo, si ve su vida de manera coherente, reconocerá el patrón y la conexión con su infancia, lo que la llevará a explorar los principios estructuradores de su vida y buscar maneras de reconfigurarlos para tener relaciones más saludables.

Para reconciliarnos con nuestras experiencias pasadas, necesitamos verlas en un contexto más amplio y con continuidad. Mirar nuestras historias de esta manera nos permite identificar áreas en las que necesitamos trabajar. Intentar crear intimidad mientras aún tenemos problemas personales sin resolver es como intentar construir una embarcación segura mientras estamos en alta mar. Primero debemos comprometernos individualmente a abordar, procesar y superar nuestros propios desafíos y demonios internos. Algunos de nosotros enfrentamos problemas tan profundos que pueden requerir muchos años de trabajo personal antes de que estemos listos para establecer relaciones íntimas con otras personas.

Comprometerse a procesar también implica dejar de tomar decisiones unilaterales o precipitadas. En su lugar, cada persona comparte sus sentimientos sobre la marcha de la relación, expresando lo que le hace sentir bien o mal, lo que funciona y lo que podría necesitar cambios, cómo se siente en situaciones específicas y cómo se podrían abordar las cosas de manera diferente para que ambas partes estén más satisfechas. Cuando nos sentimos bien con respecto a algo en nuestra mente, corazón e instinto, por lo general es una señal de que nuestras necesidades están siendo verdaderamente colmadas.

Resolver las diferencias implica dos pasos: expresar la verdad tal como cada persona la experimenta y actuar en consecuencia. (La frustración resulta de expresarnos sin actuar.) Nuestra verdad incluye nuestros sentimientos sobre el problema en cuestión, así como nuestra personalidad, nuestros aspectos sombríos, nuestras necesidades y deseos, nuestros estándares morales, nuestras metas de vida, nuestras habilidades y dones, nuestras limitaciones, nuestra historia familiar, nuestro pasado personal y el impacto de nuestras experiencias previas en nuestra vida actual. Actuar de acuerdo con nuestras verdades personales implica reconocer y aceptar nuestras limitaciones, desarrollar nuestro potencial para aprovechar nuestros dones y talentos, y tomar decisiones que reflejen nuestros estándares, valores e integridad.

El proceso conduce a la resolución cuando cada persona se siente escuchada a nivel emocional, obtiene algo que deseaba, y llega a un acuerdo que produce un cambio. Si tú y tu pareja no pueden lograrlo juntos, busca ayuda en terapia o en la mediación de un amigo imparcial. (Cuidado: pensar "soy capaz de manejarlo todo" puede ser una forma de ocultar el miedo a pedir ayuda.) Las relaciones saludables recurren a la terapia para resolver conflictos que desconcierten a las parejas. La terapia también implica chequeos regulares. No pensaríamos en omitir tales consultas para nuestra salud física, pero a menudo las pasamos por alto cuando de nuestra felicidad se trata.

Una advertencia: algunos conflictos no responden al abordaje o procesamiento. Solo el tiempo y la gracia pueden sanarlos. De manera similar, los viajes heroicos a menudo comienzan con una situación sin solución. Estas situaciones difíciles están destinadas a desinflar la creencia del ego de que puede resolver todos los problemas de la vida por sí solo y sin depender de la gracia. Todos tenemos una parte activa y una parte receptiva. Para alcanzar la plenitud humana, debemos honrar tanto una como la otra.

> Fue un placer inefable que habiendo arruinado tanto
> y reparado tan poco, hayamos sobrevivido.
> —LILLIAN HELLMAN

EL PASADO EN EL PRESENTE

> Recordar ramos ya hace tiempo marchitos dejó en
> mi memoria el encanto pasado con el que adorné este
> nuevo ramo.
> —HENRI MATISSE

Los seres humanos solemos recordar nuestro pasado. Sin embargo, tarde o temprano, nuestras antiguas necesidades hacen su entrada, factura en mano, para presentar sus reclamos pendientes. Lidiamos con nuestros problemas pasados para evitar que afloren una y otra vez en nuestras relaciones actuales, o si lo hacen, nos permitan reconocerlos y responsabilizarnos por ellos. Sin conciencia de nuestro pasado, podría parecer que estamos involucrados en una relación adulta, pero en realidad estaríamos repitiendo un patrón. La aparición de recuerdos del pasado es directamente proporcional al aumento de la intimidad. Esto se debe a que tanto el pasado como el presente ofrecieron u ofrecen la oportunidad de recibir lo que siempre anhelábamos: atención, aceptación, aprecio, afecto y la libertad para ser —y atrevernos a ser— quienes somos.

¿Cómo saber si el problema que nos preocupa en una relación adulta es un asunto del presente o una continuación del pasado? A través de un autoexamen consciente. Si la figura materna influyó tanto en nuestra experiencia con las mujeres, ¿cómo podemos esperar ver a nuestra pareja tal como es realmente? Cuando percibo una sensación familiar de pánico, un enojo que me sorprende o una reacción desproporcionada a una situación y no sé por qué, es posible que no esté viendo realmente el rostro de mi pareja sino el de mi madre. Esto se hace especialmente evidente cuando me siento más incómodo o cuando soporto el dolor más tiempo del necesario. Solo los problemas cargados de un pasado no resuelto, abusivo o que aún nos remuerde, podrían explicar tales reacciones exageradas. (Y en cierto sentido, estas reacciones no son exageradas en absoluto, ya que el niño interior está respondiendo a un trauma pasado que aún persiste.)

Todos experimentamos momentos en los que nos sentimos impotentes, asustados, atrapados, forzados y fuera de control. En esos momentos, escuchamos la voz del niño interior que pide nuestra atención y nuestra intervención adulta. El niño interior no sabe cómo expresarse directamente, por lo que su mensaje se manifiesta a través de actos tímidos y sentimientos torpes e incómodos. Una vez que entendemos esto de manera consciente, automáticamente nos volvemos más compasivos y adultos con nosotros mismos. Cuando la conciencia conecta nuestras experiencias actuales con los determinantes de la infancia, se amplía el significado de nuestras experiencias de vida. Esto es parte de nuestra capacidad para autoconsolarnos.

El comportamiento congruente y adulto en el trabajo, contrastado con el comportamiento infantil y descontrolado en casa con mi pareja, resalta la diferencia entre el poder del presente y del pasado para provocarnos. Cuando los conflictos del pasado resurgen, tratamos los problemas y las disputas de manera compulsiva, y parecen tener una cualidad de todo o nada, obstruyendo así la oportunidad de llegar a un compromiso o de negociar. Una situación ordinaria puede replicar un escenario temprano que aún produce dolor. Por lo general, somos ciegos a su conexión con nuestro pasado. Nuestra mente racional nos engaña haciéndonos creer que la situación es un hecho del aquí y ahora, cuando en realidad también es un vestigio del pasado, que evoca el dolor y requiere resolución.

Procesar el dolor, lo que nos hace sentir aislados, constituye nuestra tarea más difícil en la vida, por lo que intentamos evitarlo interpretando pérdidas pasadas como inconvenientes actuales. Mientras atribuyamos a nuestra pareja nuestra incomodidad en el momento presente, no tendremos que enfrentar un dolor pasado. Los recuerdos traumáticos, siempre presentes, pero nunca reconocidos, pueden residir en nuestros cuerpos y no en nuestras mentes conscientes. Por ejemplo, es posible que hayamos sido condicionados para sentirnos obligados a soportar abusos y creer en mensajes autodestructivos, los cuales, al haberse almacenado en nuestras células, ahora surgen como reacciones automáticas que guían nuestro comportamiento. Asimismo, es posible que hayamos sido sometidos a abuso sexual o a una opresión asfixiante, y ahora nos tensamos automáticamente cuando nos abrazan o apenas nos tocan. Podemos sentir el dolor del abandono como adultos cuando la persona que supuestamente debía recogernos en el aeropuerto nos hace esperar. Una creencia infantil de que no podemos hacer nada bien puede resurgir para atormentarnos en el momento de un divorcio. No podemos evitar esa creencia; es un reflejo celular que no puede detenerse, al igual que no podemos evitar que nuestra mente piense "49" cuando vemos "7 × 7".

Por supuesto, no podemos evitar ni deshacernos permanentemente de antiguas creencias y reacciones. Pero podemos llamarlas por su nombre y, como cualquier fantasma, pueden disiparse cuando finalmente las iluminamos. ¿Cómo lo hacemos? Cuando los problemas del pasado surgen, nos dan la sensación de ser reales en el presente. Ayuda reubicarlos en la carpeta mental del pasado: "Me siento así debido a algo que ya pasó y que no he procesado completamente". La próxima vez, enfrentarse a los problemas del pasado será más fácil y, gradualmente, los viejos pensamientos e impulsos cederán ante el brillo liberador de la conciencia.

Vivimos en el presente de este "aquí y ahora", en lugar del pasado del "nunca más" o del futuro del "todavía". Los recuerdos conmovedores, aterradores o humillantes persisten en nuestra memoria durante toda la vida. Nunca terminamos con el pasado. Con el ayer monótono sí, pero no con esa mañana hace tanto tiempo cuando alguien nos dejó tan repentinamente, no con esa tarde cuando alguien se quedó con nosotros tan incondicionalmente, no con esa noche cuando alguien nos tocó tan inapropiadamente, no con esa noche cuando alguien lloró con nosotros tan intensamente. El pasado no ha terminado con nosotros. No, nunca se va todo lo de entonces, ni tampoco desaparece todo esto.

Este tema se convirtió en otro libro mío. El título lo dice todo: *Cuando el pasado está presente: Sanar las heridas emocionales que sabotean nuestras relaciones* (*When the Past Is Present: Healing the Emotional Wounds That Sabotage Our Relationahips*, Shambhala, 2008).

¿INTROVERTIDO O EXTROVERTIDO?

Aunque ciertamente existen diferencias de género, también puede ser verdad que las características que atribuimos al género de nuestra pareja, o a nuestros temores sobre él o ella, en realidad reflejan la introversión o extroversión natural del otro. Comprender a una pareja futura o presente puede conllevar reconocer las diferencias entre introvertidos y extrovertidos. Estas dos tipologías psicológicas innatas son igualmente saludables. Una no es superior a la otra, así como el cabello castaño no es mejor que el negro. De hecho, el mundo necesita ambas tipologías para funcionar de manera creativa. Pero los extrovertidos e introvertidos otorgan y reciben las cinco A de manera diferente, como se verá en la descripción que sigue a continuación.

Una persona extrovertida se anima con la compañía de otros; una persona introvertida, se agota. Una persona extrovertida busca personas con las que socializar; una persona introvertida las evita. Una persona extrovertida corre el riesgo de extenuarse; una introvertida, de aislarse. Una persona extrovertida da prioridad a la experiencia inmediata; una introvertida, a la comprensión sobre la experiencia. A una persona introvertida, la alarma interior de la sensación física le advierte con urgencia: "Tengo que salir de aquí". Para una extrovertida, la alarma interior le dice: "Tengo que estar con alguien". Ambas reacciones pueden parecerles compulsivas a la persona que las experimenta.

En una relación, estos estilos opuestos pueden provocar conflictos. Soy una persona extrovertida; tú introvertida. Yo me lanzo sin mirar, y te parece imprudencia. Tú miras primero y te detienes, y yo lo interpreto como timidez y falta de espontaneidad. Cuando me siento mal, busco gente; cuando te sientes mal, quieres estar a solas. Creo que me estás rechazando, y tú crees que estoy invadiendo tu privacidad. Quiero irme; tú quieres quedarte. Yo regreso a casa para hablar; tú regresas a casa para alejarte. Yo doy la bienvenida a las preguntas y las aprecio como una señal de interés en mí; a ti te molestan las preguntas y las encuentras invasivas. Yo me revelo y expreso mis deseos y sentimientos con facilidad; tú ves esto como superficial o peligroso. Tú te guardas las cosas para ti; yo veo esto como secretismo y una señal de que no confías en mí. Necesito seguir hablando para aclarar mis pensamientos. Tú no piensas bien sobre la marcha, sino que requieres una larga y silenciosa reflexión. En una ciudad desconocida, yo le pido a alguien que nos oriente; tú miras el mapa para encontrar tu camino.

Si soy introvertido, puedes enojarte conmigo porque no quiero socializar tanto con amigos como tú. Pero si aceptas mi introversión como inherente a mi carácter, entenderás mi necesidad de soledad y no te tomarás mi ausencia como algo personal. En resumen, el modo de ser es un hecho, no un defecto.

Los introvertidos pueden haber aprendido que el enojo es a veces la única manera de alejar a las personas de ellos. Esto puede hacer que parezcan gruñones. Para una persona extrovertida, la necesidad de una introvertida de alejarse puede sentirse como rechazo. Una persona introvertida puede buscar proyectos que sabe que solo él o ella puede hacer, o puede haber aprendido a encontrar un tiempo a solas viendo televisión, saliendo a fumar o a beber, sentándose frente a la computadora, etc. Cuando una alarma interna le dice a la persona introvertida que está saturada de gente, tiene que dormirse o disociarse. Otra vez, la pareja puede sentir esto como rechazo o abandono. Incluso sus horas de lectura sin levantar la vista pueden considerarse una forma de distanciamiento.

Algunas personas son tan profunda y extremadamente introvertidas que están mejor sin participar de una relación. Un extrovertido que se casa con un introvertido debería darse cuenta de que la necesidad de estar a solas de su pareja puede ser más fuerte que su necesidad de estar con el otro. Una persona introvertida está bien entrenada en la autosuficiencia y menos entrenada en la cooperación, y puede sentirse culpable por esto y por pasar tiempo a solas. A veces, una persona introvertida se siente como zurda en un mundo para diestros, y puede que siempre experimente cierto grado de incomodidad. Como todas las minorías, tiene un conjunto único de características y opciones que enfrentar si quiere relacionarse bien con aquellos que no son como él o ella.

Dado que una persona introvertida es fácilmente malinterpretada, a veces tendrá que dar explicaciones sobre sí y su comportamiento para no sentirse como un extraño. Cuando sienta la necesidad de retirarse, tendrá que pedir un tiempo para sí en lugar de hacerlo unilateralmente, lo que el otro puede sentir como un rechazo. Es probable que una persona introvertida también tenga que luchar por el derecho a ser quien es. Cuando su pareja necesite que sea diferente de lo que es, sentirá la presión de pretender ser otro para ser amado. Una persona introvertida incluso puede sentirse tan sola, o tener tanto miedo de estarlo, que aprende a actuar como una persona extrovertida para obtener aprobación: su verdadero yo es introvertido, pero su falso yo ha aprendido a ser extrovertido.

Parte del trabajo de volverse saludable es conocer nuestro tipo psicológico auténtico y luego tomar decisiones que sean consonantes con él. Si somos introvertidos, necesitamos un trabajo que no requiera un contacto constante con el público. Si no podemos pensar con rapidez, necesitamos pedir tiempo para tomar una decisión o dar una opinión. En cualquier caso, reconocemos que al ser introvertidos automáticamente tenemos que ser más firmes que la mayoría de las personas, aunque la firmeza no nos resulte natural. El truco está en encontrar un equilibrio entre ser firmes y ser fieles a nosotros mismos.

Surge entonces la siguiente pregunta: si los introvertidos y extrovertidos necesitan respuestas adaptadas a sus características en la vida cotidiana, ¿deberían también ser amados de otra manera? Esta tabla podría ayudar:

Las cinco A	Cómo amar a una persona introvertida	Cómo amar a una persona extrovertida
Atención	Muestra una atención y lealtad que no sean percibidas como escrutinio o intrusión.	Presta frecuente atención a lo que hace y muestra un interés activo

Las cinco A	Cómo amar a una persona introvertida	Cómo amar a una persona extrovertida
Aceptación	Valida su necesidad de distancia sin interpretarlo como rechazo.	Demuestra que estás de su lado y a su lado.
Afecto	Permite que sea quien indique cuándo desea cercanía.	Sé demostrativo, tanto física como verbalmente, expresando tu amor con regularidad.
Aprecio	Expresa gratitud y reconocimiento por sus actos amables y su buena disposición a adaptarse a ti.	Reconoce frecuentemente y en ocasiones especiales su valor.
Autorización	Respeta su deseo de estar a solas hasta que solicite pasar tiempo juntos.	Acompáñale y comparte sus intereses tanto como sea posible.
Las cinco A	Cómo demuestra amor una persona introvertida	Cómo demuestra amor una persona extrovertida
Atención	Observa mucho, pero dice poco.	Observa y te comunica lo que ve.
Aceptación	No critica.	Quiere que seas auténtico.

Las cinco A	Cómo demuestra amor una persona introvertida	Cómo demuestra amor una persona extrovertida
Afecto	Se acerca solo cuando se siente listo.	Disfruta dando muestras físicas de cariño.
Aprecio	Siempre siente aprecio, aunque lo muestra únicamente cuando no resulta incómodo o es necesario.	Expresa su aprecio con palabras y acciones que buscan una respuesta de tu parte.
Autorización	Respeta tu libertad y estilo de vida.	Te ofrece ser parte de lo que es importante para él o ella.

Como ejercicio, puede ser útil responder estas preguntas en tu diario: ¿Me acepto tal como soy? ¿Acepto a mi pareja tal como es? Puedo responder afirmativamente si no intento cambiar ni a mí ni a mi pareja. ¿Acepto que tanto la introversión como la extroversión son completamente legítimas? Puedo responder "Sí" si no me quejo del estilo de mi pareja o me avergüenzo del mío. ¿Reconozco que puedo estar tan posicionado en uno de los extremos del espectro de la introversión o la extroversión que tenga dificultades para relacionarme con alguien en el extremo opuesto?

IRA SALUDABLE

Los conflictos despiertan ira, una emoción saludable. La cercanía provoca tanto afecto como agresión. Esta ambivalencia, aunque normal, puede desgarrarnos como si fueran caballos tirando en direcciones opuestas. La alternativa es aceptar los distintos sentimientos como parte inherente de las relaciones humanas. Puedo estar enojado contigo y aun así amarte. Puedo permitirte enojarte conmigo sin necesidad de una represalia. Una verdadera relación incluye estar con *y* estar en contra el uno del otro: "Puedes enojarte conmigo y oponerte a mí, y mientras tanto, sé que aún me amas. Puedo hacer lo mismo contigo. La ira no nos posee; nosotros tenemos ira. Las instancias discretas de enojo no pueden confundir ni obstruir el flujo de nuestro amor presente". Mostramos nuestra ira, pero con una intención amorosa.

Una persona plenamente realizada puede reconocer y experimentar todo el rango de sentimientos humanos. Decir que somos incapaces de enfurecernos, por ejemplo, es negar la inclinación hacia la agresión que nos ayuda a luchar contra la injusticia en el mundo. Nos empobrecemos a nosotros mismos y a los demás cuando tememos o inhibimos nuestros poderes humanos. Si no podemos sentir todas las polaridades de la emoción humana de manera segura y completa, ¿cómo podemos experimentar la ecuanimidad que es tan necesaria para la autorrealización? La ecuanimidad es la capacidad de manejar las emociones y las crisis con integridad, serenidad y cordura.

Algunos de nosotros hemos jurado, consciente o inconscientemente, lealtad al dios de la venganza. El odio es la ira atrapada en el deseo de contraatacar. Las personas que odian y contraatacan tienen un sentido del yo asustado y desgarrado. El deseo de contraatacar cuando otros nos ofenden está arraigado en nosotros desde los tiempos de los cavernícolas. Esto no es un signo de degeneración moral, sino una reacción de supervivencia natural y automática ante la amenaza y el abuso. Nuestro trabajo es alejarnos de nuestra inclinación primitiva y avanzar en nuestra evolución natural. Aceptamos lo que es propio de la naturaleza humana mientras elegimos no actuar siempre de acuerdo con eso. Nos volvemos generosamente humanos cuando encontramos una manera de expresar la ira sin dañar a otros. Tal resistencia no violenta fluye desde una conciencia más elevada en lugar de hacerlo desde el instinto, y hace del mundo un lugar más consciente, seguro y amoroso.

Cuando somos adultos, podemos sostener y experimentar sentimientos o condiciones aparentemente contradictorias. Por ejemplo, podemos estar comprometidos con alguien *y* mantener límites personales, tener un conflicto con alguien *y* estar trabajando para superarlo, sentir ira *y* ser amorosos. En cuanto a las condiciones, podemos sentirnos abandonados *mientras* seguimos comprometidos a mostrar amor. De hecho, podemos seguir amando en cualquier situación, un ejemplo conmovedor de cómo nuestro trabajo psicológico puede contribuir a un estándar espiritual. Ver a los otros como buenos o malos es dividir el mundo en aquellos que provocan amor y aquellos que provocan odio. Internamente, nuestro amor se sentirá como anhelo y nuestro odio ocultará nuestro miedo. Cuando nos sentimos cómodos con la ira, formamos un arco de conexión que nos hace sentir que somos un todo y que los demás también lo son. Lo que nos impulsa y sostiene en la intimidad es un amor que se siente cómodo con otros sentimientos. Entonces, la ira es una reacción normal y ocasional que nunca cancela el amor. Nada puede cancelarlo.

La ira es desagrado y angustia por lo que percibimos como injusto. El abuso es violencia y violación. Podemos distinguir la ira del abuso, si bien pueden parecerse. Ambos son viscerales e implican levantar la voz, gestos alterados, caras enrojecidas y contacto visual intenso. Sin embargo, hay una diferencia, como mostrará el cuadro más abajo. Utiliza las listas de este cuadro para examinar tu forma de expresar la ira. ¿Te relacionas con tu ira de manera consciente, es decir, dentro de ciertos límites y sin que sea invasiva, o te dejas poseer por ella y pierdes el control? Mira el cuadro por tu cuenta y luego con tu pareja. Compartan entre ustedes y decidan dónde puede ubicarse cada uno. Comprométanse a familiarizarse tanto con este cuadro que lo tengan en cuenta cuando se enojen, tomándose el tiempo suficiente para recordarse a sí mismos practicar la ira consciente y no el abuso.

Como regla general, es bueno tomarse una pausa antes de las actividades cotidianas como una forma de preparación. Hacer una pausa entre un estímulo externo y tu propia reacción permite elecciones más sensatas, libres y responsables. Las reacciones inmediatas e inconscientes a menudo surgen del miedo y la ignorancia y nos causan dolor a nosotros mismos y a los demás. La ironía de la ira es que parece ser un desahogo, pero en última instancia es solo un atolladero.

Ira genuina	Abuso: el lado oscuro de la ira
Expresión auténtica de uno mismo: el camino del héroe	Es una teatralización: el camino del villano.
Siempre es consciente.	Está impulsado por el ego y atrapado en sus hábitos mentales.
Expresa un sentimiento.	Se convierte en un berrinche.
Puede expresarse con una cara enrojecida, gestos excitados y levantando la voz.	Puede expresarse con una cara enrojecida, gestos amenazantes y gritos.
Apunta a un vínculo más profundo y efectivo: una persona enojada se *acerca* al otro.	Quiere sacar afuera la rabia sin importar quién resulte herido: un abusador se mueve *contra* el otro.
Dice "¡Ay!" y busca abrir un diálogo animado.	Solo quiere una discusión acalorada y tiene que ganar.
Mantiene una buena disposición en todo momento.	Mantiene una mala disposición hacia el otro.
Es una forma de afirmarse que muestra respeto.	Es agresivo, ataca.

Ira genuina	*Abuso: el lado oscuro de la ira*
Muestra un amor fuerte que enriquece o repara la relación.	Estalla en un maltrato violento y dañino que pone en peligro la relación.
Surge del desagrado por una injusticia.	Surge del sentido de un ultraje a un ego magullado e indignado.
Se centra en la injusticia como algo intolerable, pero reparable.	Se centra en que la otra persona es mala.
Informa al otro, crea una atención cautivadora, genera una respuesta consciente.	Está destinado a amenazar al otro y alejarlo.
Está destinada a comunicar, a informar el impacto que tiene en uno mismo lo que el otro ha hecho.	Está destinado a silenciar, intimidar, menospreciar, acosar o descargarse sobre el otro, sin preocuparse por cómo se siente ese otro.
Desea una respuesta del otro, pero no la requiere.	Insiste en que el otro reconozca que es correcto y justificado.
Pide un cambio, pero permite que el otro cambie o no.	Esconde o expresa una exigencia de que el otro cambie.
Pide responsabilidad y enmiendas.	Culpa al otro y se venga.
Se basa en una evaluación inteligente.	Se basa en el juicio que considera equivocado al otro.

Ira genuina	Abuso: el lado oscuro de la ira
Se centra en el problema presente y se expresa de distintas formas ante cada situación.	A menudo es una acumulación de problemas pasados sin resolver e ira desplazada, y aumenta de intensidad con cada incidente.
Posee perspectiva y puede distinguir entre problemas menores y mayores.	Queda presa del calor del momento y estalla exageradamente, con independencia de la magnitud de la provocación.
Coexiste con otros sentimientos.	Oscurece otros sentimientos.
Asume responsabilidad por el malestar propio.	Desvía la responsabilidad del malestar propio hacia el otro.
No es violenta sino controlada, y siempre se mantiene dentro de límites seguros (maneja el temperamento).	Es violento, está fuera de control, es despectivo, punitivo, hostil y vengativo (pierde los estribos).
Libera energía dinámica y conduce a la calma.	Drena la energía vital y crea un estrés continuo.
Es breve y se libera con una sensación de cierre (un destello).	Persiste como un resentimiento constante, odio, rencor o amargura (un fuego que arde).
Incluye el dolor y lo reconoce.	Incluye el dolor, pero lo oculta bajo una supuesta invulnerabilidad o negación.
Reconoce al otro como un catalizador de la ira.	Considera al otro como la causa de la ira.
Trata al otro como un igual.	Trata al otro como un blanco.

Ira genuina	Abuso: el lado oscuro de la ira
Surge de un ego saludable y lo fomenta.	Nace de un ego arrogante y lo perpetúa.
Coexiste con el amor y lo empodera: no tiene miedo.	Cancela el amor en favor del miedo: está basado en el temor.
Todas estas son formas de abordar, procesar y resolver de manera consciente.	*Todas estas son formas de evitar el propio dolor y malestar.*

El amor puede coexistir mejor con la ira cuando incluimos las cinco A al expresarla. Por ejemplo, mostrar ira con atención hacia la reacción de alguien significa moderarla para que el otro la pueda recibir de manera segura. Al hacerlo, también estamos apreciando y aceptando los límites del otro. Es una forma de afecto que permite que el otro se abra a lo que sentimos. De hecho, todos los sentimientos se vuelven más seguros cuando se expresan en el contexto de las cinco A, que son formas de apoyo emocional. Hazle estas preguntas a tu pareja y sugiérele que te las haga a ti:

Tengo derecho a sentir ira. ¿Puedes aceptarme como alguien que puede estar enojado?

Tengo derecho a expresar mi ira abiertamente. ¿Puedes permitirlo?

Cuando siento enojo intento comunicarme contigo sobre algo que me

molesta. ¿Puedes prestar atención a lo que me está molestando?

Sigo amándote incluso cuando estoy enojado. ¿Puedes seguir amándome mientras siento enojo contigo?

¿Mis sentimientos despiertan tu atención y compasión o activan tu ego para ridiculizarme, mostrarme desprecio o huir de mí? Si es así, ¿cómo puedo estar presente en esos momentos de manera que me sienta seguro para quedarme y resolver las cosas con respeto?

La agresión pasiva (es decir, expresar la ira indirectamente) no tiene cabida en las relaciones adultas. Evalúa tu estilo de relación con el siguiente cuadro y pregúntate si tienes conductas indirectas. Si es así, admítelo ante ti mismo y ante alguien en quien confíes, alguien que te acompañe en la elaboración de un plan para cambiar y enmendar.

Expresar la ira directamente	Expresar la ira indirectamente
Discrepar abiertamente o decir lo que te incomoda sobre lo que está ocurriendo o ha sucedido.	No cumplir los acuerdos o mensajes
Afrontar, procesar y resolver tus sentimientos.	Burlarse/llegar tarde
	Estar enfadado, hacer silencio, tener berrinches o ausentarse
	Criticar o hacer alusiones indirectas
	Negarse al sexo o usar la infidelidad como arma
	Llevar siempre la contraria
	Hacer bromas pesadas o jugarretas
	Ridiculizar o usar el sarcasmo
	Engañar o lastimar en secreto
	Retener las cinco A.

Prácticas

PILOTEAR RESQUEMORES Y AGRADECIMIENTOS, EVITAR DAÑAR AL OTRO: Expresen entre ustedes sus resquemores y agradecimientos diaria y directamente sin devolver comentarios. Detrás de la mayoría de los rencores yace una demanda implícita. Identifica la tuya en voz alta. Detrás de la mayoría de los sentimientos de aprecio yace un deseo implícito de más de lo mismo. Admítelo en voz alta.

Las parejas que aman con conciencia plena nunca participan deliberadamente en comportamientos dañinos hacia el otro. Se vigilan a sí mismas y detienen a todos los ladrones que quieren robar el tesoro esperanzador y tan vulnerable de la intimidad: odio, venganza, violencia, burla, insulto, mentira, competencia, castigo, humillación. Nos preguntamos mutuamente cómo estamos piloteando estos aspectos.

ENFRENTAR EL ABUSO: Ninguna relación debería arrebatarnos uno solo de nuestros derechos humanos. Una verdadera relación no tiene costo. Una relación en la que uno de los socios busca continuamente la aprobación del otro es una dinámica de niño-padre, no de adulto-adulto. En una relación de adultos, sin embargo, podemos dejar nuestras poses, nuestros intentos de parecer buenos y ganarnos el amor. Somos amados tal como somos.

Además, cuando vivimos como adultos, pueden odiarnos, pero nadie puede hacernos daño. Nos negamos a ser víctimas del abuso y hablamos claro: "Pareces odiarme, y lo lamento por el dolor que eso nos causa a ambos. Sin embargo, cuando te enfrentas a mí de manera violenta, tengo que detenerte. No puedo permitir que me lastimes o abuses de mí; solo puedo permitirte decirme lo que sientes". (La violencia incluye insultos e injurias, no solo agresiones físicas.) Frente a una situación de abuso, recomiendo seguir estos tres pasos: (1) mantener tu posición mostrando tu dolor y estableciendo tus límites; (2) permanecer con tu pareja si está dispuesta a abrirse y es receptiva; (3) alejarte si se niega a calmarse.

Estos pasos, al mismo tiempo, crean intimidad porque contienen sus dos elementos cruciales:

Mostrar tu dolor mientras mantienes tu posición evidencia vulnerabilidad, no la de una víctima, sino la de una persona fuerte.

Establecer tus límites es mantenerlos y revelar información sobre uno mismo.

Permanecer con alguien no significa quedarse para ser abusado. Significa participar en abordar, procesar y resolver. Permanecer con una persona torturada significa estar conectado con esa persona sin dejar que te torture. Quedarse es una práctica de conciencia plena que implica devoción a la realidad del amor. Cuando alguien que te odia ve que sufres, pero no lo abandonas, puede confiar en ti y eventualmente relajar su puño odiador. Sin embargo, permanecer no es una estrategia para hacer que otros cambien. Nos quedamos debido a nuestro compromiso de anteponer la conciencia al reproche y la compasión al ego. Devolvemos amor por odio, buscando comunión, no retribución. Si logramos acercarnos al otro, somos felices. Si lleva tiempo, seguimos adelante. Si falla, lo dejamos ir.

CALIBRAR LA FELICIDAD: Si te sientes infeliz en una relación, es posible que culpes a tu pareja. Sin embargo, podría ser porque tú mismo no crees merecer la felicidad. Considera las siguientes señales de dicha creencia. ¿Con cuáles te identificas? Dedica tres minutos a escribir sobre cada una según tu experiencia. Luego, formula lo contrario de cada afirmación y reflexiona sobre cómo podría aplicarse a ti.

- Creo que mi propósito en la vida no es disfrutar, sino soportar.

- Siempre pongo las necesidades de los demás por encima de las mías.
- La lealtad hacia los demás se antepone a mi lealtad hacia mí: me siento motivado por la deuda, el pasado, la culpa o la lástima.
- Constantemente niego mi instinto de protegerme.
- No me atrevo a hablar sobre una relación, a cambiarla o terminarla, por temor de lastimar al otro. Me repito: "Tú hiciste tu elección, ahora afronta las consecuencias".
- Antes de reclamar mi propio poder o satisfacer mis propias necesidades, debo primero hacer felices a los demás.
- Si mantengo a mi pareja feliz, considero que la relación es un éxito.
- Estoy dispuesto a permitir que mi pareja me lastime.

Si mis padres o mis creencias culturales o religiosas modelaron el estilo que describen estas afirmaciones, ¿significa que aún gobiernan mi psique? ¿Cuándo tomaré el gobierno de mi propia psique?

ABORDAR, PROCESAR, RESOLVER: Haz un pacto contigo mismo y con tu pareja para abordar todas tus preocupaciones en lugar de ocultarlas o ignorarlas. Abordar un problema implica hacer explícito lo que antes era implícito. Esto incluye expresar lo que te preocupa internamente o lo que sientes, pero no mencionas. Todos los sentimientos humanos son legítimos. Aceptar la validez de los sentimientos del otro supone escucharlos con las cinco A (atención, aceptación, afecto, aprecio y autorización), sin las defensas del ego ni argumentaciones. Abordar un problema es una elección amorosa y respetuosa hacia la verdad del otro.

Si te resulta difícil comprender todas las consecuencias y matices de tus sentimientos, aquí tienes una técnica simple y entretenida que podría ayudarte. Escoge la palabra que mejor describa lo que sientes y búscala en el diccionario. Luego, léele la lista de sinónimos a tu pareja, comentando después de cada palabra si se relacionan con tu estado emocional y de qué manera. Por ejemplo, podrías sentir frustración, pero al explorar el término, descubres que abarca sentimientos de decepción, amargura o expectativa excesiva.

Procesar un problema implica examinar y analizar las consecuencias de un evento y las intenciones detrás del comportamiento de las partes involucradas. Esto se hace prestando atención a los sentimientos y buscando un cambio. Aquí tienes una técnica de tres pasos para procesar eventos: describir lo sucedido según tu perspectiva, expresar lo que sentiste entonces y lo que sientes ahora, y explorar qué queda por resolver y qué acciones tomar. Hacer esto diariamente reduce los problemas y el estrés.

La resolución comienza cuando haces un acuerdo para cambiar un patrón de comportamiento y así romper un ciclo disfuncional. Se completa cuando un estilo nuevo y más satisfactorio de relacionarse se convierte en algo natural. Para los adultos, no hay rencores persistentes ni rememoración constante del pasado. La completa resolución es, en definitiva, el resultado automático de abordar, procesar y resolver. La falta de voluntad para abordar, procesar y resolver problemas puede ser un signo de desesperanza, una puñalada de muerte para una relación.

INFORMAR EL IMPACTO: Cualquier acción de nuestra pareja que genere un sentimiento en nosotros merece ser comunicada junto con su impacto. Decimos: "Cuando hiciste/dijiste esto, me hizo sentir así". Lo expresamos con atención plena, sin culpar ni esperar nada; simplemente proporcionamos información. Nadie causa un sentimiento, pero las acciones y palabras son los catalizadores de los sentimientos. El otro compañero escucha, sin ofrecer una solución inmediata ni ponerse a la defensiva, y pregunta: "¿Qué te asusta? ¿Qué crees sobre mí o sobre esto? ¿Qué necesitas de mí en este momento?". Reúnete con tu pareja y repítanse estas preguntas mutuamente durante cinco minutos. Cuando nos comprometemos a trabajar en nosotros mismos, damos la bienvenida a las preguntas planteadas en este libro y a la información que aprendemos sobre nosotros mismos al responderlas. ¿Estás comenzando a darles la bienvenida?

ENCONTRAR UN CENTRO: Los acuerdos exitosos requieren responsabilidad. En una relación donde un compañero es notablemente más responsable que el otro, puede parecer que uno necesitara hacer que el otro cambie. Por ejemplo, un miembro de la pareja siempre puede llegar puntual y cumplir exactamente con lo que planea o promete hacer, sin importar las circunstancias. El otro puede ser apático o irresponsable, no cumplir con los compromisos y no ser confiable. El que es altamente responsable puede culpar o intentar corregir al otro, con poco éxito. Una persona yerra por exceso y la otra por deficiencia. La virtud reside en el centro, un centro consciente, no en ninguno de los lados del error. El objetivo para uno de ellos es menos compulsión, y para el otro, más confiabilidad. Si solo uno en la pareja hace el trabajo y cambia, aun así ese puede aceptar al otro y verle con interés y compasión, sin quejarse más. Estar en el centro nos hace sentir tan bien que tenemos menos necesidad de hacer que los demás cambien. Considera el siguiente cuadro:

Un extremo irresponsable	El centro consciente	Un extremo compulsivo
Sin suficiente energía	Quietud	Demasiada energía
Puede preguntarse por qué tanto alboroto.	Ve todo lo que sucede con un interés amable y sincera compasión.	Puede culpar a su pareja y sentir que le falta el respeto cuando no está a la altura de su definición de responsabilidad.

¿Tú y tu pareja son opuestos en este sentido, y si es así, cómo lo están manejando? ¿Insistes en que el otro cambie, o puedes ver y admitir cuando algo es un problema personal?

PROTEGER NUESTRA ENERGÍA: Hazte las siguientes preguntas sobre tu vida actual: ¿Estoy en una relación con alguien que sofoca mi energía vital? (Nuestra energía vital es la que quiere iluminarnos desde adentro e iluminar al mundo a través de nosotros.) ¿Por qué permito que alguien limite mi energía? ¿Es un hábito de la infancia? ¿Estoy con alguien que agota mi energía? ¿Estoy con alguien que se deleita en mi energía y alienta su liberación? Aquí tienes algunas sugerencias que pueden ayudarte a reavivar la luz de tu energía si se ha opacado:

- Deja de controlar a los demás. El doble de cada unidad de energía que invertimos en cambiar a los demás se substrae de nuestra propia energía vital. Es posible que controlemos no tanto para impedir que sucedan cosas malas, sino para evitar sentirnos tristes, enojados o decepcionados.
- Pide lo que quieres el ciento por ciento del tiempo. A ti mismo respóndete "Sí" dos veces más que "no", pero ten disposición a llegar a un acuerdo.
- Elige la reconciliación sobre las disputas continuas. Nunca contraataques ni uses la violencia, sin importar cuál sea la provocación. Corregir las acciones inapropiadas de los demás conducirá mejor al aprendizaje y la compasión, no al castigo y la represalia.
- Enfrenta a aquellos que te decepcionan, te menosprecian o intentan controlarte, abusarte o asustarte, sin importar cuán cerca estén de ti, o aléjate de ellos.
- Expresa tu creatividad; comienza un proyecto que solo has imaginado hasta ahora.
- Sé tú sexualmente, de manera responsable, por supuesto. Esto puede incluir llevar a cabo la fantasía o el estilo de vida que has soñado por mucho tiempo.

- Cultiva tu sentido del humor, aprendiendo a jugar y mirar con humor los eventos diarios, el comportamiento de los demás y tus reacciones.
- Sé audaz en tu presentación personal y tus decisiones.
- Cultiva tu amistad con la naturaleza.
- Baila o escribe poesía o canciones sobre tus sentimientos y los eventos de tu vida.
- Encuentra una alternativa cuando te enfrentes a un problema aparentemente "insuperable". (La energía vital es alegría, y nos da alegría encontrar una alternativa a los dilemas.)
- Cuenta el secreto que, por guardarlo, te ha complicado la vida.
- ¡Descarta cada "Sí, pero" que se te ocurra mientras lees esta lista!

HACER COINCIDIR LO QUE QUIERO CON LO QUE PUEDES DAR: Es posible que estemos exigiendo que nuestra pareja cumpla con lo que consideramos expectativas razonables. Por ejemplo, Jennifer siempre espera hasta el último minuto para prepararse para salir en lugar de hacerlo con anticipación, como Roger. Sin embargo, Jennifer ha demostrado a lo largo de los años que no está en su naturaleza ser como Roger en este aspecto. De hecho, su estilo de vida siempre ha sido posponer las cosas hasta el último momento. Pero Roger está convencido de que su pareja debería hacer las cosas "de la manera correcta". De hecho, se siente con derecho a exigir que los demás reduzcan su nivel de estrés y cambien aquello que le molesta.

Por todo esto, Roger regaña y critica a Jennifer. La reacción de Roger se ha convertido en una forma de distanciarse de ella, como sucede con cualquier expectativa que no se base en un acuerdo. Él se molesta y hasta podría creer que Jennifer a veces se demora a propósito para hacerlo enojar o faltarle el respeto. Una y otra vez trae esto a colación de un modo más y más acalorado. A Jennifer, comprensiblemente, esto le fastidia.

La alternativa saludable podría ser que Roger acepte el hecho de que Jennifer tiene su propio ritmo y lo haga con una afirmación que fortalezca la intimidad: "Así es Jennifer, y la amo". Actuamos a favor de acercarnos en lugar de oponernos cuando le decimos "sí" al modo de ser de alguien. Cuando nos reconciliamos con lo que vemos como una limitación de la pareja, estamos practicando la aceptación, una de las cinco A del amor. Aceptar un dividendo más bajo de lo esperado, pero más realista, reduce el estrés para todos.

Las parejas resuelven mejor las cosas cuando se alinean con la conocida oración tripartita que pide serenidad para aceptar lo que no podemos cambiar, valor para cambiar lo que podemos, y sabiduría para conocer la diferencia. Pensémoslo en función de las personalidades. Hay algunos rasgos en nosotros y en los demás, de hecho, la mayoría de ellos, que no cambiarán. Hay algunos que se pueden cambiar. Depende de nosotros saber cuál es cuál cuando surgen conflictos. Entonces encontraremos serenidad porque aceptamos lo que no podemos cambiar. Nuestro diálogo en las relaciones solo tratará aquello que se puede cambiar. Así, obtendremos la sabiduría para conocer la diferencia.

Al mismo tiempo, la persona en la pareja cuyo ritmo frustra a su compañero también puede considerar hacer al menos algún intento por organizarse. Este es un acto de amor hacia el otro que se irrita y ve aumentar su presión arterial: "Dado que la planificación temprana y un ritmo menos apresurado son tan importantes para Roger, puedo modificar mi estilo natural y complacerlo". Jennifer ha tomado una decisión a favor de estar más cerca de su pareja sin un gran costo para ella y como un regalo para aquel a quien ama.

NO TENER NECESIDAD DE SABER: La historia de San Jorge y su pelea contra el dragón no siempre es la mejor metáfora de una lucha. La mayoría de nuestros dragones hoy son sutiles y psíquicos. Algunos tienen configuraciones confusas que deben ser contempladas antes de poder ser comprendidas y confrontadas.

Por lo tanto, no siempre podemos enfrentar nuestros problemas tan pronto como aparecen. La confusión es una fase totalmente legítima en la resolución. Es posible que necesitemos un período de ambigüedad, incertidumbre o falta de claridad antes de poder ver qué está sucediendo. Cuando uno o ambos en una pareja están confundidos, es el momento adecuado para sentarse con atención plena sobre la confusión. Esto significa no apegarse a ella ni intentar controlarla o insistir en resolverla. La confusión tiene una vida propia. Es como el tiempo que necesita la masa en la oscuridad para poder levar, y no se puede apresurar. La paciencia es un ingrediente del pan y del amor. Si respetamos nuestro tiempo y nuestros estados de ánimo, crecemos en la autoconfianza. El reverendo Sydney Smith ofreció esta sugerencia encantadora a fines del siglo XVIII: "En tiempos de depresión, concéntrate en mirar momentos breves de la vida humana, no más extensos que una cena o un té".

Pregúntense mutuamente: ¿Pueden permanecer juntos de manera flexible, sosteniendo la tensión sin gestos prematuros para ponerle fin? ¿Pueden relacionarse con su tensión o confusión en lugar de ser empujados o intimidados por ella? Hagan un compromiso oral para abordar y procesar esa tensión solo cuando ambos estén igualmente preparados. Si nunca parecen coincidir, ese es otro problema previo que deben abordar antes de estar listos.

Consideren lo siguiente: A veces es necesario dejar que mis sentimientos ocurran sin actuar sobre ellos. A veces, sostener es más importante para mi crecimiento que liberar. Esto significa renunciar al control de mis sentimientos y dejar que vayan o se queden donde quieran. De esta manera, respeto mi propio tiempo y confío en mí mismo. En tu diario, cita algunos ejemplos de cuándo te rendiste o no a tus sentimientos y respetaste tu propio tiempo.

AUDITORÍA: Una razón por la que nuestra democracia funciona es que tiene incorporados controles y contrapesos. Las relaciones también requieren un sistema de auditoría, de control de calidad, para funcionar efectivamente. Recurrir a la terapia para hacer ajustes y afrontar problemas ayuda. Lo mismo ocurre con los comentarios sobre tu relación de aquellos en quienes confías. También puedes hacer una autoevaluación, un "Estado de la Unión". Cada uno de ustedes prepara una presentación que luego conducirá a un diálogo. Esto puede suceder una vez cada tres meses, al comienzo de cada estación, o en su aniversario si desean que sea solo anual.

Cada uno presenta, sin discusión, su versión de cómo van las cosas en la relación. Esto se puede hacer utilizando un modelo de pasado, presente y futuro: primero, compartimos cómo veíamos la relación en el pasado, luego cómo la vemos ahora, y finalmente qué esperamos para el futuro. En cada categoría mencionamos nuestras necesidades, nuestros miedos, nuestro nivel de confianza: cómo eran, cómo son y cómo esperamos que sean. Luego, expresamos nuestra experiencia de cada una de las cinco A, como las sentimos pasando de una a otra.

Al hacer esto, cada persona presenta su visión sin interrupciones. Después de la presentación completa de cada uno, tenemos una conversación. Hacemos esto sin culpar ni criticar. Estamos escuchando tanto las palabras como los sentimientos sin interrumpir, entendiendo las necesidades sin discutirlas. Estamos abiertos con entusiasmo a cualquier cambio para mejorar en cada área.

Esta técnica solo puede funcionar cuando las partes son plenamente honestas, inmensamente respetuosas, y están totalmente abiertas y completamente comprometidas con la transformación radical de sí mismas y de la relación. Si el ego está al timón, el naufragio seguramente acecha en el triste horizonte.

DIFERENCIAR CONFLICTO DE DRAMA: El conflicto puede superarse con las herramientas que hemos estado aprendiendo a utilizar: abordar, procesar y resolver. Estas herramientas no sirven para el drama, que requiere un programa espiritual y una gran cantidad de trabajo personal. Usa el siguiente cuadro para ver dónde te encuentras frente a tu actual problema.

Enumera los estilos de la columna izquierda que más te atraen, escríbelos a manera de afirmaciones y colócalos donde puedan ser vistos por ambos.

Conflicto Saludable	*Drama Estresante*
El problema se pone sobre la mesa y se contempla con perspectiva.	El problema se vuelve más grande que nosotros dos; nos posee y perdemos nuestra perspectiva.
Exploramos la situación.	Nos aprovechamos de la situación.
Abordamos directamente el problema.	Evitamos o encubrimos el problema.
Expresamos nuestros sentimientos sinceramente, responsabilizándonos por ellos sin culpar al otro ni sentirnos avergonzados.	Utilizamos invectivas para descargar nuestros sentimientos sobre el otro o nos involucramos en exhibiciones teatrales o histriónicas destinadas a manipular, intimidar o alejar al otro.
Buscamos la manera de mantener estable la relación y no recurrimos a la violencia.	Estallamos, actuamos violentamente, contraatacamos o nos retiramos enojados.
Nos concentramos en el problema presente.	Utilizamos el problema presente para sacar a relucir viejos rencores que contaminan el proceso actual.

Conflicto Saludable	*Drama Estresante*
Nos comprometemos con un enfoque bilateral para procesar problemas y tomar decisiones.	Uno de nosotros toma decisiones unilaterales o secretas.
El problema se resuelve mediante un acuerdo para cambiar algo para mejor.	El problema persiste como una herida abierta con un rencor y un estrés incesantes.
Ambos buscamos la manera de mejorar nuestra relación.	Uno de nosotros debe ganar y ver al otro perder.
Peleamos de manera justa.	Empleamos tácticas despiadadas.
Admitimos la responsabilidad mutua por el problema.	Estamos convencidos de que el problema es totalmente culpa del otro.
Estamos comprometidos a resolver las cosas, respetando el tiempo del otro.	Insistimos en que este problema se resuelva a nuestro ritmo, sin tolerar tomarnos un tiempo si el otro lo necesita.
Intentamos abordar el problema de manera individual.	Desviamos la atención al traer a alguien más o algo más como distracción (por ejemplo, una aventura, el consumo de alcohol).
Si es necesario, buscamos ayuda en terapia o grupos de apoyo.	Rechazamos la ayuda o intentamos usarla para justificar nuestra posición personal.
Queremos crecer a partir de este conflicto.	Queremos que el otro sea castigado.

Conflicto Saludable	Drama Estresante
Nos liberamos de nuestro apego al resultado que deseábamos, optando por una resolución con la que ambos podamos vivir.	Cada uno insiste en imponer su propia voluntad.
Somos conscientes de las posibles complicaciones que puedan aparecer.	Vemos las cosas solamente como blancas o negras.
Aceptamos la posibilidad de estar en desacuerdo.	La ambigüedad es intolerable
Nos esforzamos por reconocer, reflejar y sentir compasión por el dolor del otro.	Estamos tan absorbidos por nuestro propio dolor que no podemos ver el sufrimiento del otro, o hasta llegamos a creer que lo merece.
Admitimos si nuestro comportamiento está relacionado con experiencias de la infancia.	Insistimos en que el problema se limita exclusivamente al momento presente.
Cada uno reconoce cómo su *sombra* podría estar afectando la situación.	Vemos el lado oscuro de la otra persona, pero somos incapaces de ver el propio.
Enfrentamos el conflicto desde una base de amor y queremos mostrar las cinco A.	Nuestro drama está basado en el miedo, y nos sentimos obligados a salvar nuestra imagen y proteger nuestro ego.
Nos mantenemos centrados en la atención plena.	Nos dejamos distraer por los hábitos mentales del ego.

DAR ESPACIO AL PROBLEMA: Dibuja un círculo para elaborar un gráfico circular. En el centro del mismo, describe el problema que estás enfrentando utilizando los términos más simples posibles, sin añadir comentarios subjetivos. Por ejemplo: "Mi pareja se fue". Este hecho, considerado por sí solo, conlleva un dolor entendible. Observa cómo el ego interfiere al agregar miedo, apego a un resultado, necesidad de control, culpa, sensación de abandono, etc. Estas son fuentes adicionales de dolor innecesario. Divide el círculo para mostrar el tamaño diferente de cada una de estas fuentes de dolor, indicando de manera visible cómo te distraen de la experiencia pura, que es simplemente que tu pareja se fue. Ahora, dibuja el círculo nuevamente, escribe solo la simple frase en el centro y observa la sensación de espacio que resulta. Así es como la atención plena crea espacio alrededor de nuestras experiencias para que puedan ser lo que son y nada más. Esto, a su vez, nos permite sentir el dolor de una situación, como una pérdida, por ejemplo, sin el dolor adicional de todas las fuerzas centrífugas que nuestra mente ha generado.

DISTINGUIR LA NECESIDAD DE LA DEPENDENCIA: ¿Qué busco en las relaciones cuando me desespero por satisfacer necesidades de la infancia? ¿Qué busco cuando tengo necesidades adultas? Responde estas preguntas situándote en el siguiente cuadro:

Un niño dependiente dice	Una persona adulta saludable dice
Ponle fin a mi soledad.	Acompáñame mientras ambos respetamos la necesidad de estar a veces solos.
Hazme sentir bien.	Asumo la responsabilidad de mis propios sentimientos y no espero ni necesito sentirme bien todo el tiempo.
Cede ante mí.	Negocia conmigo.

Un niño dependiente dice	Una persona adulta saludable dice
Nunca me traiciones, me mientas ni me decepciones.	Te acepto como falible y busco abordar, procesar y resolver problemas contigo.
Ayúdame a no tener miedo. Dependo de ti.	Ayúdame a aprender a amar. Dependemos el uno del otro.
Satisface totalmente mis necesidades.	Satisface moderadamente mis necesidades.
Ayúdame a recrear antiguos y dolorosos escenarios de la infancia y relaciones anteriores.	He hecho el duelo por el pasado, he aprendido de él, y ahora quiero algo mejor.
Mima mi ego.	Enfrenta y libera mi ego.
Exijo de ti el cumplimiento del ciento por ciento de mis necesidades.	Espero obtener de ti el cumplimiento de un veinticinco por ciento de mis necesidades.
El niño dice: Estoy buscando la estabilidad fuera de mí.	*La persona adulta dice: Estoy buscando un entorno que honre y enriquezca la estabilidad que tengo en mi interior.*

Hazte las siguientes preguntas y escribe las respuestas en tu diario: ¿Qué parejas en mi vida han apelado a mi yo adulto? ¿En quién pienso cuando estoy en mis mejores momentos? ¿Qué parejas han apelado a mi yo niño dependiente? ¿Cuál es el rostro que aparece cuando estoy en mis peores momentos? También podrías preguntarte: ¿Cuáles de mis pasatiempos o aficiones me están nutriendo como adulto y cuáles están mimando la dependencia de mi niño interior?

Si tienes dificultades para encontrar la voz adulta, la voz del padre que te refleja, cuéntale tu historia a tus amigos. Escucharás tu voz adulta en su respuesta. ¿Es porque son más adultos que tú? No, simplemente no están ensordecidos por los decibeles distorsionadores de tu drama.

VER CLARAMENTE: Probablemente, los únicos problemas que tratamos de manera realista, sin melodrama ni reacciones fuertes, son aquellos que no tienen conexión con nuestro pasado. Admite que, en la mayoría de tus complicados problemas, hay un elemento que remite a tu pasado. Enumera en tu diario algunas formas en las que podrías estar manteniendo vivo el pasado para sabotear el presente. Emily Dickinson escribió: "Las formas que enterramos, merodean, familiares, en las habitaciones".

Cuando nos vemos reaccionando bruscamente al comportamiento o las palabras de alguien, puede ser que estemos actuando apropiadamente o con exageración. Cuando esto sucede, es útil preguntarnos a nosotros mismos: "¿Es mi sombra?; ¿mi ego?; ¿problemas de mi infancia?".

Sombra: La sombra es la parte de nosotros que rechazamos, reprimimos y negamos mientras la proyectamos en otros. Puede ser nuestra sombra la que habla cuando notamos a otra persona haciendo algo que nosotros haríamos, pero no podemos admitirlo. Despreciamos ver en el otro lo que es inconsciente en nosotros mismos. Nuestro trabajo es hacer amistad con nuestra sombra reconociendo nuestras propias proyecciones y reclamándolas como nuestras.

Ego: Como ya hemos visto, el ego es neurótico e inapropiado cuando está impulsado por el miedo a no ser aceptado, o por la arrogancia, la represalia, o derechos arrogados. Tenemos un ego magullado cuando decimos: "¿Cómo te atreves a hacerme esto?; te haré pagar por esto; ¿no te das cuenta de quién soy?".

Problemas de la infancia: Podemos estar reaccionando a asuntos no resueltos de la infancia si nos encontramos pensando: "Estás replicando lo que me hicieron en la infancia. Te veo recreando un escenario del pasado que es muy controvertido para mí. Estoy reaccionando en el presente a un estímulo del pasado". *Se siente como un recuerdo*, observó Keats, hablando de la facilidad de escribir ciertos versos de poesía. ¿Cuánto de lo que sentimos es exactamente así? Las situaciones que parecen estar ocurriendo aquí y ahora suelen ser un regreso al pasado promovido por estos tres aspectos. Toma una experiencia reciente de haber reaccionado fuertemente a alguien que te molestó. Obsérvala según los aspectos descritos en esta práctica y luego admite ante la persona que te molestó lo que has descubierto sobre tu verdadera motivación. Pregúntate: ¿Me molesta porque estoy proyectando mi sombra en él y viendo lo peor de mí en él? ¿Estoy reaccionando así porque mi arrogante ego está indignado? ¿Tengo todos estos sentimientos porque algo de mi vida temprana está resucitando? La misma técnica es útil para explorar cualquiera de nuestras actitudes, creencias, reacciones, prejuicios o causas de malestar. Haz un compromiso continuo para observar a los tres sospechosos dentro de ti y sacarlos a la luz.

A veces nos encontramos tristes, y no necesariamente se debe a la sombra, al ego o situaciones tempranas. La tristeza en ocasiones puede ser sinónimo de estar de duelo. Experimentamos tristeza porque algo no ha salido como esperábamos o porque alguien o algo nos ha herido o decepcionado. El duelo es una reacción que con frecuencia pasamos por alto, no reconocemos o reprimimos. Preferimos usar la ira para encubrirlo. Por ejemplo, podríamos sentirnos molestos porque nuestra pareja no expresa sus sentimientos hacia nosotros, lo que nos lleva a adivinar constantemente sus reacciones. Podemos reaccionar con enojo cuando, en realidad, nuestra reacción primordial podría ser la tristeza por su incapacidad para ser sincera y abierta con nosotros. El sentimiento más frecuentemente disfrazado en las relaciones es el duelo, por lo que resulta útil buscar allí primero para identificar nuestras auténticas reacciones internas ante estímulos dolorosos. Intercambia experiencias de duelo con tu pareja. Tomen turnos para completar esta frase: "Me entristece cuando tú _____". Tal vez quieran agregar: "Y oculto mi tristeza al _____".

> Es el gran misterio de la vida humana que el viejo duelo se vuelva gradualmente una tranquila y tierna alegría.
> —FIÓDOR DOSTOYEVSKI, *Los hermanos Karamázov*

6. LOS MIEDOS SE APRESURAN A LLEGAR, Y TAMBIÉN LOS PELIGROS

Tuve miedo porque estaba desnudo, así que me oculté.
—Adán en el Jardín del Edén, GÉNESIS 3:10

Lo más perjudicial del miedo es cómo nos afecta cuando tratamos de ocultarlo.
—NICHOLAS CHRISTOPHER

Las relaciones cercanas naturalmente despiertan temores. Nos da miedo la intimidad porque tememos lo que podría suceder si mostramos las cinco A y nos permitimos estar verdaderamente cerca de una pareja. El miedo a la intimidad es normal en un mundo tan incierto como el nuestro. De hecho, los miedos pueden ser útiles mientras no nos dominen o nos paralicen. *Aunque el miedo pueda seguirme, nunca deberá ser quien guíe mi camino.* Nos dan temor los aspectos peligrosos inherentes a las relaciones: la traición, el dolor, el amor, la confrontación de egos, la revelación personal, el abandono y la asfixia emocional. El miedo a estos dos últimos aspectos es central en cualquier relación. No estás solo si los experimentas.

LA ASFIXIA EMOCIONAL Y EL ABANDONO

El miedo a la asfixia emocional implica temer que si alguien se acerca demasiado a nosotros física o emocionalmente, nos sentiremos sofocados o perderemos nuestra libertad. Esto equivale a recibir demasiada atención o afecto, pero insuficiente aceptación y autorización. Si sentimos esta asfixia, pedimos "Déjame ser". Por otro lado, el miedo al abandono significa temer que si alguien nos deja, nos sentiremos tan desolados que no sobreviviremos emocionalmente. Esto equivale a perder atención, aprecio o afecto. Si tenemos miedo al abandono, suplicamos "Quédate conmigo". En ambos casos, el miedo surge cuando percibimos el poder como algo "ahí afuera", ajeno a nosotros. Entonces, nos sentimos atrapados y controlados, a merced de los demás.

Una persona sana puede experimentar tanto el miedo a la asfixia emocional como el miedo al abandono, aunque uno de los dos suele predominar en cada persona o relación. Podemos experimentar estos miedos sin identificarlos claramente o sin entender su origen. Además, como estos miedos se recuerdan y perduran a nivel físico en lugar de intelectual, a menudo son inmunes a la simple fuerza de voluntad; parecen ser reacciones automáticas a estímulos auténticos. Por ejemplo, un abrazo puede parecer amenazador para alguien que teme la asfixia emocional. *¿Acaso soy el carcelero de un cuerpo en el que cada célula encierra a un prisionero que camina de un lado a otro furioso por crímenes que no cometió?*

Continuamente nos movemos entre nuestra necesidad de cercanía y nuestro miedo a ella. En la infancia y la primera infancia, tal vez hemos sentido que nuestra identidad estaba en peligro si uno o ambos progenitores nos abrumaban con su atención, aprecio o afecto. Como resultado, sentimos miedo de perder nuestra identidad y aprendimos a establecer límites inflexibles. Rechazamos los abrazos y las demandas y nos escondimos de la atención. Así construimos un muro que nos protege del amor peligroso, pero tristemente, también nos escondemos de casi cualquier otra forma de amor. Cuanto más severo sea el rechazo, más intenso será nuestro repliegue. Comprender esto nos permite ver ese repliegue, tanto en nosotros como en los demás, como un desencadenante de la compasión.

El miedo a la asfixia emocional puede ser el resultado de que uno de nuestros progenitores nos haya usado de manera inapropiada para satisfacer alguna de sus necesidades. Esto podría haberse manifestado como abuso, ya sea físico, sexual o emocional. En la vida adulta, una persona que ha sido víctima de abuso infantil puede temer la cercanía de necesidades de otros adultos, incluso cuando estas son apropiadas. Por otro lado, el miedo al abandono puede tener su origen en situaciones completamente inocentes. Por ejemplo, un niño podría haberse sentido abandonado cuando su madre estuvo hospitalizada por un tiempo. Las explicaciones que se le dan a un niño generalmente no logran alcanzar la profundidad donde se alojan los miedos: un sentimiento primitivo y celular de los eventos que configura la ausencia como rechazo.

De hecho, para algunas personas, cualquier ausencia de nuestra parte se interpreta como un abandono. No logran discernir los grados del distanciamiento humano, el espectro que se extiende entre distanciarse momentáneamente y por completo. Bajar la mirada para revisar un mensaje entrante en el teléfono celular les parece un rechazo deliberado. En este sentido, Erik Erikson planteó la pregunta retórica: "¿Por qué pensamos que nos dan la espalda cuando simplemente el rostro miraba en otra dirección?". Aquellos que sufren de un miedo extremo al abandono se enojan ante la más mínima muestra de distancia. En respuesta, pueden volverse controladores, exigentes, críticos o enojarse. Desencadena en nosotros una reacción indignada. Los adultos saludables, por supuesto, no permanecerán en una relación así por mucho tiempo sin buscar ayuda profesional para sus problemas individuales. Solo podemos quedarnos cuando ya no sentimos la necesidad de caminar sobre cáscaras de huevo porque estamos recibiendo ayuda para cambiar las cosas. A veces, una relación solo puede funcionar con esfuerzo. Un último comentario sobre un punto mencionado en este párrafo: cuando reaccionamos al modo en que nuestros amigos o parejas se nos acercan, demostramos que somos vulnerables a sus sentimientos y acciones. Esto es señal de intimidad, no de debilidad. En cambio, cuando huimos, la intimidad se desvanece. Pero si decidimos quedarnos para resolver las cosas, la intimidad puede florecer. Si nos quedamos a pesar de que las cosas no funcionan, la codependencia toma el mando.

Si la cercanía estuvo asociada con el peligro en el pasado, es posible que esa asociación se mantenga como una reacción al estrés postraumático. El miedo a la cercanía y a ser absorbido es sutil y duradero; solo logramos liberarnos de él cuando lo enfrentamos y practicamos superarlo una y otra vez. Hacemos esto cuando permitimos que la otra persona guíe nuestro amor en lugar de controlar cuánto o de qué manera lo expresamos. Soltar el control de esa manera resulta aterrador para alguien que teme la cercanía.

Lo que nos asusta en última instancia podría no ser la cercanía en sí misma, sino los sentimientos que evoca. Para alguien con miedo a ser absorbido, la cercanía podría activar un círculo vicioso, antiguo y familiar, en el que la proximidad condujo al abandono o al abuso. Ahora creemos, instintiva aunque no siempre intelectualmente, que si alguien se acerca, nos abandonará o abusará de nosotros.

A los seres humanos se nos ha enseñado a concentrarnos en ser valientes y fuertes. Sin embargo, el miedo que interfiere con nuestra fortaleza no importa tanto como el miedo que impide amar, porque el amor es la fuerza más valiosa que un ser humano puede tener. Ojalá nos importe más convertirnos en seres amorosos que cualquier otra cosa en la vida.

APRENDER DE NUESTROS MIEDOS

El miedo no buscaba huir cuando el amor lo perseguía.
—FRANCIS THOMPSON, "El Sabueso del Cielo"

Así como al gusano le gusta la manzana cuando está madura, el miedo asoma su horrible cabeza precisamente cuando estamos maduros para un cambio. El hecho de que el miedo surja en el momento en que estamos preparados para abordar, procesar y resolver en nuestro viaje lo convierte en un polizón amigable. Si el programa descrito en esta sección funciona para nosotros, estamos listos para trascender nuestro miedo. Si no es así, recibimos una señal para retroceder y trabajar en nosotros de otras maneras, adquiriendo primero más recursos internos para enfrentar nuestro miedo cuando estemos listos. Si el programa no te funciona, no es motivo para sentir vergüenza o derrota, sino para reconsiderar el momento adecuado. El trabajo sobre el miedo puede beneficiarnos tanto espiritual como psicológicamente, ya que sentimos compasión hacia nosotros mismos al comprender que la "profunda incapacidad para amar" que sospechamos en nosotros no es realmente un obstáculo insuperable, egoísmo o maldad, sino un hábito que aprendimos y podemos superar. En algo se parece el miedo a perder lo que tenemos, que puede haberse convertido en un principio rector de nuestra vida, llevándonos a aferrarnos demasiado a nuestras posesiones. Podemos descubrir que detrás de la mezquindad está el temor desgarrador a la pérdida. La compasión hacia las manos que aferran el bolso y una amable invitación a soltarlo son más apropiadas que el reproche y el castigo.

> El miedo nos sigue toda la vida; es parte de nuestra
>   condición humana.
> A veces, nos alcanza; es parte de nuestra eventualidad.
> El miedo nunca debería detenernos; ese es el propósito de
>   nuestro trabajo.

Cuando lo trabajamos, descubrimos que menos fuerzas de la infancia están actuando sobre nosotros y que hay más opciones adultas disponibles. También notamos más flexibilidad en nuestra forma de manejar cambios y transiciones. Ya no insistimos en la perfección de nuestro mundo, nuestros compañeros o nosotros mismos. Las aproximaciones se vuelven aceptables, y el debate con ellas toman el lugar de las demandas. Nuestros cuestionamientos de la realidad, nuestra pelea con ella, se convierten en reconocimiento y consentimiento. Aceptamos las cosas que nos suceden o las reacciones de las personas hacia nosotros como información, en lugar de veredictos inmutables. Podemos reformular nuestras experiencias dramáticas: "Me abandonó" se convierte en "Se fue". "Me absorbe" se convierte en "A veces me abruma". "Me traicionaron" se convierte en "Me engañaron". "Siento un vacío dentro de mí" se convierte en "Estoy encontrando más espacio dentro de mí".

> Solo en un estado de completo abandono y soledad experimentamos los poderes útiles de nuestra propia naturaleza... Niño significa evolucionar hacia la independencia. Esto requiere la separación de los orígenes. Así que el abandono es una condición necesaria.
> —CARL JUNG, *El hombre moderno en busca de su alma*

CELOS

John Milton describe los celos como "el infierno del amante herido". Sin embargo, podemos transformarlos en algo un poco menos tormentoso, digamos un purgatorio, cuando los abordamos desde la perspectiva del duelo. Los celos son una mezcla de tres emociones: dolor, ira y miedo. Nos sentimos heridos y enfurecidos cuando percibimos algo como una traición. Nos aterran la posibilidad de perder una fuente de afecto y la idea de no poder encontrar otra nunca más, una creencia paranoica que hace que los celos sean tan desgarradores. Los celos marcan el umbral del duelo, que nuestro ego no nos permite cruzar. En lugar de llorar de tristeza y de miedo, nuestro ego, arrogante, ofendido y posesivo, entra en la refriega, y arremetemos y culpamos, recurriendo al abuso en lugar de expresar una ira saludable mientras manifestamos nuestra indignación por la supuesta traición.

Los celos impulsados por el ego ponen de manifiesto nuestro deseo de posesión, nuestra dependencia, nuestro resentimiento hacia la libertad del otro, y nuestra negativa a ser vulnerables. En el fondo, sabemos que no somos realmente democráticos ni verdaderamente libres del antiguo modelo de propiedad jerárquica en las relaciones, ni estamos realmente dispuestos a reconocer nuestro miedo a enfrentar las muchas veces duras condiciones de la relación: el abandono, la asfixia emocional, la traición, entre otras. Nuestro ego exige que nuestra pareja nos salve: "Deja de hacer lo que me hace sufrir". Esta reacción es perfectamente normal al principio. Sin embargo, a medida que abordamos, procesamos y resolvemos nuestros verdaderos sentimientos, comenzamos a comprender dónde radica nuestro trabajo. Reconocemos nuestro dolor, buscamos a alguien que lo refleje, y permanecemos con él hasta que se resuelva. Es posible que nuestra pareja no pueda ayudarnos con esto, pero la terapia, los amigos y los sistemas de apoyo pueden asistirnos para superar nuestro ego y afrontar nuestra vulnerabilidad, que es el regalo más preciado del amor humano.

Los celos desafían nuestra capacidad de mantenernos abiertos y centrados, sin culpar ni replegarnos en medio del rechazo. Atravesarlos en lugar de reafirmar nuestro ego nos muestra un camino hacia la madurez y la liberación. Después de todo, experiencias como los celos son las que nos enseñan a soltar para poder crecer. Al principio, podemos resentir a quien nos hace soltar. Sin embargo, a medida que nuestros sentimientos se resuelven, estamos agradecidos por haber descubierto tanto sobre nuestra pareja como sobre nosotros mismos. Los celos nos revelan que, por muy fuertes que nos creamos, seguimos siendo frágiles y vulnerables en el fondo. De esta manera, los celos pueden desinflar nuestro ego, lo cual representa un gran paso espiritual.

Una última observación sobre los celos: tomemos como ejemplo a los hombres heterosexuales, que a veces pueden mirar a otras mujeres en presencia de sus esposas o parejas. Esto puede causarles dolor o celos innecesarios y comprensibles. Esa mirada desviada puede interpretarse como un desaire o un acto de abandono. Es importante que un hombre pueda controlar este impulso mientras está con su esposa o pareja. La excusa de "no puedo evitarlo" no es aceptable para un adulto. Tenemos derecho a admirar a quienes nos resultan atractivos, pero cuando nuestra pareja está presente, lo mejor, por amor y consideración, es mantener la mirada hacia adelante. Este consejo también es aplicable a las mujeres hacia los hombres, a los hombres homosexuales hacia otros hombres, a las mujeres homosexuales hacia otras mujeres, y en cualquier otro tipo de pareja.

INFIDELIDAD

El paradigma convencional ha sido el siguiente: "Si juegas según las reglas, entonces mereces un cónyuge fiel y una relación estable". Tal promesa genera una sensación de merecimiento. A alguien que siempre fue fiel se le hace especialmente difícil lidiar con el abandono o la infidelidad. Su ego se siente agraviado, con el posible resultado de una amargura duradera y frustrante contra el ofensor: "Pensé que me cuidaría siempre y nunca me desecharía". El dolor más profundo en la infidelidad puede golpearnos cuando reconocemos lo siguiente: "Él sí tiene las cinco A para dar, pero se las está dando a otra persona. Yo las recibí al principio y luego las vi desaparecer. Esperé a que esas A volvieran a aparecer en él, y cuando lo hicieron, estaba en brazos de otra persona".

La infidelidad es un discurso sobre el Estado de la Unión que nos obliga a ver la verdad sobre nuestra relación. Se forman triángulos en la psique cuando una díada está en problemas, cuando no queremos soltar al otro sino solo hacer soportable lo insoportable. El tercer ángulo puede tomar la forma de un amante adulto, una crisis, una adicción, etc. ¿Podemos enfrentar el problema de la díada sin crear otro ángulo?

La infidelidad siempre es un problema mutuo, no individual. Uno no es la víctima ni el otro el perseguidor en la pareja. La aventura no es el trastorno, sino un síntoma del trastorno. El otro hombre o la otra mujer no causa distancia, sino que se utiliza para lograrla. La infidelidad parece señalar lo que le falta al otro que nos ofende, pero en realidad puede revelar lo que tememos mostrar: por ejemplo, vulnerabilidad, ternura, alegría, generosidad, entrega libre en el sexo. Un compañero frustrado encuentra a alguien más para colonizar el espacio vacío en lugar de abordarlo o lamentar su vacuidad directamente.

Conseguir un nuevo amante puede ser la única forma de abandonar una relación para alguien que siente que le falta la fuerza para irse por sí mismo, o puede ser una forma de buscar una satisfacción de necesidades que parece inalcanzable en la relación primaria. Puedo buscar la gratificación de mi necesidad de un entorno contenedor con mi esposa, y de mis necesidades de emoción en una aventura. Puedo satisfacer mis necesidades de dependencia en el matrimonio y mis necesidades de dominación en una aventura. Puedo encontrar el reflejo de un sentimiento o un potencial en una nueva pareja que mi pareja actual no ofrece. La nueva pareja también puede evocar la sombra positiva en mí: un potencial positivo oculto que puede haber estado latente y no haber sido reconocido antes.

Si bien la infidelidad puede ser una medida audaz y extrema para hacer que la relación sea tolerable cuando parece haberse vuelto insoportable y la intimidad parece imposible, aquellos que evitan la intimidad con el compañero original probablemente seguirán evitándola con un nuevo compañero. Además, el secreto y las limitaciones de tiempo de una aventura hacen que la intimidad sea finalmente imposible en esa relación también. Por lo tanto, en última instancia, dos amantes son menos que uno. Nadie está ofreciendo su ser completo en ningún lugar del triángulo.

La infidelidad también despierta temores de abandono en la pareja engañada. Esto explica la sensación de impotencia y dolor que puede ser tan angustiante para el abandonado. La impotencia en este caso significa la incapacidad para conseguir que alguien nos dé las cinco A, y da indicios de problemas de la infancia no resueltos. En este momento, es útil trabajar en terapia los problemas y el dolor que nos han perseguido toda la vida y que ahora nos pasan factura. Sentimos la infidelidad como una metáfora de lo que sucedió hace mucho tiempo o ha seguido sucediendo: la pérdida o ausencia de las cinco A. Una vez que vemos que nuestra angustia no se relaciona directamente con esta pareja y su elección de abandonarnos, estamos en camino de encontrar ese material psicológico de larga data que ha esperado nuestra atención y requiere trabajo en nosotros mismos. Así, la traición de una pareja puede convertirse en el trampolín para un verdadero crecimiento en nosotros mismos.

En una crisis de ruptura o infidelidad, cuando uno de los miembros de la pareja realiza una acción significativa, como marcharse con otra persona, el otro puede reaccionar de igual manera, buscando también un nuevo compañero. Es más saludable para nosotros que un evento de gran impacto nos lleve a reflexionar seriamente sobre nosotros mismos, en lugar de provocar una reacción exagerada o una represalia. La venganza puede complacer a nuestro ego, pero el impulso de vengarse es una señal de que estamos ignorando el verdadero dolor. Además, una nueva relación no puede comenzar de manera saludable cuando la usamos como una distracción para evitar el duelo. Una persona verdaderamente sana no entrará en una relación con nosotros si percibe que está siendo utilizada de esa manera.

En la dependencia, pasamos de nuestro primer compañero a un segundo, manteniendo al primero de repuesto, y luego a un tercero manteniendo a los dos anteriores de reserva. En cambio, si somos adultos saludables, pasamos de uno a ninguno, y mientras estamos solos, trabajamos en terapia para abordar, procesar y resolver problemas personales, con un plan para realizar cambios. Es un momento enormemente enriquecedor para el autoconocimiento y la sanación personal. Los finales que nos llevan a la autoexploración son dolorosos, pero son beneficiosos para aquellos comprometidos con la evolución personal. Y, lo más maravilloso de todo: un corazón roto puede conducir a abrirnos al amor nuevamente. ¿Puedo mantenerme así después de que haya sanado?

A menudo, cuando nuestra pareja es infiel, nos preguntamos: "¿Cómo puede irse con alguien nuevo tan rápido? ¡Hemos estado juntos durante años, y ahora no soy nada, mientras que ella, con quien lleva solo dos meses, lo es todo!". Pero no es tan difícil de entender: sus sentimientos hacia nosotros pueden haber sido solo una proyección de su deseo de encontrar una pareja ideal. Ahora simplemente ha proyectado esos sentimientos en otra persona. El nuevo vínculo no tiene que ver con nosotros ni con la nueva persona; quien abandona simplemente está trasladando algo propio, su proyección, como se cambia una bombilla de una lámpara en la cocina a una en el dormitorio. Y lo que la nueva pareja puede ofrecer tal vez no iguale la promesa exagerada de su proyección. Lamentablemente, esto es algo que se puede descubrir demasiado tarde, después de haber sacrificado muchas otras cosas valiosas, como nuestra relación, nuestra vida juntos y nuestros hijos.

También es común que la pareja engañada escuche: "Estoy enamorado de esta nueva persona y ya no lo estoy de ti". ¿Podría ser que, en este contexto, "estar enamorado" simplemente signifique un vínculo que lo hace sentirse bien, que le produce excitación y deseo sexual, que le proporciona la aparente certidumbre de que finalmente ha encontrado el complemento perfecto? Decir "Ya no estoy enamorado de ti" puede significar "todavía estoy vinculado a ti, pero ya no me hace sentir bien".

Por su parte, la pareja que queda atrás puede decirse: "Debería ser capaz de aceptar que él tenga otra pareja", aunque su cuerpo diga: "No puedo soportarlo". Esto es parte del entrenamiento de la era de los años sesenta. El "amor libre" de esos años no fue lo mejor para los adultos que nos cuidamos a nosotros mismos. Es importante atender la información que nos da nuestro cuerpo, recordando que una relación se trata de honestidad y felicidad, no de soportar el dolor.

La tercera persona en el triángulo, "el otro hombre/mujer", puede causar un gran dolor a la pareja traicionada. Una práctica profundamente espiritual es decidir y resolver (¿ahora mismo?) nunca desempeñar ese papel en el futuro. Deja que alguien que ya está en una relación le ponga fin, y no solo prometa terminarla, antes de relacionarte íntimamente con él o ella. Esto es un compromiso a actuar con respeto y amor hacia otros seres vulnerables: no causaré dolor a nadie más. Eso es espiritualidad en práctica.

Finalmente, es importante señalar que la fidelidad es más que simplemente la monogamia. La fidelidad también implica un compromiso en resolver los problemas. Esto incluye no reaccionar ante una infidelidad terminando la relación y separándose, sino explorar las implicaciones de lo sucedido y trabajar juntos para superarlo, ofreciendo y recibiendo reparaciones. Cuando la aventura termina, la fidelidad puede comenzar de nuevo, y la pareja puede seguir adelante, perdonándose y con nueva energía para una vida mejor juntos. Esto requiere la ausencia de ego, lo cual se ha vuelto más fácil para los lectores de este libro que están practicando las técnicas que los conducen a ello.

ENFRENTAR LA DECEPCIÓN

Las expectativas pueden infundir energía vital a nuestras empresas y relaciones. Pueden ayudarnos a descubrir nuestro potencial máximo en lugar de conformarnos con la mediocridad. La salud psicológica no implica carecer de expectativas; más bien, consiste en no estar dominados por ellas. Esto deja espacio para una expectativa dinámica. Dicha expectativa es seguida por acuerdos que la satisfacen, o por la aceptación de la decepción como una condición legítima de la existencia que se recibe sin protestas ni culpas. La alternativa es el autoengaño del ego con sus descarados hábitos de deseo y exigencia.

Nuestra vida interior es compleja y multifacética, como un vasto y variado paisaje, y requiere diversas experiencias para cultivarla. En ocasiones, nos desafían a avanzar y acelerar, mientras que en otros momentos, a permanecer y reposar. La decepción es tan crucial para nuestra vida interior como la fiabilidad, de la misma manera que el frío es tan necesario para la vida de un arbusto de lilas como el sol y su calor. Cuando Buda enseñó que la primera noble verdad es el sufrimiento en la vida, no estaba profetizando el pesimismo, sino señalando un ingrediente necesario de nuestra humanidad común. Seres como nosotros nunca podrían florecer en un mundo tropical de satisfacciones ininterrumpidas. Necesitamos todas las estaciones para tener una experiencia humana plena. Solo en un mundo con sombras puede florecer nuestra vida interior. El desafío es la lealtad incondicional a las estaciones de la vida y el cambio. Esto supone pérdidas, abandonos y finales elegidos o impuestos. Mientras que recibir las cinco A es gratificante, la decepción también puede ser "la cuadriga más rápida hacia la iluminación", como afirma el dicho tibetano.

Los hilos desgastados de la decepción, algunos apenas perceptibles, cuelgan de nuestros corazones en el complejo tapiz de toda una vida. Podemos experimentar una gran y abrumadora decepción con respecto a nuestra pareja o nuestra relación en algún momento, o muchas pequeñas a lo largo del camino. La decepción es una especie de pérdida: la pérdida de lo que habíamos esperado que algo fuera o pudiera ser. En el fondo está la pérdida de una ilusión a la que nos aferrábamos o en la que confiábamos. Después de todo, lo único que puede perderse es la ilusión.

La decepción puede llevar a la desesperación: la ilusión de que no hay alternativa. Pero experimentar la decepción conscientemente es abrazarla, aprender de ella y seguir amando, aceptando que todos los humanos son un manojo de contradicciones. Cualquiera puede complacer y desagradar, tener éxito y fracasar, satisfacer y decepcionar. Nadie complace todo el tiempo y, sin embargo, no renunciamos a creer en la capacidad de todos para amar.

Las proyecciones sobre la perfección o confiabilidad de otra persona colapsan a medida que crecemos y llegamos a ser realistas. Cuando Dorothy vio que el Mago de Oz era un anciano torpe, aunque bienintencionado, sintió una profunda decepción, pero ese fue el punto de inflexión en su viaje para aprender a confiar en sí misma. Al descorrer la cortina, el pequeño perro le mostró que la única magia confiable sería la suya propia, no la de otra persona. (Por lo general, es nuestra parte instintiva y animal la que hace el descubrimiento.) Como aprendió Dorothy, no había faldones a los que aferrarse ni atajos hacia la cima, ni un padrino que hiciera las cosas por ella. La decepción fue un paso necesario en su camino hacia la adultez, es decir, hacia el cuidado de sí misma mientras seguía apoyando a otros y siendo apoyada.

De Dorothy podemos aprender que ver los pies de barro de alguien puede enseñarnos aún más que sentarnos a sus pies. La decepción es *desilusión*, o liberarse de la ilusión, la proyección y la expectativa. Todo lo que resta es la atención plena. A alguien que me decepcionó, puedo decirle: "Gracias por liberarme de otra de mis ilusiones".

Cuando Dorothy ve que no hay mago, aprende que no hay tal cosa: lo que yo asumía que estaba aquí, no está. Tendré que hacerlo todo yo misma. Esto es precisamente lo que todos aprendemos al final de una relación. La decepción fue lo que llevó a Dorothy a enfrentar la realidad de la existencia: solo yo soy responsable de mí misma. Los demás, los tres amigos y la buena bruja (compañeros terrenales y espirituales), tal vez la ayudaran, pero solo Dorothy podía chocar sus talones y acceder a su poder.

La decepción nos empodera cuando nos ayuda a aprender a ubicarnos y confiar en nosotros mismos mientras seguimos relacionándonos con una pareja. Pero también puede desempoderarnos cuando solo nos lleva a arrepentirnos por lo tontos que fuimos al amar a nuestra pareja, o cuando nos lleva a culparla por no cumplir nuestras expectativas. Tal sensación de traición nos coloca en el papel de víctimas. El arrepentimiento como reacción a la decepción nos desempodera aún más: "Si tan solo no me hubiera metido en esto" o "Si tan solo hubiera hecho todo de manera diferente, tal vez él no me hubiera traicionado". El arrepentimiento se convierte en vergüenza, y la vergüenza nos impide experimentar todos los estadios de nuestra decepción: darnos cuenta de ella, hacer el duelo por ella, crecer gracias a ella. Como este libro ha señalado una y otra vez, el crecimiento es necesario para que cualquier experiencia humana verdaderamente se complete.

Cuando experimentamos decepción, es crucial trabajar en nuestro duelo. Sin embargo, otras personas también pueden ayudarnos. Si alguien comprende nuestra decepción o cualquier otro dolor que sintamos, y muestra empatía, nos revitaliza y reconforta. Recibir atención y aceptación de esa persona es más poderoso que la gratificación. A continuación, tenemos un ejemplo de cómo la empatía puede ayudar a procesar una decepción interpersonal:

ÉL: Sé que te decepcioné cuando no te defendí en la fiesta de anoche. Me ha estado molestando todo el día. Sigo viendo la expresión de dolor en tu rostro, y me arrepiento de no haberte apoyado. Me ha pasado lo mismo con otras personas en mi vida, y sé lo sola que te sientes. Estoy aquí para ti ahora y quiero repararlo.

ELLA: Gracias. Me siento segura contigo porque esta es una relación en la que mis necesidades y sentimientos pueden expresarse libremente. Veo cómo se satisfacen con atención, aceptación, aprecio, afecto, permitiéndome ser yo misma en todo momento. Confío en que puedo compartir contigo mis necesidades y deseos sin esperar que los cumplas a la perfección. Me das la posibilidad de intentarlo de nuevo y moderar mis expectativas según lo que los adultos pueden ofrecer a otros adultos. Siento un gran asombro y una gran esperanza de que esto sea posible para mí estando contigo, y te lo ofrezco a ti también.

Así es como hablas cuando haces el trabajo, un trabajo que solo se completa cuando tiene esa dimensión espiritual de compasión.

La historia de Katrina ejemplifica no solo la decepción, sino también una salida de ella: Katrina, nacida en Europa del Este, ha vivido en este país durante sesenta años. Estuvo casada con Robert durante cuarenta y cinco años y recientemente lo acompañó durante su larga lucha contra el Alzheimer. Ahora, a los sesenta y cinco años, Katrina se siente estafada y enojada. Nunca se sintió amada por Robert, quien tuvo numerosas amantes y decidió unilateralmente dejar de tener relaciones sexuales con ella por completo cuando ella tenía cuarenta años porque ya no la encontraba atractiva. Ella ahora se da cuenta de que él solo quería que fuera la madre de sus hijos y que hiciera las tareas de la casa. Sus creencias culturales la prepararon para este tipo de vida, en la que a las mujeres se les prohibía ir más allá del modelo de ama de casa/madre o esperar amor y respeto, y mucho menos un trato igualitario. Así, Katrina es una viuda en duelo, pero no por su difunto esposo. Está de luto por su propia vida y por todo lo que se perdió de vivir a lo largo de los años. En realidad, está experimentando un síndrome de estrés postraumático, en el sentido de que finalmente está sintiendo lo que se le impidió sentir años atrás. Ahora que Robert se ha ido y no tiene una tarea específica, no hay nada que la distraiga de la realidad de su vida vacía, una vida que le arrebataron de las manos.

El acuerdo que Katrina hizo en el matrimonio no incluía ser amada, sino solo ser cuidada por un proveedor. Su religión, que apoyaba ese acuerdo, le brindaba consuelo pero también la mantenía atada al modelo de servidumbre. Ahora Katrina no tiene más que sus recuerdos y sentimientos, y la asustan. Pero si se permite esos sentimientos, amarse a sí misma y perdonar su pasado, puede seguir adelante con su vida sin amargura. El trabajo de hacer duelo por el pasado hace posible eso, ya que implica sentir plenamente y soltar por completo también. Quizás Katrina pueda entonces perseguir nuevos objetivos que finalmente reflejen sus necesidades y deseos más profundos. Ella puede reinventarse a sí misma en lugar de simplemente transitar su vejez hasta que muera, como están haciendo tantos de sus amigos. Katrina fue engañada, pero hasta de eso podrá obtener una ganancia si puede, por fin, invertir en sí misma.

> Las relaciones más empoderadoras son aquellas en las que cada miembro de la pareja eleva más y más al otro en la posesión de su propio ser.
> —TEILHARD DE CHARDIN

Prácticas

MANEJAR EL ABANDONO Y LA ASFIXIA EMOCIONAL: Identifica tu situación en el siguiente cuadro:

Miedo al abandono ("El Perseguidor")	*Miedo a la asfixia emocional* ("El Distanciador")
Tiene dificultades para dar espacio cuando la pareja lo necesita.	No puede comprometerse fácilmente cuando la pareja necesita seguridad.
Se aferra o parece incapaz de obtener suficiente contacto o validación: un estilo ansioso-ambivalente.	Se distancia o parece incapaz de obtener suficiente espacio: un estilo ansioso-evitativo.

Miedo al abandono ("El Perseguidor")	Miedo a la asfixia emocional ("El Distanciador")
Es excesivamente atento, complaciente y permisivo.	Da por sentada la atención de su pareja o se siente sofocado por ella.
Comparte voluntariamente sus sentimientos e información.	Mantiene secretos o una vida secreta, y puede enojarse cuando se le cuestiona.
Cuida más de su pareja que de sí.	Se siente con derecho a ser cuidado sin reciprocidad.
Siente que nunca puede dar lo suficiente.	Interpreta el dar y recibir como sofocante u obligatorio.
Se adapta a la agenda de su pareja.	Insiste en tener el control y tomar decisiones.
Tiene límites débiles y tolera el abuso, la infelicidad o la infidelidad.	Mantiene límites rígidos y no tolera el abuso, la deslealtad o los defectos.
Es adicto a la pareja y sigue dando más.	Seduce al otro y luego se aleja.
Anhela continuamente afecto y demostraciones de cariño.	Siente vergüenza o enojo por la demostración de afecto.
Se siente alentado por la exuberancia de la pareja.	Se siente amenazado o molesto por la exuberancia de la pareja.
Puede conformarse con el sexo como prueba de amor o utilizarlo para obtener un sentimiento de seguridad.	Puede usar el sexo frecuente como sustituto del afecto o negarse a él como forma de manipulación.

Miedo al abandono ("El Perseguidor")	*Miedo a la asfixia emocional* ("El Distanciador")
Puede renunciar a los límites sexuales apropiados para complacer al otro y estar indefenso frente al abuso.	Puede usar la distancia sexual o la falta de interés como una forma de mantener su independencia, una defensa contra la vulnerabilidad.
Necesita que su pareja sea una compañía constante ("Quédate conmigo").	Necesita que su pareja se quede quieta mientras él o ella va y viene ("Déjame ser").
Busca conexión y cercanía.	Busca conexión, pero no necesariamente cercanía.
Se siente perdido sin la presencia de la pareja.	Siente ansiedad ante la cercanía prolongada.
Racionaliza las situaciones, buscando excusas.	Utiliza la lógica para reemplazar sus sentimientos.
Muestra miedo y oculta la ira.	Muestra ira y oculta el miedo.
Camina sobre cáscaras de huevo, y hace siempre concesiones.	
Se angustia por los cambios en la relación.	
Permite que las necesidades se conviertan en dependencia.	Convierte las necesidades en expectativas.
Parece estar buscando afecto, lo que aparenta ser amor, pero es realmente miedo.	Puede parecer frialdad o desamor lo que manifiesta, pero en realidad es miedo.

Miedo al abandono ("El Perseguidor")	Miedo a la asfixia emocional ("El Distanciador")
¡Puede ser el que tenga más probabilidades de irse!	¡Puede ser quien note la aparición del miedo al abandono cuando se queda solo!

La columna izquierda puede describir los estilos de personas codependientes o con trastorno de personalidad límite, mientras que la columna derecha puede indicar un estilo narcisista.

USAR LA ESTRATEGIA DE LAS TRES A PARA EL MIEDO: ADMITIR, AUTORIZAR, ACTUAR COMO SI: 1. *Admite* que le temes al abandono o a la asfixia emocional, según corresponda. Reconocer tus miedos implica revelártelos a ti y a los demás sin culpar a nadie. Recuerda que si te sientes amado cuando o porque alguien permanece contigo, el abandono te afectará más gravemente porque te priva de un amor que es necesario y singularmente significativo para ti. Admite esto ante ti y ante tu pareja, si es cierto. 2. *Autoriza* que los miedos existan, sintiéndolos plenamente y sin juzgarlos. Acércate a tus sentimientos, permítete experimentarlos plenamente como propios. Esto no significa identificarte con algún sentimiento en particular ni tampoco negarlo. Significa autorizarlo a emerger y luego soltarlo una vez que se ha desarrollado en toda su extensión. Esta intimidad con nuestros propios sentimientos los legitima a ellos y a nosotros y nos da libertad.

Autorizar el miedo implica sentirlo plenamente, temblar, transpirar y estremecerte si es necesario. También significa que tu parte adulta abrace y acune al niño asustado en ti. Puedes desmoronarte mientras permaneces de pie. Esto implica autorizar el miedo sin desquitarte con otra persona, o permitirle que afecte tu autoestima, o te lleve a una adicción. El miedo es parte de ti y, como tal, merece las cinco A. Luego se revela como poseedor de sabiduría y propósito. Así es como se resuelve la paradoja de la práctica y se hace posible soltarlo. *Solo si toleramos la incomodidad del miedo podemos dominarlo.*

Cuando comenzamos a sentir miedo o melancolía, nos podemos preguntar por qué e intentar eliminarlos. Pero tal vez se trate de un ejemplo de sincronía, una coincidencia significativa entre un estado emocional y una nueva transición en tu conciencia. En ese sentido, el sentimiento perturbador es como un búho que de pronto se posa en nuestro roble y nos parece que allí se quedará por un rato. Ha venido porque ha visto muchas alimañas en nuestro jardín, y las considera sus presas. El búho, que nos parece una presencia ominosa, en realidad es nuestro aliado. Un sentimiento no deseado que se aferra a nosotros puede ser lo mismo. El estilo de una conciencia plena consiste en permitir que se pose y haga lo que hace. Gradualmente, notamos las gracias que de eso resultan.

Según la enseñanza budista, no alcanzamos la satisfacción al complacer los deseos, sino al renunciar a aferrarnos a ellos. Por lo tanto, esta disciplina espiritual apunta directamente a nuestro miedo al abandono. Practícala en la meditación consciente, acunando al niño apegado que hay en ti sin intentar juzgarlo, corregirlo o cambiarlo, y mantén el abrazo. Esto no significa renunciar a ti.

De igual manera, haz un plan para ser más sensible a las muchas formas en que puedes abandonar emocionalmente a los demás. Encuentra maneras de quedarte con ellos en sus heridas, de mantener el abrazo, especialmente en las heridas que tú puedas haber causado. Acunar a uno mismo o a los demás implica crear un entorno de contención, óptimo para que ocurra el crecimiento. De hecho, encontrar un entorno de contención que honre y nutra nuestras necesidades es el objetivo de la evolución personal. Del mismo modo, el objetivo de la evolución universal es que el mundo entero, cada uno de sus rincones y momentos, pueda convertirse en ese entorno de contención.

Estas son algunas afirmaciones que pueden ser de ayuda: "Me autorizo a sentir este miedo. Ahora lo manejo abrazándolo y dejando que pase. Estoy abrazando mi miedo y mi poder a la vez. Mientras abrazo de esta manera, siento más compasión por los demás. Que mis fuerzas auxiliadoras (ángeles, bodhisattvas, etc.) estén conmigo mientras enfrento mi miedo, lo vivo y lo dejo ir. Que todos aquellos a quienes amo y todos aquellos que me resultan personas difíciles enfrenten sus miedos y se liberen de ellos. Me uno a la intención amorosa del universo. El universo ya nos está acunando a todos, ahora y siempre".

3. *Actúa como si* no tuvieras miedo, es decir, como si el miedo ya no pudiera detenerte ni impulsarte. Si temes el abandono, arriésgate a permitir que el otro se aleje un minuto más de lo que puedas soportar. Aférrate un minuto menos de lo que sientes que necesitas. Si temes la asfixia emocional, permite que el otro se acerque una pulgada más de lo que puedas soportar. Mantente alejado un minuto menos de lo que sientes que necesitas. Al actuar así, estás jugando con tu dolor, un dispositivo de sanación que con mucha frecuencia es ignorado por aquellos de nosotros que nos tomamos las cosas demasiado en serio.

Cada una de las A en la práctica de las tres A fomenta el cambio individual. Pero al mirar más profundamente, descubrirás que cada una de ellas también puede crear intimidad entre tú y tu pareja. Pídele a tu pareja que considere las siguientes sugerencias: cuando admites tener miedo, tu pareja puede permitirlo, recibiendo la información abierta y respetuosamente, es decir, sin culparte ni protestar ni intentar corregirlo o detenerte. Esto significa una *escucha activa*, escuchar la sensación visceral y no responder inmediatamente con palabras de consuelo. Nadie puede negarle al instinto su propia realidad; solo podemos honrar su realidad. Entonces, cuando comiences a actuar para que las cosas cambien, tu pareja puede respetar tus tiempos y no tratar de apresurar o ralentizar el proceso. Una pareja que pueda unirse a ti de esta manera está realmente lista para la intimidad. De hecho, cuando expresas miedo, tu pareja puede mantener el espacio para que eso puede suceder de manera segura. Mantener el espacio significa que tu pareja se queda contigo en tu sentir mientras muestra las cinco A con generosidad y paciencia.

DAR LA BIENVENIDA A LA CERCANÍA: No tememos la cercanía física porque tememos la proximidad en sí misma. La mayoría de nosotros deseamos sinceramente el contacto físico con aquellos que nos aman. *Más bien, tememos lo que sentiremos cuando estemos demasiado cerca. El verdadero miedo, entonces, es hacia nosotros mismos.* Este miedo no es algo por lo que debamos reprendernos. Es nuestra vulnerabilidad más profunda, la cualidad misma que nos hace más queribles. ¡Qué irónico que ocultemos lo que nos hace más atractivos! ¿O es este el trabajo de ese tramoyista interior del ego que ha inventado otra estratagema impenetrable para protegernos del acercamiento humano?

Reflexiona en tu diario a partir de estas preguntas: ¿Cómo evito la cercanía de aquellos que amo? (Pídeles ayuda para responder a esta pregunta.) ¿Cómo se parece mi estilo al de mis padres y a la forma en que se relacionaron conmigo o entre sí durante mi infancia? ¿Puedo decirle esto a mi pareja?: "Si me das espacio, ves mi amor, porque me relajo y lo ofrezco respetando mis tiempos y a mi manera. De lo contrario, lo mejor que obtienes de mí son mis acciones obedientes y no nacidas desde mi corazón.

ESTAR SOLO: Podemos abandonar nuestro hogar familiar y entrar en otro hogar con otras personas tan pronto como nos embarcamos en una relación comprometida o cuando nos mudamos con compañeros de apartamento. Esto puede privar a la psique de la soledad que necesita para su pleno desarrollo. Seres tan complejos como nosotros necesitamos alejarnos de los demás para explorar las profundidades de nuestro carácter y nuestro destino. Necesitamos períodos regulares de soledad para reabastecernos, para encontrar nuevas fuentes de creatividad y autoconocimiento, y para descubrir posibilidades en nuestras almas que son invisibles cuando estamos con otros. Así es como encontramos nuestra oportunidad central para evolucionar, ya seamos introvertidos o extrovertidos. Responde en tu diario a la siguiente pregunta, y luego discútela con tu pareja: ¿Nuestra relación incluye, permite y fomenta el tiempo a solas?

> La terapia se completa cuando un niño puede jugar solo.
> —D. W. WINNICOTT

CUESTIONES DE DINERO EN LAS RELACIONES: Después de experiencias repetidas de abandono, un niño aprende a renunciar a los bienes emocionales y a sustituirlos con el apego a cosas materiales. Después de todo, los juguetes no nos decepcionan. ¿Seguimos haciendo esto como adultos? ¿Utilizamos las cosas para distraernos y consolarnos cuando hemos perdido toda esperanza de afecto humano?

En una infancia saludable, un bebé es acunado y reconfortado por un adulto confiable para que pueda experimentar plenamente sus sentimientos. Más tarde, este niño no buscará distracciones y consuelos en cosas materiales o adicciones, sino en la atención y el consuelo que provienen de las cinco A. Nunca perdemos el deseo/la necesidad de ser abrazados cuando lloramos. Nunca superamos nuestra necesidad de contacto humano. Solo aprendemos a ocultar las necesidades que hemos perdido la esperanza de satisfacer. Imagina la angustia desesperada y fútil que yace enterrada en su escondite.

Un padre puede haber intentado mostrarnos amor dándonos o haciendo cosas en lugar de reconfortarnos o acunarnos. Más tarde, en una relación adulta, podemos pensar que en eso consiste el amor y podemos manipular a las personas para que nos den y hagan cosas por nosotros para demostrar que nos aman. Sin embargo, esto no nos hace sentirnos amados, porque nuestra necesidad es insaciable e irrealizable, como cualquier necesidad infantil que se lleva erróneamente a una relación adulta para su satisfacción.

El dinero se utiliza en un intercambio, una forma de dar y recibir, que es precisamente lo que implica la intimidad. Por lo tanto, el dinero puede fácilmente simbolizar el amor. A medida que nos volvemos saludables, el dinero se convierte en nada más que una herramienta para vivir y dar. Ya no es un símbolo de los bienes emocionales que perdimos. Como una caña de pescar, es algo que usamos para adquirir lo que queremos, y luego compartirlo con alegría y generosidad.

Responde en tu diario a la pregunta de si tienes dificultades con comprar o vender, donar o gastar, pedir prestado o prestar, estar en deuda o que te deban, ganar o ahorrar, pagar o devolver, perder o derrochar, contratar o alquilar, compartir o que te compartan, invitar o que te inviten. ¿Esperas que tu pareja haga cosas por ti o te dé cosas como prueba de su amor? ¿Te manejas a partir de una creencia en la escasez o en la abundancia? Habla con tu pareja sobre todo esto. Examinar cómo manejas el dinero puede darte información sobre cómo manejas la intimidad. Por ejemplo, tratar de obtener algo gratis puede significar, en una relación, que es probable que esperes un compromiso de tu pareja sin hacer uno tú mismo.

El ego narcisista prospera con el estatus externo. Por lo tanto, podemos usar las posesiones en un vano intento de conseguir lo que se suponía que debíamos recibir de padres, parejas y nosotros mismos: las cinco A. Los autos son un medio de transporte, pero los modelos deslumbrantes y elegantes prometen a sus dueños la posibilidad de destacarse por ser modernos y atractivos. La ropa es para abrigarse y protegerse, pero estar escrupulosamente a la moda atrae la atención y da la impresión de riqueza y jerarquía.

Estos artículos funcionales adquieren un significado exagerado, pero el significado auténtico proviene del alma, del poder del corazón que trasciende el ego. Vivir con conciencia plena no significa que repudiemos cosas materiales hermosas; significa que no nos hacen víctimas de su juego. Vemos más allá de su oropel aquellos indicadores de estatus realmente importantes en la vida: la virtud, la integridad, la generosidad, el amor incondicional.

Esas son las cualidades que hacen que todo lo que poseemos sea una fuente de alegría y un medio para ser generosos.

Reflexiona sobre tus posesiones y pregúntate para qué sirven. Recuerda cómo tomaste las decisiones para comprar lo que tienes: auto, casa, ropa, etc. Compara el cuidado que pusiste en comprar con el que tienes para elegir a qué organizaciones benéficas donar. Discute esto con tu pareja. ¿Qué virtud está esperando su turno de ser practicada?

Finalmente, es normal no estar completamente integrado en tres áreas: sexo, dinero y alimentación. ¿Puedo encontrar compasión en mí por mi desordenada historia en estas tres áreas?

> Te doy mi amor más precioso que el dinero.
> —WALT WHITMAN

RESPONDER A LA AMENAZA Y LOS CELOS EN TU PAREJA: Tu pareja puede sentir que le amenaza la amistad que tienes con otra persona. Dentro del contexto de un vínculo íntimo con alguien, la afirmación "Soy libre de buscar relaciones" se convierte en "Soy libre de buscar relaciones, pero debo diseñarlas cuidadosa y apropiadamente de acuerdo con las reacciones de mi pareja".

Pídele a tu pareja que califique su miedo en una escala del uno al diez, siendo diez el más severo. Si tu pareja califica el miedo con un cinco o más, será por el bien de la relación dejar de hacer lo que le asusta. Harías esto a partir de una elección libre basada en la compasión y el respeto por sus sentimientos. Si califica el miedo en menos de cinco, entonces continúa haciendo lo que estás haciendo y sigue chequeando con él o ella. Al mismo tiempo, tu pareja puede abordar el problema como parte de su terapia o en diálogo contigo o con sus amigos.

CONVERTIRSE EN ADMINISTRADORES DE LA CERCANÍA: Nadie se asegura de que tu relación sobreviva o de que tu cercanía se profundice. ¿Pueden acordar ser un equipo para lograr este propósito?

En la infancia, los adultos nos vigilan. En nuestra adultez, su-
pervisamos nuestras propias actividades. Depende de nosotros
pilotear nuestras relaciones si queremos que sigan su curso. Por
ejemplo, un miembro de la pareja vuelve a la escuela y el otro
pasa mucho tiempo en su trabajo. En este caso, pueden distanciarse y la intimidad puede estar en peligro. Existe una técnica
simple que puede ayudarlos a convertirse en patrocinadores y
supervisores que cuidan y mantienen la cercanía. La técnica consiste en hacer esta pregunta cada vez que nos embarcamos en un
proyecto: "¿Cómo podemos hacer esto de manera que nos acer-
quemos más?". Por lo general, la respuesta incluye dos elementos:
mostrar las cinco A, y compartir el proyecto y contribuir ambos
a él de alguna manera.

Por ejemplo, una persona en la pareja quiere volver a la universidad y la otra está dispuesta a trabajar duro para ayudar a
pagarla. Ambos están involucrados en el proyecto y los sacrifi-
cios de cada uno son fáciles de reconocer. El reconocimiento es
una forma de aprecio. La atención ocurre cuando la persona que
trabaja le pregunta a la otra sobre sus actividades universitarias
y la acompaña en algunas de ellas, y la que estudia muestra un
interés genuino por el trabajo de la otra. El afecto se manifiesta
con una palmada en la espalda o un abrazo cuando ella se va a
la escuela o él se va al trabajo. La aceptación y la autorización
aparecen cuando él asume el proyecto sin resentimiento y ella
le da espacio a la necesidad de él de hacer cosas por su cuenta,
especialmente cuando esto supone pasar menos tiempo juntos.
Finalmente, a menudo escuchamos hablar del miedo al compromiso con los demás, pero no notamos que podemos descui-
dar el compromiso con nosotros mismos. Estresamos nuestros
cuerpos con horarios exigentes, llenos de obligaciones en casa y
en el trabajo. Una extensión útil de la práctica descrita anterior-
mente es preguntar: "¿Cómo puedo llevar a cabo esta tarea de
manera que aún cuide de mí mismo?". Esto no es egoísmo sino
autocuidado.

7. SOLTAR EL EGO

¿Estás dispuesto a ser borrado, anulado, eliminado, reducido
a nada?... Si no lo estás, nunca cambiarás realmente.
— D. H. LAWRENCE, *Fénix*

Si las personas en una relación están principalmente preocupadas por demostrarse a sí mismas que tienen razón, entonces es el ego quien gobierna la relación. Si están preocupadas por
cómo hacer que la relación funcione, entonces el amor coopera-
tivo es el que manda. El ego, que significa "yo", es el principal
obstáculo para alcanzar la intimidad, que quiere decir "nosotros". En realidad, no hay un yo sólido y separado. Todos estamos interconectados y dependemos unos de otros.

Ego es la palabra convencional que nombra el centro de
nuestra vida racional consciente. El ego es funcional cuando
nos ayuda a cumplir nuestros objetivos en la vida. Es este ego
saludable el que nos permite ser testigos justos y alertas, sin la
intromisión de hábitos mentales. Es nuestro ego saludable el que
evalúa la oportunidad o el peligro y actúa en consecuencia. Es
nuestro ego saludable el que hace las elecciones necesarias para
vivir de acuerdo con nuestras necesidades, valores y deseos más
profundos. Lo más admirable es que el ego saludable acepta las
paradojas humanas: la misma persona puede ser buena y mala,
cercana y distante, leal y traicionera, justa e injusta, cortés y gro-
sera, autosuficiente y dependiente. El ego saludable es la parte de
nosotros que ha aceptado todos los aspectos del comportamiento
humano, por desagradables que sean, y aun así es capaz de amar.

Afortunadamente, un ego saludable evoca las cinco A en los demás. Cuando tenemos el coraje de compartir quiénes somos de una manera única y libre, es probable que recibamos atención. Cuando nos aceptamos a nosotros mismos, estamos orgullosos de quiénes somos y, al mismo tiempo admitimos nuestros errores, es probable que seamos aceptados. Cuando mostramos generosidad, compasión e integridad, es probable que seamos apreciados. Cuando nos acercamos con afecto y consideración, es probable que nos den afecto a cambio. Y cuando actuamos de manera asertiva, con límites claros y respeto por los derechos de los demás, es probable que otros nos permitan la libertad de ser nosotros mismos.

Nuestro ego (el centro de nuestra vida racional consciente) es funcional cuando nos ayuda a alcanzar nuestros objetivos. Es disfuncional o neurótico cuando nos distrae de nuestros objetivos o sabotea nuestros intentos de alcanzarlos. Detrás de cada neurosis, hay un miedo malicioso que nunca ha sido abordado o resuelto. De hecho, *neurótico* significa la repetición inútil de una manera arcaica e innecesaria de protegernos de dicho miedo. Algunos de nosotros mostramos un ego adulto saludable en el trabajo y el ego neurótico y dependiente del niño en casa. Es la dualidad en la vida de Edna Sue: ella es recibida con respeto y amor por su personal en el banco por la mañana cuando llega puntualmente para asumir sus tareas diarias como jefa de préstamos. Hoy, como de costumbre, otorgará y rechazará préstamos en base a criterios inteligentes y poco sentimentales; ejecutará hipotecas aun cuando siente compasión; y supervisará a su personal estableciendo límites y disculpando errores razonables. Pero a la hora del almuerzo, Edna Sue, sin que nadie en el banco lo sepa, correrá frenéticamente a casa, impulsada por su miedo descontrolado al abandono y su apego adictivo, para suplicarle a su novio, Earl Joe, que no cumpla con su amenaza de dejarla. Durante este último mes, Earl Joe, un adicto a la cocaína, le ha robado el dinero para la comida, le ha roto la muñeca y ha insistido en que obligara a su hijo adolescente a vivir con su exesposo.

Pero nada de esto importa porque hay una división entre la funcional Edna Sue en el trabajo y la disfuncional Edna Sue en casa. En el trabajo, quiere lo mejor o nada. En las relaciones, prefiere tener menos y menos que nada. En el primer caso, actúa dentro de los límites de su ego funcional; en el segundo, actúa desde su ego neurótico y no establece límites. Nuestros límites protegen nuestro compromiso y a nosotros mismos. Una persona sin límites personales cumple su compromiso de mantener la relación, ya sea que funcione o no. Con límites claros, por otro lado, vemos cuándo una relación no está funcionando e invitamos a nuestra pareja a trabajar en ella con nosotros. Si él o ella está de acuerdo y se une a nosotros, estamos completamente comprometidos. Si se niega, seguimos adelante con dolor y también sin culpa.

Nuestro destino es "encender una luz en las tinieblas del mero ser", como dice Carl Jung. Logramos esto involucrándonos fielmente en nuestro trabajo psicológico, que consiste en poner nuestro ego al servicio del corazón. Es decir, diseñar cada pensamiento, palabra y acción para que manifieste el amor, la sabiduría y la sanación que residen incondicionalmente dentro de nosotros. Nuestro trabajo espiritual simplemente consiste en permitir este proceso y recibir y agradecer los dones siempre disponibles para cumplirlo. Estos dones toman la forma de cualquier bendición y desafío que se nos presente para ayudarnos a activar nuestro potencial de amor y amigarnos también con nuestro lado sombrío. Una relación saludable es ciertamente uno de esos dones espirituales. Nos mostrará cuán abierto o cerrado puede estar nuestro corazón.

Con cada día que pasa, una relación borra sin piedad nuestro egocentrismo y demuele nuestro orgullo. En una relación, descubrimos una y otra vez el valor del amor auténtico y la bienaventuranza que resulta de soltar el ego. Esto se debe a que en una relación nos damos cuenta de que ofrecemos las cinco A con mayor facilidad cuando nuestro ego se aparta y se lleva consigo nuestros miedos. El ego medroso teme innecesariamente lo que el ego valiente siempre ha anhelado. Este ego fuerte se libera con alegría cuando ya no tiene que promover y mantener su poder, sino que puede soltarlo y confiar en la vida que sigue su propio curso. Así, la paradoja es que menos ego significa más capacidad para manejar lo que sucede, más acceso a los recursos internos, más corazón en cómo nos relacionamos.

ANATOMÍA DEL EGO ARROGANTE

Un ego grande se manifiesta en afirmaciones como: "Tengo razón"; "mi camino es el correcto; nunca me equivoco"; "no es necesario que yo cambie"; "tengo derecho a un trato especial". Tememos cambiar porque eso podría significar admitir que estábamos equivocados o lamentar una pérdida (de algo que valoramos en nosotros mismos o de una sensación de seguridad). Se reduce al miedo a la cercanía: "Si me ablando y me abro a los demás, se acercarán demasiado"; "no puedes decirme nada" es lo mismo que "No puedes acercarte lo suficiente como para afectarme". Podemos manifestar nuestro miedo a la cercanía como terquedad, una negativa a cooperar, una necesidad inflexible de ganar o tener razón, una incapacidad para admitir que estábamos equivocados o para disculparnos.

El ego arrogante lucha contra el amor íntimo porque seguimos intentando no "perder la cara" y sentirnos humillados. Los rasgos de esta cara del ego inflado son el miedo, el apego, el control y el privilegio, los enemigos más feroces de la intimidad. El egocentrismo del privilegio nos impide dar a otros atención y aprecio. No podemos darle a alguien nuestra aceptación y autorización cuando el control prevalece sobre la equidad, o cuando estamos demasiado apegados a nuestra propia versión de la realidad. No podemos mostrar fácilmente afecto auténtico cuando estamos impulsados por el miedo.

Tememos (generalmente de manera inconsciente) no encontrar aprobación o no salirnos con la nuestra. Estamos apegados a nuestra visión de cómo deberían ser la vida y los demás, y podemos volvemos obstinados. Exigimos tener control sobre los demás y sobre el resultado de las cosas. Creemos que tenemos derecho a ser amados y honrados por todos y a tomar represalias si nos ofenden.

El ego no es una identidad estable; es una identidad asumida, basada en una herida o un amor al que respondemos con miedo, apego, control o privilegio. Dado que cualquiera de estas reacciones es tan habitual, imaginamos que demuestran quiénes somos. Confundimos la réplica con la agencia. En cambio, nuestras formas de comportarnos pueden ser observadas en el espacio consciente de la atención plena. *Ese espacio* es quiénes somos, no las estrategias que intentan llenarlo. Así, en la atención plena y consciente podemos usar el dolor o el amor de una manera nueva que consiste en hacer de nuestro ego el foco de atención. Así podemos ver al ser detrás de la cortina y dejar de mirar hipnotizados al mago del ego.

Necesitamos hacerle un *lifting* a la cara del ego para que el miedo se convierta en entusiasmo. Entonces podemos actuar *con* miedo y no *a causa de* él, y ya no tememos mostrar nuestro miedo o nuestra vulnerabilidad, la vulnerabilidad que es propia de la existencia y no la de una víctima. Es mucho más probable que esta vulnerabilidad saludable se manifieste cuando deja de parecernos inadecuada o vergonzosa y confiamos en que al mostrarla no corremos riesgo de ser humillados.

Es comprensible que la vulnerabilidad cause temor. Después de todo, implica no solo mostrar nuestras heridas, nuestra necesidad de otros, nuestras limitaciones, sino también poner todo eso en manos de otra persona. Usemos la analogía de sufrir una herida grave en nuestro brazo y acudir a la sala de emergencias, donde nos atiende un médico que no conocemos. Le mostramos nuestra herida y nos ponemos en sus manos, esperando un buen resultado. Debemos realizar esas mismas dos acciones cuando somos vulnerables: mostrar y entregarnos antes de confiar completamente.

Asimismo, nuestra vulnerabilidad puede estar marcada por una historia de traiciones. Nos mostramos vulnerables a alguien en quien confiábamos y luego esa persona nos lastimó. Ahora, ese evento traumático hace que desde entonces la vulnerabilidad y la confianza parezcan siempre peligrosas.

Todo esto también nos ayuda a entender por qué podría ser aterrador recibir las cinco A. Significaría ser examinado, tal vez por más tiempo del que podemos soportar, tal vez por alguien que luego podría traicionarnos. Además, todos tenemos diferentes niveles de disposición a ser examinados. A algunos nos parece algo invasivo en todas sus formas; otros le damos la bienvenida a la indagación más profunda sobre nosotros mismos. Es importante que en la pareja uno conozca el nivel de tolerancia del otro. En última instancia, se trata de establecer límites en torno a nuestro yo central y de cuán rígidos o diáfanos queremos que esos límites sean. Esto no es simplemente un problema de confianza. Algunos de nosotros simplemente no queremos que nadie, sin importar cuán confiable sea, nos conozca por completo.

El amor incondicional es amor sin condiciones, sin la cara del ego. Ese amor está libre de miedos, incluido el de la vulnerabilidad. Cuando amamos incondicionalmente, el vínculo se vuelve sano, comprometido e inteligente. Establecemos y mantenemos lazos, pero no nos tornamos posesivos, ni permitimos ser poseídos. En lugar de tratar de controlar a una pareja, respetamos sus límites y, así, ganamos su respeto. El privilegio le cede el paso a una confianza en el autocuidado, que se inclina con gracia ante el hecho de que no siempre obtenemos lo que queremos. Esta cualidad admirable no solo nos brinda el respeto de los demás, sino también autorrespeto.

El erudito budista tibetano Robert Thurman dice que el mejor momento para observar el ego es durante episodios de "inocencia herida". (Otro de estos episodios es el de furia al volante.) Sentirnos merecedores de justicia o de estar exentos de algunos condicionamientos de la existencia evidencia la energía del ego en nosotros. Sabemos que este tipo de energía no es saludable porque nos hace sentir estresados, lastimados, compulsivos, frustrados e intimidados.

¿Cuál es la diferencia entre ese sentido de merecimiento o privilegio del ego y la legitimidad de nuestros derechos? El merecimiento es una expectativa, un apego, una demanda, las manifestaciones y hábitos mentales del ego que causan sufrimiento y son lo opuesto a la conciencia plena. Si tal expectativa no se cumple, nos sentimos justificados a tomar represalias. La venganza no es justicia. Es un consuelo mezquino para un ego indignado, que no tiene esperanzas en el cambio humano ni en el poder de la gracia. En contraste con esto, afirmamos nuestros derechos legítimamente cuando lo hacemos de modo directo y sin violencia, en una lucha justa, sin represalias si el otro los niega. En cambio, acudimos a una autoridad superior, como un tribunal, y usamos canales apropiados para que se reconozcan nuestros derechos. Si la ley misma es injusta, participamos en una resistencia pacífica, siempre con amor hacia todos los involucrados, combinando así la atención plena y la integridad moral.

Una advertencia: El ego nunca estuvo destinado a ser aniquilado, solo desarmado y reconstruido para hacerlo más fecundo. Entonces, y solo entonces, la intimidad se vuelve posible. A continuación, presentamos algunas respuestas útiles que podemos dar cuando sentimos que nuestro ego está alterado:

Cuando siento	Prefiero optar por
Miedo	Amar
Apego	Soltar
Control	Dar libertad
Merecimiento	Reconocerme como igual

Cada uno de los componentes del ego neurótico es una fuente de dolor: duele tener tanto miedo que siempre nos sentimos en alerta y, al mismo tiempo, heridos. Sujetar las riendas con firmeza nos lastima. Es estresante intentar controlar constantemente a los demás. Afrontar las condiciones de la existencia sin la promesa de una exención de ellas resulta estresante. Sería trágico morir habiendo mantenido con éxito las apariencias en todas nuestras relaciones. Sin embargo, sin importar cuán negativo pueda ser algo en nosotros, también tiene una dimensión positiva. En cada elemento del ego neurótico hay una semilla de bondad, un potencial latente:

Miedo	Precaución prudente y evaluación inteligente del peligro.
Apego	Perseverancia y compromiso para permanecer en tiempos difíciles.
Control	Capacidad para lograr cosas y ser eficiente en abordar, procesar y resolver.
Merecimiento	Autoestima saludable y defensa de los propios derechos, pero con disposición a aceptar el hecho de que a veces las cosas son injustas.

Confiar en nosotros mismos no significa que podamos estar seguros de enfrentar la vida sin miedo, apego, control o privilegios. Confiar en nosotros mismos significa que nos hemos entregado a ser exactamente quienes somos en cada momento *y* que una conciencia atenta se activará para mostrarnos una alternativa a nuestros hábitos egoístas. Esta es la paradoja espiritual de aceptarnos tal como somos mientras nos convertimos simultáneamente en algo que no éramos. Es renunciar a cualquier apego a una polaridad para que nuestro único refugio sea el centro, donde nos espera la síntesis.

ANATOMÍA DEL EGO EMPOBRECIDO

En contraste con el estilo de un ego arrogante e inflado está el segundo estilo de un ego disfuncional y neurótico. Este estilo de un ego desanimado y empobrecido está basado en el miedo, la sumisión o la calidad de víctima que impide la intimidad sin jerarquías. Las siguientes actitudes definen al ego empobrecido:

- Víctima: "No controlo mi vida. Soy víctima de las personas y las circunstancias. Todo lo que me sucede es por lo que otros hacen, por su culpa. Soy incapaz de cambiar nada". Detrás de esta actitud subyace el miedo a ser responsables como adultos. La autocompasión y la creencia de ser una víctima pueden ser formas de desesperación, al caer presas de la ilusión de que no hay alternativa a una situación dolorosa.
- Seguidor: "Todos saben qué hacer excepto yo. Tengo que seguir a los demás. Díganme qué hacer y qué creer, y lo haré y lo creeré". Detrás de esta actitud reside el miedo a tomar las riendas de la propia vida o a cometer errores.
- Autoinculpador: "Siempre estoy equivocado o soy malo. Me culpo por todo lo malo que sucede. Me siento avergonzado de mí mismo y culpable". Detrás de esta actitud se encuentra el miedo a la responsabilidad.
- Indigno: "No merezco nada, ni abundancia ni amor, ni respeto". Detrás de esta actitud se encuentra el miedo a recibir.
- Insignificante: "A nadie le importo. No importo. No hago ninguna diferencia". Detrás de esta actitud está el miedo a ser amado, el miedo a las cinco A (que puede considerarse como la base de cada acto de subestimación de uno mismo).

Afortunadamente, cada uno de estos elementos del ego empobrecido contiene una valiosa semilla alquímica, como se muestra en la columna derecha a continuación:

252 CÓMO SER UN ADULTO EN LAS RELACIONES

Víctima	Habilidad para encontrar recursos y despertar amor compasivo.
Seguidor	Habilidad para cooperar y reconocer las propias limitaciones.
Autoinculpador	Habilidad para evaluar las propias deficiencias.
Indigno	Habilidad para relacionarse con humildad.
Insignificante	Habilidad para discriminar y dar prioridad apropiadamente.

Transformar el ego empobrecido requiere construir la autoestima, la autoconfianza y las habilidades cooperativas. El desafío siempre radica en mantenerse de pie con firmeza y, al mismo tiempo, permanecer conectado. Es el trabajo psicológico de convertirse en un adulto y un precursor necesario para la intimidad.

El ego arrogante y el ego empobrecido son, en realidad, dos caras de una misma moneda. De hecho, al ego neurótico se lo ha llamado el "rey bebé". Como un rey, el ego arrogante cree tener un derecho divino (un privilegio) para tener todo el control, ser amado y respetado por todos, y ocupar el primer lugar o el centro en todo. Como un bebé, el ego empobrecido parece indefenso, y sin embargo, tiene el poder de movilizar a las personas en torno a sus necesidades. Después de todo, un bebé es el centro de atención. Un bebé controla el comportamiento de los demás. Un bebé tiene derecho a un trato especial. La adultez moral (y psicológica) significa deponer al ego monárquico y dejar que el ego infantil crezca. La autoinflación y la autodeflación son los extremos neuróticos del ego. El ego saludable, como virtud, se encuentra en el centro entre esos extremos.

El ego inflado, con su estatus y su exitoso ejercicio del control, tiene menos posibilidades de obtener de los demás las cinco A que el ego saludable. El ego empobrecido está demasiado herido e inseguro como para pedirlos. Se le hace difícil tanto mostrar como recibir las cinco A, lo cual es la base de la intimidad. Entonces, ¿qué posibilidad de amor tiene el ego no transformado?

¿Cómo podemos transformar un ego empobrecido y enriquecerlo? La víctima cambia al reconocer su propio poder. El seguidor cambia al tomar decisiones independientes. El autoinculpador cambia al asumir la responsabilidad. Tanto la persona que se siente indigna como la que se considera insignificante cambian al aprender a apreciarse a sí mismas y a aceptar el aprecio de los demás.

El cambio involucra actuar como si lo contrario de nuestros pensamientos y posturas fuera cierto. Con la práctica, gradualmente, nuestras actitudes se modifican para adaptarse al nuevo comportamiento. Si eres una víctima, un seguidor o un autoinculpador, o si te sientes indigno o insignificante, planifica formas de hacer este trabajo. Para revertir la posición de víctima, asume la responsabilidad de tus decisiones y busca la forma de sacar lo mejor de aquello que no elegiste, pero no puedes cambiar. Para salir del papel de seguidor, toma la iniciativa para hablar en cualquier situación o relación que actualmente te perturbe. Para dejar de culparte a ti mismo, reconoce la responsabilidad por tu comportamiento, al mismo tiempo que valoras tus acciones de acuerdo con la claridad que tenías en ese momento.

ACEPTAR LO QUE NO PODEMOS CAMBIAR

Liberarnos de nuestro ego neurótico implica, en última instancia, aceptar las condiciones de la existencia y vernos a nosotros mismos no como víctimas o adversarios de los hechos de la realidad, sino como adultos que los enfrentan honestamente. Esos hechos incluyen lo siguiente: las cosas cambian y terminan; la vida no siempre es justa; el crecimiento se paga con sufrimiento; las cosas no siempre salen según lo planeado; las personas no siempre son leales o amorosas. Aceptar las condiciones de la existencia implica, en primer lugar, admitir nuestra vulnerabilidad ante ellas. Dejar de lado el derecho a una exención nos prepara para el amor.

Cuando nos damos cuenta de que las realidades de la vida, por más feroces que sean, no son castigos, sino ingredientes de la profundidad, la amabilidad y la personalidad, podemos dejar de creer que somos inmunes (o que necesitamos serlo). "Eso no puede pasarme a mí" o "¿Cómo se atreven a hacerme eso?" cambian a "Cualquier cosa puede pasarme, y haré todo lo posible para manejarlo". La fuerza para enfrentar los desafíos, de hecho, es directamente proporcional a cuánto dejamos de lado ese sentido de merecimiento.

Una vez que dejamos de pelear con las circunstancias y simplemente las encaramos y las manejamos, sentimos serenidad al cambiar lo que puede cambiarse y al aceptar lo que no puede cambiarse. Al hacerlo, construimos una base sólida para el autorrespeto, una alternativa saludable al privilegio universal. Esto significa, entre otras cosas, establecer y mantener límites personales para que otros no se aprovechen de nosotros. Por lo tanto, el autorrespeto es fuerza, no debilidad, pero nos da poder para algunas cosas, no para todo. Superamos nuestro miedo a la escasez y a la privación. Sentimos que el amor y la libertad fluyen dentro de nosotros en abundancia.

Cuando saludamos y nos rendimos a la realidad, ya no nos decimos: "¿Por qué me pasó esto a mí?" sino "Sí, ¿y ahora qué?". El *sí* inaugura el próximo paso en nuestro viaje hacia la integridad psicológica y el despertar espiritual. Entonces podemos saludar a los arquetipos, energías en la psique y en el mundo que aparecen en historias y mitos universales, especialmente en el del viaje heroico.

- *Todo en la vida cambia y tiene un fin, pero también puede ser renovado.* Entender esto nos introduce al arquetipo de la resurrección, mostrándonos que la vida se renueva constantemente.

- *El sufrimiento es una parte inevitable del crecimiento; sin embargo, continuamente encontramos formas de sacar algo bueno de la adversidad.* Esta actitud nos abre al arquetipo de la redención. También llegamos a comprender que la felicidad no es una recompensa y el sufrimiento no es un castigo.
- *A menudo las cosas no suceden como las planeamos, pero podemos encontrar la serenidad para aceptar lo que es y agradecer por lo que ha sido.* Este enfoque nos abre al arquetipo de la sincronía y nos permite ver un plan divino que hace que nuestro destino sea más grande de lo que jamás imaginamos.
- *La vida no siempre es justa, pero podemos optar por ser justos y hasta generosos.* Esto nos brinda un sentido de justicia y fortalece nuestro compromiso de luchar por ella, alineándonos con los arquetipos del karma, la expiación y el perdón.
- *Aunque las personas no siempre actúan con amor y lealtad, nosotros no tenemos por qué tomar represalias y podemos actuar con amor y lealtad, sin renunciar a los demás.* Esta actitud nos abre al arquetipo del amor incondicional.

Así pues, esas realidades, el núcleo de nuestros miedos más profundos, resultan ser los requisitos indispensables para la evolución personal y la compasión. Estos elementos son como la ley, severos pero no crueles. El sí incondicional es simplemente la atención plena, la fidelidad a la realidad sin sucumbir a hábitos mentales sediciosos y tentadores. Aceptar cada una de esas realidades dadas es una etapa en nuestro desarrollo. Ocuparse de ellas, en lugar de pelear en su contra, nos prepara para el viaje heroico al que estamos llamados. A medida que crecemos, dejamos de lado el reclamo del ego de ser exceptuado de nuestra herencia universal. El sufrimiento surge cuando adoptamos una posición ferozmente combativa hacia las condiciones de la existencia. El ego sufre. Una situación problemática es un camino hacia la liberación.

La dinámica de tesis, antítesis y síntesis nos ayuda a entender este proceso. La tesis son las condiciones mismas y nuestro desagrado ante ellas. La antítesis es nuestro sí incondicional. La síntesis es nuestra transformación, utilizando esas condiciones dadas como ingredientes para nuestro crecimiento.

A veces pensamos que estamos solos, y eso hace que la realidad dada sea aterradora y nos desempodere. Cuando preguntamos por qué cambian las cosas, por qué los inocentes sufren, por qué la gente nos lastima, sentimos desesperación y amargura. Pero cuando le decimos sí a esas circunstancias, notamos que no se trata de fatalidad, sino de hechos reales y su abundante potencial. Nos conectan con el resto de la humanidad. Nos afirmamos en lo que es, en la atención plena, no en los deseos o expectativas del ego. El llamado a decir el sí incondicional muestra que la espiritualidad no se trata de trascender el mundo, sino de una participación más profunda en él.

Una postura de aceptación en medio de las circunstancias de la vida nos permite atravesar cualquier crisis con ecuanimidad. Esa postura es la atención plena. Decir sí a las condiciones de nuestra vida como mortales es automáticamente decir sí a cada una de sus posibilidades inmortales, lo que significa identificarse con la mente de Buda en medio de nuestras dificultades y nuestra confusión. En este sentido, saludar la vida con un sí incondicional es una forma de encontrar la eternidad dentro del tiempo.

¿Cómo decimos sí? Mostrando los cinco A con plena conciencia. Como testigos de lo que es, prestamos *atención* a los cambios y finales, los planes fallidos, la injusticia, el sufrimiento, la eventual deslealtad en nuestra historia de vida. *Aceptamos* todo eso como parte de la vida humana. Lo *apreciamos* todo como algo valioso para nuestro desarrollo. Miramos con *afecto* lo que es y lo que ha sido. *Autorizamos*, permitiendo que los eventos y las personas sean ellos mismos.

Combinar las cinco A con la atención plena de esta manera aumenta nuestra confianza en nosotros mismos porque nos muestra que podemos manejar la realidad sin distraernos y sin adornarla. Contribuye a nuestro poder para crear intimidad porque es una forma de estar presente de manera verdaderamente atenta, aceptante, apreciativa y autorizadora. Nos hace más realistas porque reconocemos un mundo que existe más allá de nuestros deseos y manipulaciones. Nos enseña a amar el momento, que es todo lo que tenemos, y a amar en el momento con todo lo que somos.

Aceptar las condiciones de la existencia, por lo tanto, repara nuestra alienación existencial y proporciona la mejor plataforma de lanzamiento para la intimidad. El ego no es arrastrado, pataleando y gritando, hacia el corazón atento, sino que salta de alegría hacia sus brazos abiertos. El ego está aliviado de saber que hay una alternativa al dolor que ha conocido en el miedo, el apego, el control y el privilegio. Como le dice Rilke a su propio ego: *Cómo me encantaría verte bajo asedio / durante tantos años como sean necesarios.*

Finalmente, Carl Jung propone que el sufrimiento y la sombra interior son inevitables aspectos de la vida. No desaparecen, pero podemos enfrentarlos con valentía y actuar con integridad sin importar lo que hagan los demás. Entonces podríamos decir con alegría: "Nunca habrá solo amor o solo paz en el mundo, pero puedo dejar más amor del que encontré al llegar y más paz porque me quedé aquí".

Prácticas

TRASCENDER LA POLARIDAD: Nuestro ego se siente tan incómodo con la incertidumbre que insiste en ver las cosas en términos de blanco o negro, ganar o perder. Cuando simplemente sostenemos en nuestros corazones y mentes los términos opuestos que enfrentamos, cuando los dejamos coexistir en nosotros sin elegir uno sobre el otro, hacemos amistad con la ambigüedad de nuestra situación. Esto representa una forma de confiar

258 CÓMO SER UN ADULTO EN LAS RELACIONES

con atención plena. Estar atrapado en las polaridades ideadas por el ego arrogante es vivir en el miedo. La ausencia de ego, en cambio, significa permitir que se manifieste un amor que todo lo incluye.

Por ejemplo, al soltar el control, la afirmación: "Debo estar a cargo, o todo se vendrá abajo" se transforma en: "Dejo que las fichas caigan donde puedan". Esto nos libera al cambiar nuestro miedo a la espontaneidad por una bienvenida al miedo y a lo que pueda suceder más allá de nuestro control. Haz un cuadro en tu diario. En la columna izquierda coloca las elecciones de "esto o lo otro" en tu vida y en la derecha las maneras en que se pueden convertir en "esto y lo otro". Muéstraselo a tu pareja o mejor amigo y discutan formas de poner en práctica lo segundo. Pídele apoyo a él o ella en esta empresa ya que probablemente te resultará aterradora.

Quizás cada cosa del pasado de la que nos arrepentimos se pueda rastrear directamente hasta el pensamiento y las elecciones de "esto o lo otro". Podemos sentir vergüenza como parte del arrepentimiento. El trabajo consiste en reconocer nuestra vergüenza y arrepentimiento y perdonarnos a nosotros mismos. Imagina cuánto de tu energía vital es sofocada por viejos arrepentimientos. ¿Te darás la oportunidad de ser feliz haciendo el trabajo necesario para superar todo eso? Escribe en tu diario ejemplos de tus arrepentimientos del pasado y discute cómo los superarás. Pídele ayuda a otros cuando sea necesario.

COMPROMETERSE CON EL AMOR NO VIOLENTO: La firmeza en nuestras decisiones, como cualquier acto perfecto, *no deja rastro*, como nos dice el proverbio zen. El ego, en contraste, deja rencor a su paso y crea enemistad. En el Sermón de la montaña (la receta cristiana para la disolución del ego), Jesús se refiere a esta cuestión directamente cuando dice: "Si alguien te obliga a ir con él una milla, ve con él dos". Una persona sana simplemente aprende a hacerse oír cuando ocurre una injusticia e intenta rectificarla, centrándose en el hecho objetivo (injusticia), no en una interpretación personal de ella (afrenta). Sentir algo como una afrenta revela la presencia del ego neurótico. De hecho, la palabra "afrenta", al igual que la palabra "disputa", ¡no tiene ningún significado para quien tenga un ego adulto y funcional! Tal persona rechaza los insultos de manera no violenta, considerándolos como información sobre la ira agresiva de la otra persona, cuya frustración podría incluso despertar compasión. Haz un compromiso para dejar de lado la represalia y buscar formas de promover la reconciliación. Haz este compromiso primero en silencio, dentro de ti mismo, y luego en voz alta con tu pareja.

El ego indignado es astuto. Puede buscar represalias indirectas por haber sido herido o decepcionado. Es posible que te encuentres deseando que a tu pareja le suceda un contratiempo. Si te sorprendes deseando este tipo de represalias indirectas, admítelo y pide perdón. Actuar con esa sincera humildad puede liberarte de buscar esta forma sutil de represalia. Aunque admitir tu deseo de represalia puede avergonzarte, el amor sin ego florece a partir de tales revelaciones con uno mismo.

> Hagan el bien a los que los odian, bendigan a los que
> los maldicen, recen por los que los maltratan.
> —Lucas 6:27–28

ABANDONAR LA NECESIDAD DE TENER SIEMPRE LA RAZÓN: La urgencia de tener razón surge de nuestro miedo de perder la aprobación. Pensamos: "Si estoy equivocado, pierdo mi identidad y, por ende, mi capacidad de ser aceptado". Nuestra insistencia en tener razón puede manifestarse en una incapacidad para aceptar críticas, que solemos equiparar con insultos. También puede reflejarse en la constante necesidad de justificar nuestras decisiones o acciones cada vez que se nos pide rendir cuentas. También puede incluir una insistencia desmedida en que otros se disculpen. Estas reacciones suelen ser automáticas para la mayoría de nosotros, es decir, no las controlamos conscientemente. Ser un adulto implica hacer el esfuerzo por tomar conciencia de cuánto de nuestro ego subyace en nuestros comportamientos, pensamientos y motivaciones. El lema: "Mi camino es el correcto" puede transformarse en: "Negocio para que ambos ganemos. Busco lo verdadero y sobre eso construyo". Al abrirnos a que otros también salgan beneficiados, creamos seguridad en la cercanía que tanto temíamos.

LIBERARNOS DEL EGO Y SU SENTIDO DE MERECIMIENTO: Responde en silencio las preguntas de esta sección. ¿Crees que tienes derecho "a que las cosas se hagan a tu manera; a que te digan la verdad; a que te amen, te cuiden y te aprecien todos; a que se te hagan promesas y luego se cumplan; y a recibir un trato o consideración especial en todo lo que haces"? Detrás de estas creencias hay racionalizaciones tales como: "Las promesas deben cumplirse"; "soy especial"; "no me puede pasar a mí" y "¡cómo se atreven!". Tales creencias pueden ocultar el miedo a la privación: "No obtendré lo suficiente"; "no me darán lo que me corresponde"; "no sobreviviré como individuo si tengo que ser como todos los demás". Pensar de esta manera es ignorar una condición de la existencia: las cosas no siempre son justas ni equitativas.

Creernos merecedores puede manifestarse en forma de expectativas, reacciones exageradas cuando se aprovechan de nosotros, una sensación de que nos deben algo, o la creencia de que nos están engañando. El mejor ejemplo de esta característica del ego es la reacción que podríamos tener cuando vamos manejando en el tránsito y alguien nos intercepta el paso. ¿El sentimiento de "¡Cómo se atreve a hacerme eso a mí?" se convierte en una persecución frenética y vengativa? ¿Eso te molesta el resto del día? La venganza y la indignación son señales de la presencia de un ego arrogante, narcisista y, en última instancia, muy asustado. Pero detrás de la sensación de humillación furiosa hay tristeza por no haber sido tratado con amor y respeto, las cosas que creemos merecer de cualquier persona. Lo que realmente queremos decir cuando alguien nos hace eso es: "¡Cómo te atreves a no tratarme con respeto! ¡Cómo te atreves a no amarme!". En secreto, el ego cree que siempre ha tenido derecho a eso. Haz el compromiso de pedir amor directamente cada vez que te des cuenta de que caes en una de las reacciones del ego descritas en este capítulo.

DEJAR DE PRETENDER: El egocentrismo puede transformarse en un sano aprecio y amor por nosotros mismos, incluyendo un sano deseo de que todo lo que hagamos o digamos nos revele auténticamente. Tal vez creemos que si la gente nos conociera realmente, no le agradaríamos. En verdad, este sentimiento no se basa en lo que descubren sobre nosotros, sino en cómo lo hacen. A las personas no les desagradamos por lo que ven de nosotros, sino por lo que ocultamos. De hecho, nos aprecian y respetan cuando admitimos sinceramente nuestras limitaciones y defectos. Saber esto nos brinda otra oportunidad para articular nuestra verdad, para dejar de pretender. Entonces, *queremos* ser expuestos para poder actuar libremente sin necesidad de inventar o proteger una imagen creada por nosotros mismos. Nos escuchamos decir: "Si la gente realmente me conociera, me amarían por ser un ser humano común y corriente como ellos, con defectos y todo".

El motivo por el que tememos mostrarnos tal como somos está directamente relacionado con una de las cinco A: tememos no ser aceptados si mostramos algo sobre nosotros mismos que otros puedan considerar desagradable o inadecuado. Es posible que hayamos decidido desde temprano que, para seguir recibiendo esa A, debemos ocultar lo que provoca una expresión de rechazo y mostrar lo que nos devuelve una sonrisa de aprobación.

¿Te identificas con la descripción del párrafo anterior? En tu diario, escribe algunos ejemplos de tu infancia y tu pasado reciente. Haz un compromiso silencioso de dejar de pretender con tu pareja, preguntándote en una escala del 1 al 10 cuán a gusto te sientes con esta promesa. Esto te dará información sobre tu nivel de confianza en la relación. Comparte esa información con tu pareja.

DEJAR DE HACER PUCHEROS: Si te das cuenta de que estás haciendo pucheros como un bebé cuando no consigues lo que quieres, prueba este plan de tres pasos para deshacerte de esa sensación de merecimiento del ego:

- Reconoce que estás haciendo pucheros frente a la persona delante de quien los estás haciendo.
- Pide lo que quieres de manera directa y sin exigencias.
- Acepta un "Sí" como respuesta con gratitud, y un "No" con alegría.

SOLICITAR RETROALIMENTACIÓN PARA EL EGO: A lo largo de este libro, he recomendado buscar retroalimentación de otros sobre nuestros comportamientos y actitudes. Como adultos espiritualmente conscientes, consideramos a todos como nuestros maestros y a nadie como nuestro competidor. Por lo tanto, reaccionar defensivamente a la retroalimentación significa perder información útil. Defender cómo somos es quedarnos como estamos y arruina nuestras posibilidades de desarrollo personal y también de intimidad. En cambio, escucha los comentarios de manera que encuentres una verdad útil en ellos. Nada es tan persuasivo como la receptividad. Recibir esos comentarios de manera voluntaria pronto se revela como una forma de recibir más amor. Comprométete a pedir y abrirte a la retroalimentación de los demás respecto a las reacciones de tu ego. Haz esto en silencio en tu interior y luego en voz alta con tu pareja.

DEJAR DE CULPAR: Podemos usar la culpa y la crítica para encubrir necesidades que no hemos expresado o que no se han satisfecho. Nuestras necesidades esenciales esperan satisfacción detrás de todas las capas del ego: miedo, apego, control, queja y estar a la defensiva. Declarar nuestras necesidades en lugar de culpar a otros por no satisfacerlas conduce a la apertura y a la vulnerabilidad que propician una intimidad auténtica. Aplica este conocimiento comprendiendo que el impulso de culpar es una señal de alguna necesidad no satisfecha y declara esa necesidad en lugar de culpar. Cambia "Estuviste mal al hacer esto" por "Necesito tu atención, aceptación, aprecio, afecto o autorización".

Cuando te encuentres pensando negativamente sobre una pareja o amistad ("Deberías dejar de fumar"), intenta cambiar la crítica por un deseo afirmativo, incluso piadoso y amable ("Que encuentres la fuerza para dejar de fumar"). Usa esta misma técnica cuando te criticas a ti mismo: "Que pueda acceder a la fuerza que sé que está en mí para dejar este hábito". Cuando escuches las noticias y veas a un criminal o a alguien que te resulte repugnante practica decirte a ti mismo: "Que encuentre el camino de Buda. Que se convierta en un gran santo". Esto es lo que se entiende por no darse por vencido con nadie, el camino real hacia la liberación del instinto vengativo del ego. Permitimos que las consecuencias de los actos de los demás los alcancen, o no. No imponemos nuestro veredicto, ni siquiera lo pronunciamos. No somos verdugos ni jurados, solo testigos justos y alertas. No nos alegramos de "que les hayan dado su merecido"; solo esperamos que puedan despertar. También tenemos en cuenta que dado que somos testigos solo en una mirada que nos refleja, es una forma de llegar a amar a alguien más que antes.

SUPERAR NUESTROS VICIOS: En algunas tradiciones budistas, los "seis venenos" del orgullo, la envidia, el deseo, la codicia, la ignorancia y la agresión son los vicios del ego que nos mantienen atrapados. Podemos liberarnos de ellos tomando decisiones que emanen de la ausencia de ego. Así, el orgullo da paso a la humildad; la envidia, a la alegría por la buena fortuna de los demás; el deseo, a la satisfacción con lo que tenemos; la codicia, a la generosidad; la ignorancia, al compromiso de informarnos;

la agresión, a la compasión sin violencia. Así es como el reino envenenado del ego se convierte en un espacio en el que podemos despertar. Dibuja un cuadro. En la columna de la izquierda, escribe los seis venenos y los síntomas que producen cuando te han envenenado. En la columna de la derecha, haz una lista de las formas en que te comportarás y sentirás cuando te hayas liberado de ellos.

CONFESARSE: La justicia amorosa y consciente en una relación no es retributiva, sino restaurativa. Nos lleva de la alienación a la reunión a través de errores enmendados. Fomenta una vulnerabilidad saludable y la disminución del ego, lo que reduce la ineptitud en el futuro. A medida que crecemos en autoestima, queremos ser vistos tal como somos. No ocultamos nuestros errores o limitaciones; los admitimos. Entonces, los demás pueden ajustar sus expectativas a nosotros y sentimos menos la presión de hacerlo todo bien.

La madurez espiritual incluye un examen de conciencia frecuente y la necesidad de hacer enmiendas cuando sea apropiado. La alternativa de que el mal está solo afuera, en los demás, nos otorga un permiso siniestro para vengarnos y castigar. Fortalecemos la confianza cuando admitimos que no somos perfectos. Las parejas pueden practicar confesarse ocasionalmente entre sí siguiendo estos pasos:

1. Reconoce ante ti que puedes haber fallado en reflejar a tu pareja al mostrar un déficit deliberado en atención, aceptación, aprecio, afecto o autorización hacia la libertad de la individualidad. ¿Has rehusado abordar, procesar o resolver problemas? ¿Has priorizado preocupaciones egoístas por encima de la relación? ¿Has mostrado falta de respeto, has mentido, traicionado, o ignorado sentimientos de ternura? ¿Has sido crítico o no has mostrado aprecio? ¿Has permitido que tu enojo estalle en forma abusiva? ¿Has decepcionado a tu pareja, roto un acuerdo,

negado responsabilidad por tus acciones o decisiones? ¿Te dedicaste al chismorreo, no respetaste la privacidad, aprovechaste, manipulaste o controlaste, actuaste con codicia, tomaste represalias, etc.? Elaborar tu lista requiere un examen cuidadoso de conciencia, una disposición a ver tus propios errores y un deseo de trabajar en ellos. Realiza los siguientes pasos junto a tu pareja.

2. Admitan sus equivocaciones con palabras. Reconocer los errores combina el orgullo y la humildad. La dimensión tóxica de algo de lo que te avergüenzas no reside en el horror por lo que has hecho, sino en mantenerlo en secreto, lo que te causa más daño que haberlo hecho. La tragedia es que cuanto más oculto está tu dolor, más pierdes la oportunidad de consuelo y liberación. Como dice Shakespeare en *Macbeth: Ponle palabras al dolor; el pesar que no habla le susurra al corazón abrumado y le ordena que se rompa.*

3. Muestren sentimientos de tristeza y arrepentimiento.

4. Hagan las paces. (La penitencia autodestructiva, como el caso de Edipo cegándose a sí mismo, no es más que una represalia dirigida hacia uno mismo, otro truco del ego.)

5. Prométanse no repetir el comportamiento. Esto puede incluir hacer un plan para controlarte a ti mismo o pedir retroalimentación durante la próxima semana.

6. Aprecien y agradézcanse mutuamente esta oportunidad.

Estos seis pasos desarman a la persona ofendida y provocan el perdón, la respuesta humana natural y automática a la penitencia. Como dice Shakespeare en *La Tempestad:* "Habiéndose arrepentido, el único derrotero de mi plan no se extiende más allá de un ceño fruncido".

He aquí una versión abreviada de los seis pasos en este enfoque: admitir, disculparse, enmendar. Necesitamos un modelo simple como este cuando, por ejemplo, en la cena de Acción de Gracias, nuestros hijos mencionan algo de su pasado que muestra alguna de nuestras deficiencias como padres y nos sentimos avergonzados. Nuestro ego quiere defenderse u olvidar, pero nuestro amor por ellos nos ayuda a dejar de lado nuestro orgullo. Cuando amamos a alguien, nos entristece y pedimos perdón al verlo sufrir por algo que hicimos, sin importar cuán buena era nuestra intención. El impacto de nuestras acciones en los demás es todo lo que importa cuando amamos. *El propósito luminoso de esto y de todo nuestro trabajo es dejar que salga primero una respuesta amorosa en lugar de una reacción del ego.*

Algunos de nosotros fuimos criados con prácticas religiosas que incluían la confesión a un sacerdote que nos daba una penitencia por nuestros pecados. En este enfoque, asumimos la responsabilidad de reparar el daño que podemos haber causado a otros. Tal penitencia no es una represalia contra nosotros mismos, sino más bien una forma adulta de redimirnos y liberarnos de la culpa. Los programas de los doce pasos utilizan un enfoque similar para la recuperación. La humildad nos coloca en el punto de partida para toda transformación. Y las relaciones son centros de poder espiritual porque nos dan lecciones de humildad una y otra vez; eventualmente *elegimos* esa humildad, y así una virtud ha surgido en nosotros.

Finalmente, cuando alguien nos lastima, podemos sentirnos victimizados. "Me hiciste esto" es la experiencia de aislamiento, que acentúa nuestras polaridades. Sin embargo, cuando descubres que tienes esa misma tendencia o a veces actúas de la misma manera, la experiencia se convierte en una de conexión. "Yo también soy así" no excusa el abuso, pero nos ayuda a encontrar un camino hacia la comunicación compasiva y la reconciliación.

ACRECENTAR LA COMPASIÓN: La grandiosidad y el sentimiento de merecimiento (ego grande) pueden ser intentos, impulsados por el pánico, de sostener un sentido de sí mismo que se desmorona y de evitar la amenaza de aniquilación. ("El ego es el verdadero asiento de la ansiedad", según Freud.) La próxima vez que veas a alguien actuando con arrogancia, date cuenta del dolor y el miedo que lleva debajo de esa máscara de omnipotencia y ten compasión hacia la persona. La compasión crece en nosotros cuando también nos damos cuenta de que el ego inflado a menudo tiene sus raíces en un cuidado inconstante e ineficaz durante la infancia. Una persona que fue humillada, insultada, menospreciada, criticada con sarcasmo, y así sucesivamente, puede hacerles estas mismas cosas a otros más tarde, una manera desgarradora y patética de mostrarle al mundo cómo, y cuán profundamente, la lastimaron. Cultiva una respuesta compasiva hacia esas personas en tu vida que parecen estar más impulsadas por el ego. Es posible que necesiten amor más que nadie. (Las cinco A son en sí mismas una práctica para soltar el ego y ser comprensivos y compasivos.) La victoria del amor hace que los juegos del ego ya no sean tan atractivos. Haz el compromiso de volverte consciente de los momentos en que el ego de otra persona está inflamado. En lugar de dejar que tu ego haga lo habitual, responde con amor tierno y persuasivo. Así es como convertimos el instinto de competir y crear distancia en una elección de cuidar y estar cerca.

ROMPER LOS HÁBITOS DEL EGO: Los hábitos del ego, como el miedo, la avaricia, la censura, el control, el apego a los resultados, las preferencias, las quejas, los prejuicios y las defensas, son interferencias. Son lo opuesto al reflejo, mientras protegen y respaldan al ego. Responde estas preguntas en tu diario después de una sesión de meditación: ¿Mi práctica de meditación me está ayudando a superar las interferencias de mi ego? ¿Me enseña que tengo la capacidad de ser testigo de mis propios sentimientos y comportamientos, así como de los demás, sin que los dramas de mi ego neurótico se interpongan en el camino?

Continúa con estas afirmaciones: *Observo cómo y cuándo actúo desde el ego, y me disculpo. Elijo actuar de formas que estén libres de ego. Dejo de lado la inclinación al miedo, al apego, a las quejas, al control, a la censura, y así sucesivamente. Pido*

a quienes me rodean que me señalen cualquier palabra o acción
que indique que el ego pueda estar apareciendo en mí. Este es el
camino de lealtad despiadada a la verdad. También es una forma
de liberarnos del sufrimiento y de dejar de causar sufrimiento
a los demás.

AUMENTAR LA AUTOESTIMA: Nuestra autoestima saludable puede
aumentar cuando nos miramos a nosotros mismos con atención
plena, concediéndonos las cinco A. Lo hacemos afirmando lo
siguiente:

> Me miro a mí y a mi vida sin temor a lo que pueda ver o en-
> contrar y a lo que necesite trabajar. Me miro sin censura, culpa
> ni vergüenza, pero haciéndome responsable de cualquier ac-
> ción con la que haya lastimado a otros, y las enmiendo. Me
> acepto tal como soy, sin apegarme a mejorar, cambiar o con-
> trolar mis inclinaciones y atributos naturales. Dejo de lado
> cualquier apego al resultado de lo que está sucediendo en
> mi vida en este momento o lo que ocurrirá en el futuro. Me
> permito vivir de acuerdo con mis necesidades y deseos más
> profundos. Me amo tal como soy y me cuido. Presto atención
> a mi cuerpo y a lo que me dice acerca de mí y de las alegrías
> y tensiones de mis circunstancias. Estoy libre de miedos y
> caprichos. Comparto con otros los dones que recibo. Que
> todos los seres tengan felicidad gracias a mi trabajo, mis do-
> nes y mi práctica.

VOLVERSE PLENAMENTE PRESENTE: La atención plena significa
presencia sin los hábitos enumerados en la columna izquierda
del cuadro que ofrecemos a continuación. Estos artefactos dra-
máticos, ideados por el ego, nos defienden de la intimidad auténtica, del fuerte embate de nuestra situación aquí y ahora, y de una
comprensión completa de nosotros mismos y de nuestra pareja.
Nos permiten evitar estar realmente presentes para nosotros
mismos y para los demás. De hecho, son formas de violencia; los

hábitos enumerados en la columna derecha del cuadro, como la atención plena misma, son formas de no violencia.

El terror que nos golpea en una crisis proviene de la impotencia que sentimos frente a ella. (Joseph Campbell define el infierno como estar "atrapado en el ego"). Escapamos de ser devastados por las crisis solo si nos hemos liberado de las causas del colapso: los hábitos enumerados en la columna izquierda del cuadro. Lo hacemos desarrollando hábitos alternativos, enumerados en la columna derecha del cuadro, que son las claves de la ecuanimidad, de vivir con felicidad y superar la adversidad. La atención plena es, por lo tanto, una respuesta sensata, no una reacción dramática, a las tensiones de la vida y las crisis que surgen en una relación. Observa cómo los hábitos enumerados a la izquierda, las texturas del ego neurótico, tanto disminuyen nuestro poder para enfrentar la realidad como aumentan el poder de la realidad sobre nosotros.

Interferencias del ego neurótico	*Posibilidades saludables en la atención plena*
Miedo y conductas defensivas	Precaución
Mezquindad	Desear solo lo necesario y compartir con otros
Interpretación subjetiva	Mente abierta
Juicio, prejuicio, culpa	Evaluación justa
Censura	Tolerancia
Apego a un resultado	Perseverancia para alcanzar las metas
Control	Cooperación
Represalia o retribución	Pedir disculpas y perdonar a otros
Exigencia	Petición

Interferencias del ego neurótico	*Posibilidades saludables en la atención plena*
Expectativa (unilateral)	Acuerdo (mutuo)
Análisis	Contemplación
Comparación o evaluación basada en un modelo de perfección	Aceptación de lo que es tal como es
Estas son las elaboraciones del ego disfuncional cuando está solo.	*Estas son las contribuciones del ego saludable en relación con los demás.*

Utiliza el cuadro para hacer un inventario de cómo ves a tu pareja o al problema que enfrentas en este momento. Observa que la mayoría de los problemas o sufrimientos en una relación son causados por una actitud o creencia que proviene de unos de los hábitos listados en la columna izquierda del cuadro. Esos hábitos del ego neurótico se aprenden a través del condicionamiento. El amor incondicional, al igual que la atención plena, está libre de esas interferencias. Así, la atención plena está directamente relacionada con el amor maduro; es liberarse de los condicionamientos del ego.

PRACTICAR *LOJONG*: Nuestro ego disminuye y todos se convierten en valiosos amigos cuando seguimos las enseñanzas de *lojong* del budismo tibetano, diseñadas en el siglo XII por Geshe Langri Tangpa para sintetizar los conceptos budistas. El punto central de estas enseñanzas se resume en esta afirmación: *Siempre que otros me injurien y me traten injustamente, aceptaré esta derrota y ofreceré la victoria a los demás.* Cultivando la compasión y superando la ilusión de un yo independiente, podemos amar de manera humilde. Las consecuencias de esta enseñanza para relacionarse íntimamente son claras cuando comprendemos que el amor se preocupa por los demás, no tiene jerarquía, y no insiste en la autonomía individual o la autojustificación.

A continuación, te ofrezco un resumen de las enseñanzas de *lojong*. Lee cada afirmación en voz alta, con pausas meditativas, todos los días:

Que pueda considerar a todos los seres como preciosos.

Que pueda respetar siempre a los demás como superiores mientras mantengo mi autoestima.

Que pueda enfrentar mi oscuridad interior y transformarla en algo bueno.

Que pueda moverme la compasión hacia el dolor que subyace en el rencor que otros puedan mostrarme.

Que pueda renunciar a la represalia cuando otros me hieren, luchando siempre contra la injusticia.

Que pueda considerar a quienes me traicionan como maestros sagrados.

Que pueda ofrecer alegría a todos los seres y secretamente hacerme cargo de su sufrimiento.

Que todos los seres y yo mismo podamos liberarnos del interés egoísta por pérdidas y ganancias.

EL SÍ INCONDICIONAL: Considera cada una de las cinco condiciones de la existencia enumeradas en la sección anterior, "Aceptar las cosas que no podemos cambiar", agregando las tuyas propias, y escribe ejemplos de tu vida para cada una. Luego, reconoce cada una de ellas de esta manera: "Sí, esto sucedió, y le otorgo atención, aceptación, aprecio, afecto, y autorización para que sea lo que fue/es. Siento gratitud por mi crecimiento a partir de esta experiencia y siento compasión por aquellos que están pasando por lo mismo. Que todos los seres encuentren felicidad en la vida tal como es".

A continuación, escribe esto o dilo en voz alta: "Requiere mucho tiempo entenderlo; estoy sujeto a todos estos condicionamientos. No habrá exención ni trato especial. Cualquier cosa que pueda sucederle a otros puede sucederme a mí. Soy totalmente vulnerable a todas las condiciones de la existencia todo el tiempo, sin importar adónde vaya o qué tan bueno sea. Entender realmente esto me descondiciona de la ilusión y la pretensión. Decir sí a las condiciones de la existencia me libera. ¡Las enfrento en lugar de falsearlas!". Falsearlas consiste en la reacción del ego basada en el miedo, el apego arrogante a tener razón, el control de los demás y el privilegio de recibir trato especial de una pareja, de todos los demás y del destino.

> Cuando comprendo que no soy nada, eso es sabiduría. Cuando entiendo que soy todo, eso es amor. Mi vida es un movimiento entre esos dos estados.
> —NISARGADATTA MAHARAJ

8. NUESTRO COMPROMISO Y CÓMO SE PROFUNDIZA

> ¿Cómo puedo amarte más?
> —Última pregunta del esposo de Laura Huxley antes
> de morir, de su libro *Este momento sin tiempo*.

Al regresar a casa, la protagonista de un viaje heroico muestra que ha alcanzado una conciencia más elevada que la que poseía cuando comenzó, tanto de *sí misma como* del mundo. Volver a casa en este caso es una metáfora de darse cuenta de que todo lo que necesitamos está dentro de nosotros y en los corazones de quienes nos rodean. Sentir la necesidad de una relación es, por lo tanto, un instinto de retorno al hogar, coherente con la intención del universo.

En la fase culminante de una relación, nuestro amor no se limita a una sola persona, sino que se extiende a todo el mundo. Podemos alcanzar la compasión universal a través de la experiencia de amar a una persona. ¿Cómo? A partir del compromiso: dando y recibiendo las cinco A, resolviendo problemas y cumpliendo acuerdos. Hacer todo esto dentro de nuestra pareja nos entrena hasta el punto en que podemos hacerlo con otros. El éxito en esa relación nos hace creer que es posible en todas partes. Los obstáculos en nuestra vida se convierten en puentes.

Pero, ¿qué sucede exactamente en nosotros para abrirnos al mundo? En una relación comprometida finalmente dejamos de lado la tremenda insistencia de nuestro ego en tener razón, en salirnos con la nuestra, en competir y ganar. Podemos todavía tener discusiones, pero no duran tanto, se resuelven y cargan menos situaciones del pasado. El contenido de la discusión es información en lugar de agua para el molino del rencor. En lugar de exigir que se cumplan nuestras expectativas, buscamos acuerdos. Ahora nos peleamos, pero no dejamos de amar. Podemos tomar el ego del otro más ligeramente. Dejamos de usar el poder sobre el otro y en su lugar encontramos formas de usarlo para los objetivos comunes de la relación.

Comenzamos a notar una insustancialidad casi graciosa, como el no-yo del budismo, en las posturas que tomamos frente a los conflictos. No podemos justificar la afirmación de que nuestras posiciones no son negociables una vez que la compasión y la sabiduría las cubren por completo. Miramos con humor lo que una vez parecía tan grande y dejamos de lado la seriedad al reconocerlo por fin como una forma del dolor. Ahora el dolor aparece de otra manera y conduce a la compasión y al cambio, no a la culpa y la vergüenza.

Una vez que nos damos cuenta de que somos capaces de todo lo que hacen los seres humanos, no nos sentimos tan amenazados por el comportamiento hiriente de los demás, y la compasión florece. Un compromiso adulto e íntimo se basa en el consentimiento informado: "Conozco la arquitectura de tu ego y los rincones oscuros de tu sombra, y me comprometo contigo con los ojos bien abiertos. La territorialidad y la competitividad del ego se están aflojando en mí. Antes, quería poseerte para gratificar mi ego. Ahora me despojo del ego para fortalecer nuestra relación". La fuerza convincente del romance da paso a la elección impulsora del compromiso real. Este es el momento para el matrimonio.

Ahora, las personas de la pareja se aceptan mutuamente como perfectas, pero solo de la manera en que una camisa vieja es perfecta. El amor verdadero cambia de apariencia en cada fase de una relación. Aunque un roble se vea diferente en primavera, verano, otoño e invierno, siempre es un roble. Damos las cinco A románticamente en la fase del enamoramiento, dramáticamente en la fase del conflicto, y serenamente y de manera confiable en la fase del compromiso (cuando también las llevamos al mundo). *Las prácticas sugeridas en este libro no están destinadas a mejorar solo mi relación sino todas las relaciones.*

Nuestro viaje en pareja refleja así nuestro viaje hacia la creativa realización personal. Nuestros objetivos intrapersonales se vuelven interpersonales y luego transpersonales. Las fases de las relaciones nos llevan de un ideal del ego a través del ego y su sombra hacia un yo que luego trasciende el ego y abraza al universo. Esta misma secuencia puede ocurrir dentro de nosotros (no solo entre nosotros). Podemos descubrir el círculo de la psicología y la espiritualidad que todo lo abarca en el ámbito de la relación.

Podemos quedar tan atrapados en nuestra propia historia, con todos sus conflictos pasados y presentes, que perdemos perspectiva. Entonces, no nos damos cuenta de lo que Shakespeare dice en Coriolano: "Hay un mundo en cualquier parte". Cuando algo más allá de nuestro pasado y nuestras relaciones nos absorbe y anima, nos abrimos a nuevas posibilidades en el mundo y en nosotros mismos. Dejamos ir el pasado para crear el futuro. Los dos nos comprometemos con causas sociales, preocupaciones familiares, servicios, carreras, religiones u otras empresas que cambian el mundo. Ninguna transformación es enteramente personal porque la bondad no puede evitar esparcirse. Nuestra relación se expande para incluir a todo el mundo, y así contribuimos a la evolución planetaria. El objetivo inicial de dejar el hogar para comenzar uno propio se expande para convertirse en el objetivo más general de hacer del mundo un hogar para todas las personas. Cuando nos comprometemos con una pareja al dar las cinco A, también nos convertimos en portadores y proveedores de esos cinco regalos de amor para todo el mundo.

LO QUE DICE EL AMOR

"Confío en la energía vital que fluye en y entre nosotros"

Hay una sabiduría innata, orgánica, en nuestros cuerpos. Esta sabiduría conoce y accede a nuestro potencial. Es homeostática en el sentido de que cualquier desequilibrio que surja en nuestra psique-cuerpo inmediatamente activa un recurso interno para corregirse. David Palmer, el fundador de la quiropráctica, llamó a esta sabiduría la *inteligencia innata* del cuerpo. Con esto, se refería a un instinto en cada célula que promueve el equilibrio, la curación y la regeneración. Más tarde se refirió a una *inteligencia universal* en el cosmos. Finalmente, se dio cuenta de que esta inteligencia y nuestra sabiduría corporal son una y la misma. Esto equivale a decir que nuestra sabiduría corporal es infinita e infinitamente accesible, que nuestro corazón y el del mundo son lo mismo, al igual que el corazón de lo divino.

Si tenemos esto en mente, nos daremos cuenta de nuestras necesidades, porque las cinco A no son insuficiencias; más bien, son nuestra fuerza vital. Confiar en nosotros mismos es creer que nuestras necesidades y sentimientos son precisamente el poder invencible que nos permite resistir todos los embates de la realidad, manejar las condiciones de la existencia y responder en consecuencia. Si huyo de la realidad, la disfrazo o la deformo, mi energía vital se pierde en el tumulto. Ese es, en última instancia, el significado de la baja autoestima, de percibirme a mí mismo como una víctima, y de la dependencia infantil.

La energía vital tiene una forma única en cada uno de nosotros. Por ejemplo, si nunca tuve un período de tiempo a solas (sin un padre o pareja en mi vida), es posible que nunca haya encontrado mi vitalidad personal. (La vitalidad significa permitir los sentimientos, y la confianza crece cuando muestro y recibo sentimientos.) Es posible que nunca haya sentido mis emociones más profundas con comodidad. Puedo creer que solo encontraré o mantendré mi propia energía vital en el contexto de una relación. Esta sensación de necesidad puede ser una señal de que he perdido contacto conmigo mismo. Otra forma de decir esto podría ser: "He evitado permitir que mi verdadero yo emerja, asegurándome siempre de tener a alguien en mi vida. Uso las relaciones para descubrir quién soy, lo que significa que nunca descubro quién soy realmente".

La energía vital nos hace confiar más y más en nosotros mismos. Una persona con autoconfianza sabe que una relación sana no se basa en una confianza absoluta en alguien más. Nadie es confiable todo el tiempo. Las relaciones adultas se basan en la aceptación de esa falibilidad humana, no en una confianza rígida sino en un amor flexible e incondicional que nos permite enojarnos por la traición, pero luego nos deja suficiente corazón para perdonar cuando el otro se disculpa, se enmienda, y realmente cambia.

Cuando encontramos las cinco A en alguien, confiamos en él o ella y nos sentimos apoyados. Confiamos en nosotros mismos cuando podemos darnos esas cinco A. Confiar en alguien es dejar entrar su amor y manejar sus errores, y hacer ambas cosas sin miedo. Hacer esto es una tarea adulta exigente: confío en mí para recibir tu amor y lealtad cuando me amas y eres leal. Confío en mí para enfrentar y manejar tus traiciones, sin ignorarlas, pero sin alejarme de ti debido a ellas, a menos que te niegues a detenerlas. Confiar en nuestra energía vital ya no es necesitar que otros nos protejan de nuestros sentimientos y del impacto de nuestra experiencia: "Sé bueno conmigo y nunca hagas nada para herirme o decepcionarme para que nunca tenga que sentirme mal". ¿Quiero una relación de adulto a adulto, o quiero un puerto seguro que me resguarde de las mareas de la intimidad?

"Doy y recibo las cinco A"

Dar y recibir en la intimidad refleja un proceso dual saludable que vemos en la mayoría de las áreas de la vida humana. Por ejemplo, nuestro cuerpo sobrevive permitiendo tanto que el oxígeno entre como que el dióxido de carbono salga. Las células son porosas para permitir la entrada de nutrientes y la eliminación de desechos. Nos comunicamos tanto hablando como escuchando. Espiritualmente recibimos gracia y damos amor. ¡Incluso leer este libro significa absorber palabras e ideas y ponerlas en práctica en el mundo!

Lo que damos y recibimos en una relación íntima coincide exactamente con nuestras primeras necesidades y nuestras prácticas espirituales adultas: las cinco A. Damos al otro y recibimos de él o ella el mismo amor que instintivamente necesitábamos en la infancia. La diferencia es que ahora lo vemos como un regalo enriquecedor, deseado en lugar de requerido. Ahora nos ayuda a aumentar nuestra autoestima, así como fue necesario para establecer un autoconcepto en la vida temprana.

¿Cómo damos y recibimos exactamente? La primera forma es una técnica simple/difícil: pedir lo que quieres y escuchar a tu pareja. Pedir lo que quieres combina los elementos más cruciales de la intimidad. Le da al otro el regalo de conocerte, conocer tus necesidades y tu vulnerabilidad. También significa recibir la respuesta libre del otro. Ambas cosas son arriesgadas y, por lo tanto, ambas te hacen más maduro. Aprendes a soltar tu insistencia en recibir un *sí*, a ser vulnerable a un *no*, y a aceptar un *no* sin sentir la necesidad de castigar.

Escuchar íntimamente a una pareja que pide lo que quiere es captar el sentimiento y la necesidad detrás del pedido. Es apreciar de dónde viene. Es sentir compasión por cualquier dolor que pueda acechar en el pedido. Es dar crédito al otro por arriesgarse al rechazo o la incomprensión. Escuchamos con nuestros oídos; escuchamos con nuestra intuición y nuestro corazón. Dar y recibir implica la capacidad de acomodar todo el espectro de miedos y defectos de una pareja y distinguir entre las necesidades que podemos y no podemos esperar ver satisfechas.

Una segunda forma en que los adultos dan y reciben en la intimidad es a través del sexo y la diversión mutuamente elegidos: haces el amor cuando ambos lo desean, no cuando uno de ustedes presiona al otro. Pueden ser íntimos sin tener que ser sexuales. Saben cómo divertirse juntos. Juegan sin lastimarse mutuamente, sin sarcasmo ni burlas, sin reírse de las debilidades del otro.

Damos y recibimos otorgándole una igualdad libre de jerarquías a nuestra pareja y a nosotros mismos. Solo el ego saludable, no otra persona, está destinado a presidir tu vida. En la verdadera intimidad, los dos tienen voz en la toma de decisiones. Uno no insiste en dominar al otro.

Por supuesto, algunas parejas eligen experimentar con la sumisión/dominio en el sexo. Esto puede ser una forma de juego (ya que implica roles) y puede ser una elección saludable cuando es de los dos. Pero si tiene una dimensión compulsiva o violenta, puede ser una reiteración del abuso en la infancia. ¿Cuál es la diferencia entre un estilo erótico sumiso y una baja autoestima o falta de límites? La sumisión/dominio es un juego erótico elegido intencional y consensuadamente. No es una rutina en la que caen las parejas por defecto o cuando las demandas de uno tienen prioridad sobre las necesidades del otro. Es voluntario, no involuntario; consciente, no inconsciente. Es placentero en lugar de aterrador. Transforma en lugar de deformar el amor y el respeto, expandiendo en lugar de reducir los límites del autodescubrimiento. La sumisión/dominio saludable no es una forma de ejercer poder sobre alguien, sino una forma de jugar con inclinaciones que todos tenemos, pero que pueden no haber encontrado una expresión legítima. Siempre que no sea abusiva, puede mejorar la relación y enseñarle a cada uno en la pareja sobre sí mismo, su ego, sus límites y aquellos aspectos aún no descubiertos de sus personalidades.

Finalmente, los adultos aceptan el hecho de que la plena satisfacción es temporaria, incluso momentánea. A medida que maduramos, aceptamos el hecho de que solo tenemos momentos en los que las cinco A se dan de manera perfecta. Lo único que importa es que nos lleguen de manera lo suficientemente buena la mayoría del tiempo. De todos modos, los seres humanos solo tenemos momentos en los que la felicidad es totalmente nuestra. Solo por momentos el amor incondicional se da o se recibe de manera perfecta. No obstante, apreciamos estos momentos como contenedores y suficientes. Cuando finalmente nos doblegamos ante la impermanencia que caracteriza la existencia humana, dejamos de buscar, de preguntar, de manipular para lograr permanencia o perfección. En cambio, estamos inmensamente agradecidos por nuestros pequeños momentos de felicidad y estos son suficientes. Aun así, nadie puede culparnos por preguntarnos por qué es así y por esperar más. Nuestras psiques fueron construidas con un ingenio complejo que desafía la lógica. Se necesitan una profundidad y un humor valientes para entender el sentido de todo, y seguir por el largo y misterioso camino hacia la plenitud. Los temerarios como nosotros no dudarán ni por un momento.

"Te valoro por mucho más que las cinco A"

Mantener una relación durante períodos en los que tus necesidades no se satisfacen significa valorar a tu pareja por sí misma, ya sea que estés recibiendo continuamente las cinco A o no. Significa que te parece bien que tú o tu pareja sea débil, se sienta necesitada o no esté disponible en algunas ocasiones. Sin embargo, si esto ocurre con demasiada frecuencia, por ejemplo, si tu pareja es adicta, tienes un problema que abordar: ¿Soy un compañero o un cuidador? Cada persona en un vínculo amoroso asume la responsabilidad de encontrar la ayuda que necesita para poder cumplir con su papel de otorgar las cinco A en la relación.

Si bien es útil hablar honestamente con un compañero que es adicto, es inútil seguir regañándole para que deje la adicción. La mejor estrategia parece ser afirmar la verdad y ofrecer apoyo para que siga un programa de recuperación. Si él o ella se niega, la regla es mostrar, no hablar. Un adicto que rechaza la ayuda básicamente se está autodestruyendo, y la respuesta apropiada es el duelo. Decir: "Estoy comenzando el proceso de duelo por ti" es mostrar tu verdad, no la suya. Es una respuesta implacablemente adulta a los hechos. "Si tengo una adicción al alcohol, no puedo cumplir mi parte de nuestro contrato; no puedo proporcionar ni siquiera un cuidado moderado o centrarme en ti. Si me niego a recibir ayuda, incluso después de que me confrontes, estoy eligiendo alejarme más y más de ti". Esto sugiere que podrías estar listo para dar el próximo paso, como por ejemplo, acudir a Al-Anon.

Una delgada línea separa la elección inmadura de quedarse con alguien que no satisface nuestras necesidades de la elección madura de tolerar la situación temporalmente. Una persona saludable reconoce la diferencia entre ocasional/circunstancial y continuo/cierto. No nos estamos respetando a nosotros mismos cuando toleramos un patrón general de negatividad, la satisfacción casi nula de las necesidades o la falta de felicidad. Pero estamos respetando nuestro compromiso cuando toleramos períodos ocasionales de carencia. De hecho, dado que el crecimiento adulto incluye el duelo por pérdidas y cambios, siempre habrá períodos en los que uno o los dos en la pareja estarán tristes, enojados, deprimidos o asustados y, por lo tanto, serán incapaces de enfocarse en el otro con un corazón pleno. Reconocer que a veces una persona está con nosotros y a veces no, respetar sus angustias y las áreas dañadas de su psique, es una forma de tolerancia que conduce a la compasión espiritual: "Hago una concesión en esto porque sé o puedo suponer cómo debes sentirte".

UN VÍNCULO PERDURABLE

Esencial significa necesario, como en la frase "un ingrediente esencial". En esta sección usaremos la palabra en su significado filosófico: aquello que es intrínseco y perdurable, lo que permanece inalterable. *Existencial,* para los propósitos de esta discusión, significa aquí y ahora, experiencial, lo que puede seguir cambiando. Lo esencial es constante; lo existencial es variable.

Lo esencial no responde al tiempo, al comportamiento o a la actitud; es incondicional. Lo existencial es lo que cambia de acuerdo con las elecciones o comportamientos; está condicionado. He aquí un ejemplo de la diferencia: tengo un vínculo esencial con mi madre, de hijo a progenitor. Sin importar lo que le suceda a ella o a mí, ni si nuestra relación es cercana o distante, nuestro vínculo como personas que están relacionadas, de hijo a madre, de madre a hijo, perdura. Incluso cuando ella muere, yo sigo siendo su hijo. La forma en que se manifiesta nuestro vínculo, la forma en que ese vínculo se manifiesta en nuestra relación diaria, describe nuestro compromiso existencial, es decir, cotidiano, de uno con el otro. Nuestro vínculo esencial es nuestra relación de sangre; nuestro vínculo existencial lo manifestamos a través de nuestros sentimientos y acciones.

Las personas que se aman tienen un vínculo esencial. El compromiso se muestra día a día en cómo se comportan el uno con el otro. Un vínculo esencial en una relación puede, por lo tanto, continuar después del divorcio o la muerte. Es un amor incondicional que puede ser desmantelado, pero nunca demolido. Manifestamos nuestro vínculo esencial haciendo un compromiso existencial, una elección continuamente renovada de mostrar amor, estar dispuestos a abordar, procesar y resolver conflictos, y ser fieles. Por lo tanto, cuando aparece una nueva persona más atractiva, tomamos eso como información, no como permiso para partir.

La nueva persona no puede interrumpir el vínculo ni el compromiso.

Una persona adulta saludable ama sin reservas, está esencialmente vinculada, pero no hace un compromiso sin reservas. Puede decidir la extensión y la duración de su compromiso. Si no fuera así, el compromiso significaría sumisión sin límites y sin crecimiento. La determinación obstinada no es compromiso. El matrimonio no es compromiso. Vivir juntos no es compromiso.

Una persona adulta hace un compromiso con una persona con la que las cosas funcionan o son factibles. Retira su compromiso cuando las cosas ya no son factibles. A diferencia de un compromiso, un voto es una promesa de permanecer en una relación independientemente de si funciona o no, de si es factible o no. En otras palabras, el vínculo esencial se convierte en lo único que importa, no el compromiso existencial diario destinado a respaldarlo. Dado que el propósito de una relación es la felicidad humana, no la preservación de una institución como el matrimonio, el compromiso es razonable y los votos son peligrosos. Un compromiso supone la factibilidad. Un voto supone el tiempo ("Hasta que la muerte nos separe"). Además, los votos pueden ser intentos sutiles de eximirnos del sufrimiento propio de toda relación humana: "Mi pareja puede traicionarme, lastimarme o dejarme, pero su voto me protege de todo eso".

Del mismo modo, podríamos quedarnos en lo que no funciona porque queremos ser fieles a la promesa que hicimos, ser una "persona de palabra". Entonces, cuando la relación deja de funcionar para cualquiera de nosotros, ninguno de los dos puede irse porque la culpa nos retiene.

Nos equivocamos en cómo formulamos la promesa. La hicimos incondicional cuando se suponía que debía ser condicional a la viabilidad de la relación. Como adultos, nos damos cuenta de que los votos y los planes son deseos que no siempre se hacen realidad. Ciertamente, no son las leyes que rigen las relaciones.

La intimidad se completa cuando un vínculo esencial es vigorizado por un compromiso existencial. Esto implica una serie de acuerdos respetados y obstáculos superados, los dos componentes básicos de un compromiso adulto. Los adultos pueden seguir amando a un compañero incondicionalmente, pero no necesitan permanecer en una relación que se ha vuelto inviable. Piensan: "Te amo pase lo que pase, pero no puedo vivir contigo". Aquí nuestra distinción entre el vínculo esencial y el compromiso existencial es clara: el vínculo del amor continúa a pesar de los obstáculos, pero el compromiso diario está completamente condicionado por ellos. *Un adulto combina el amor incondicional con el compromiso condicional.* Este es un abrazo sanador en lugar de un apretón adictivo. Un padre tiene amor incondicional por su hijo y hace un compromiso incondicional con *él.* Una persona adulta tiene amor incondicional por su pareja y hace un compromiso condicional con esta.

El amor incondicional es una victoria espiritual ya que realmente significa que no está condicionado por el miedo, el apego, el control o el privilegio del ego. Mostramos amor incondicional por aquello que no está condicionado: la bondad básica en los demás, el ser del alma. Mostramos amor condicional por aquello que está condicionado: la personalidad multiforme del ego.

Decir: "Te puedo amar y dejarte" es tan saludable como decir: "Puedo temer algo y hacerlo". En la codependencia, cuanto menos recibimos de las cinco A, más de ellas damos, esperando que al dar más, el otro nos dé más amor. Como no nos sentimos amados lo suficiente, creemos que no debemos estar entregando lo suficiente. Seguimos dando más, pero como todavía no nos sentimos amados lo suficiente, continuamos creyendo que no debemos estar entregando lo suficiente. Damos para recibir en lugar de participar en un intercambio equitativo. El resultado es la culpa.

Como una nota algo graciosa pero reveladora, debo confesar que los elementos virtuosos de la intimidad presentados en las secciones anteriores describen lo que, en la teoría de las relaciones objetales, se supone que debe estar en su lugar para el desarrollo individual antes de los tres años.

Prácticas

MANTENERNOS EN CONTACTO E INTACTOS: Pregúntale a tu pareja en tu diario o directamente: ¿Puedo sentirme estimulado en lugar de amenazado por tus reacciones hacia mí? ¿Puedo verte enojado y no enfurecerme por eso? ¿Puedo verte deprimido y no deprimirme? ¿Puedo verte sentir y no tener tanto miedo de tus sentimientos que no pueda responder con las cinco A? Lee para ti el siguiente párrafo y luego con tu pareja:

Te pido que honres mi tierno corazón, que no está a la vista de todos. Encontrarlo requerirá una búsqueda diligente. Se revela solo a aquellos dispuestos a descubrirlo con la mayor gentileza. El trabajo para llegar a él consiste en las cinco A: atención, aceptación, aprecio, afecto y autorización para ser yo y tener derecho a acceder a mis necesidades, valores y deseos *más profundos*. Puedo ser como una margarita y abrirme indiscriminadamente a todos los posibles amantes que luego la despedazarán. O puedo ser como la peonía que oculta su corazón de la vista de los demás, pero lo comparte generosamente con la abeja consciente que se atreve a demorarse en su profundidad y así encontrar su dulzura oculta.

PROCESAR EL MIEDO A DAR O RECIBIR: A continuación, hay dos párrafos: uno describe el miedo de dar, el otro el miedo de recibir. ¿Con cuál te identificas? Si te identificas con alguno de los dos, léeselo en voz alta a tu pareja. Haz un compromiso de actuar como si tuvieras cada vez menos miedo. Pídele ayuda a tu pareja en este proceso.

¿Cuánto miedo tengo de dar?: Podría perder al hacerlo. Si doy, podrías querer más y me quedaría sin nada. Puedo contarte sobre mí, pero no mostrar mis sentimientos; siempre me guardo algo. Cierro los ojos cuando hacemos el amor por temor a que te apoderes de mi alma asustada. Puedo escuchar tus palabras y aconsejarte rápidamente, sin arriesgar jamás un encuentro con esos extraños peligrosos: tus sentimientos, tus heridas, tus necesidades, tus ojos. Quiero vivir por encima de nuestro amor, dejando fuera de él lo que pueda escatimar de mi corazón tan atrincherado, frugal y asustado.

¿Cuánto miedo tengo de recibir?: Evito el contacto visual, porque tu mirada podría ser demasiado profunda. No me

gusta que me sorprendan o me den un regalo. Eso significa recibir lo que elijas darme, y eso me asusta porque no lo controlo. Así que sigo siendo exigente y difícil de complacer. Y si me das algo, tengo que asegurarme de darte algo de igual valor a cambio. Me tenso cuando me abrazas; es más seguro sexualizar cualquier contacto. No puedo ser tu pareja sexual *y* tu amigo. Nunca puedo revelarte mis necesidades, solo mis impulsos. Siento que tu apoyo me abruma. Me mantengo autosuficiente. Nunca me permito necesitar tu ayuda; tengo que ser yo quien cuide de ti y nunca ponerme a merced de tu amor. Mi capacidad de autosuficiencia es, por lo tanto, un dispositivo de protección. Temo depender de ti ya que la dependencia implica cercanía. Rígido, constreñido, cerrado, con un ego combativo, no puedo darle lugar al aprecio o la crítica constructiva. Insisto en que seas perfecto antes de comprometerme contigo, y sigo atrayendo a personas más jóvenes, "perfectas". Puedes haber notado que después de la cena, me levanto enseguida para limpiar. Si no lo hiciera, tendría que sentarme allí, dejar que me veas y verte. Podríamos mirarnos demasiado tiempo, demasiado de cerca. También puedo entretenerme con los deportes, mi computadora, la televisión. Salgo a fumar como último recurso. Y por cierto, insisto en que me des todo tu amor y atención pase lo que pase.

Una apreciación consciente de tus miedos a dar o recibir significa tomarlos como información, sin culpar a los demás ni sentir vergüenza de ti. La atención plena es otorgar las cinco A a las realidades y limitaciones de tu vida y personalidad: atenderlas, apreciarlas, darles tu autorización, sentir afecto por ellas y aceptarlas tal como son. Siéntate en silencio concentrándote en tu respiración. Una por una, entrégale cada una de las cinco A a tus miedos de dar o recibir.

COMPARTIR EN EL TRABAJO: Las cinco A pueden conducir a la cooperación y la armonía entre las personas que trabajan juntas.

Son especialmente poderosas cuando es la gerencia la que las otorga al personal, siempre y cuando se expresen sinceramente y no como estrategias para aumentar la productividad, aunque eventualmente puedan tener ese resultado. Presta atención a los sentimientos y preocupaciones de tus compañeros de trabajo, acepta sus regalos y limitaciones, valora sus logros y dificultades, demuéstrales afecto y permíteles que sean plenamente responsables mientras confías en ellos y los alientas. Encuentra formas de poner en práctica estas sugerencias en tu trabajo, iglesia o cualquier otro entorno fuera de tu hogar.

¿CUIDADOR O CUSTODIO?: Ser una persona compasiva no significa convertirse en un custodio. La compasión respeta el potencial de autoactivarse en los demás. Pregúntate interiormente o en tu diario, de qué lado te encuentras en el siguiente cuadro. Toma las entradas en la columna izquierda como tu programa de compasión.

Cuidador	Custodio
Apoya a la otra persona para que lo haga por sí misma: fomenta el desarrollo de habilidades.	Hace todo por el otro: fomenta la dependencia.
Surge de una motivación para empoderar al otro.	Surge de la creencia de que el otro es impotente.
Busca hacer una contribución y facilita que el otro se convierta en un adulto más efectivo.	Busca permanecer involucrado o enredado en la vida del otro y luego lo deja ir.
Enseña una habilidad para su uso futuro.	Asume responsabilidades de adulto y puede infantilizar al otro.
Se adapta a la disposición del otro para ser ayudado.	Puede ser impuesto, ya sea que se busque o no.

Cuidador	Custodio
Mantiene límites personales sobre cómo y cuándo se debe dar ayuda: es sabiamente condicional.	Está dispuesto a renunciar a los límites personales para satisfacer las necesidades del otro: es salvajemente incondicional.
Responde sinceramente a las necesidades de la otra persona.	Puede tener como objetivo principal satisfacer las propias necesidades.
Es una forma de respeto.	Puede ser una forma de control.

SEGUIR ADELANTE: Un proverbio zen dice: *Dadas las circunstancias, ¿cómo debo proceder?* Esta pregunta radicalmente adulta implica una aceptación de la realidad tal como es o de un compañero tal como es, es decir, con conciencia plena. Las alternativas serían las siguientes: por un lado: "Dadas las circunstancias, ¿cómo deberías proceder?"; por otro: "¿Quién tiene la culpa?"; "Espero que cambies" o "Me vengaré". Es un punto de inflexión en el compromiso cuando uno acepta al otro tal como es, por ejemplo, como alguien que procrastina, y en lugar de quejarse, reflexiona sobre sí y se pregunta: "¿Cómo debo proceder? ¿Espero que cambie, o busco una forma de cuidarme y atender mis preocupaciones usando mis propios recursos?". Esto no es una forma de distanciarse del otro, sino de asumir la responsabilidad de nuestro propio comportamiento y situación. Nos da poder porque nos pone en contacto con nuestra autoridad interior. Intenta aplicar el proverbio zen a tu relación.

Como una observación aparte, aprendí algo al respecto de la voz de mi GPS. Cuando cometo un error porque no seguí sus indicaciones, por más grave que sea, la voz simplemente dice: "Recalculando", en lugar de: "¿Cómo pudiste equivocarte tanto?".

AFIRMAR TU PROPIA PERSONA: Vuelve a cualquier frase de este libro que hayas subrayado o copiado en tu diario. Pueden haberte impresionado porque coinciden con tus propias verdades. Convierte cada una de ellas en una afirmación reformulándola en primera persona, en tiempo presente, de manera positiva y como algo que ya es verdadero para ti. Por ejemplo, la oración: "Un compromiso adulto es una empresa de amor continuo plenamente veraz y adulta" puede convertirse en: "Me comprometo a ser veraz en mi amor". El pasaje: "El miedo es parte de ti y, como tal, merece las cinco A. Por lo tanto, se revela como poseedor de sabiduría y propósito" se convierte en: "Encuentro sabiduría y propósito en mis miedos mientras les presto atención, los acepto, los valoro, los autorizo y trato a mi yo asustado con afecto".

DISTINGUIR EL PRESENTE DEL PASADO: Responde en tu diario estas preguntas y luego convierte lo que escribas en una carta a tu pareja: ¿Sientes un vínculo esencial con tu pareja, y lo respaldas con un compromiso existencial diario? ¿Qué formas toma este compromiso? Hazte estas mismas preguntas sobre cómo te trataron en la infancia cada uno de tus padres. ¿Es tu comportamiento actual en tu relación adulta una respuesta a tu experiencia primordial con tus padres? ¿Estás intentando rehacer o deshacer el pasado? ¿Qué te impide abordar, procesar y resolver ese pasado en terapia en lugar de recrearlo en tu relación?

Lo único que nos salva de recrear es un plan para cambiar. Hacer y llevar a cabo un plan así puede parecer casi imposible, pero para eso está la práctica. Tanto la salud espiritual como la psicológica solo requieren de práctica, no de perfección. Pocos de nosotros nos sentimos completos excepto por momentos. Del mismo modo, pocos escaladores alcanzan la cumbre del Everest, pero eso no significa que nadie pueda alcanzarla. El Everest de la psique es el amor, y el ego está perfectamente capacitado para alcanzarlo. Todo lo que se necesita es morir y renacer.

FORMAS DE MOSTRAR INTEGRIDAD Y AMOR: Mi pareja —o futura pareja— y yo podemos contemplar una lista de compromisos ideales con la integridad y el amor. Podemos practicarlos, uno a la vez, por el tiempo que sea necesario para hacerlos parte de nuestra vida. Se aplican en tres direcciones: nosotros mismos, los demás, el mundo. Pueden ser nuestros estándares éticos y personales para vivir, las reglas básicas para relacionarnos con parejas, familiares, amigos, compañeros de trabajo, y el cuidado que mostramos hacia el mundo en general. No esperamos que los otros también los asuman. Están escritos en primera persona para tratarlos como afirmaciones de nuestros propios ideales, no importa cómo se comporten los demás.

He trabajado en estas prácticas a lo largo de los años y las he ido actualizando a medida que he encontrado personas admirables que las exhibían, y he trabajado en practicarlas yo mismo. Las he dividido en tres secciones: estándares personales, pautas de relación y alcance universal.

Un buen indicio de que alguien está preparado para una saludable relación íntima es su compromiso con estos estándares, especialmente si estaban establecidos antes de que ustedes dos se conocieran.

Lo mejor de mí: estándares personales

He aquí algunas prácticas de integridad basadas en valores humanísticos y espirituales. Nos ayudan a amarnos a nosotros mismos, una característica esencial de la bondad amorosa. También son virtudes los cimientos de la autoestima, el autorrespeto, la plenitud y la integridad:

Cuido mi cuerpo con un estilo de vida saludable. Cuido mi mente y mi espíritu mediante el trabajo psicológico sobre mí cuando es necesario y mi constancia en las prácticas espirituales.

Hago todo lo posible por cumplir mi palabra, honrar compromisos y llevar a cabo las tareas que acepto hacer.

Hago todo lo posible por adherirme a estándares de rigurosa honestidad, equidad y respeto a la diversidad en todas mis acciones, sin importar cómo actúen los demás hacia mí.

Renuncio a aprovecharme de la debilidad, la necesidad, la desgracia, la idealización de mi persona y el apego a mí que manifiestan los demás.

Si estoy en una posición de poder o autoridad, no hago uso indebido de ella ni me dejo corromper por ella. No me pregunto: "¿Cómo puedo sacar provecho?", sino: "¿Qué es lo mejor para todos los involucrados?".

Examino mi conciencia con verdadera sinceridad. Realizo inventarios exhaustivos no solo de los daños que pude haber causado a otros, sino también de las instancias en que no activé mis potencialidades o no compartí mis dones, de los prejuicios o deseos de represalia a los que todavía me aferro, de no ser tan amoroso, acogedor y tolerante como puedo ser.

Ahora mido mi éxito según la cantidad de amor inalterable que tengo, no por el dinero en el banco, los logros en los negocios, el estatus alcanzado o el poder sobre los demás. El objetivo central y más estimulante de mi vida es mostrar mi amor de la manera que es exclusivamente mía, tanto como puedo, aquí y ahora, siempre y en todas partes, sin excepción.

Estoy dejando de lado la necesidad de mantener las apariencias o proyectar una imagen falsa o grandiosa de mí. Ahora quiero aparecer tal como soy, sin pretensiones y sin importarme mi propia fealdad. La alegría de la transparencia se ha vuelto más valiosa para mí que dar la "mejor" impresión.

Aprecio los comentarios positivos. También doy la bienvenida a cualquier crítica bien intencionada que me muestre dónde soy menos considerado, menos tolerante, menos abierto de lo que puedo ser. Cuando me quitan la máscara o me señalan por ser cruel o inauténtico, no me pongo a la defensiva, sino que lo tomo como valiosa información de los aspectos que debo trabajar.

No estoy tratando de congraciarme con las personas para ganarme su simpatía. Que me amen por ser quien soy se ha vuelto más importante y más interesante que mantener o mejorar el estatus siempre inestable de mi ego.

He llegado a aceptar que el miedo es una constante en la vida, al menos para mí. Pero hay una cosa a la que puedo comprometerme: no permitiré que el miedo me impida hacer lo que necesito hacer o me lleve a hacer lo que no quiero hacer.

Puede que conozca o me hablen de alguien que sabe más que yo, tiene más talento o más éxito. Estoy dejando de lado la envidia y la rivalidad. Ahora me encuentro admirando a esa persona e intentando aprender de él o ella. Acepto el hecho de que todos tenemos diferentes dones en cantidades distintas. A medida que paso de la envidia que divide a la admiración que conecta, siento mi parentesco con todos mis semejantes, lo cual, de hecho, me regocija.

Al decirle sí a quien soy realmente, con orgullo de mis dones y con una conciencia desinhibida de mis límites, noto que puedo amarme y también me vuelvo más amable.

Aprecio el hecho de que cualquier amor o sabiduría que pueda tener o mostrar no proviene *de* mí, sino a *través* de mí. Doy gracias por estos dones alentadores y respondo sí al llamado inspirador de vivir de acuerdo con ellos.

Estos ideales se están convirtiendo en mis estándares personales. Confío en ellos como caminos hacia la madurez psicológica y espiritual. Ya noto cómo están elevando mi autoestima. Me gusto más cuando sigo ideales como estos. Y sé que estoy en el camino de convertirme en un verdadero ser humano.

Observo que cada compromiso en esta lista me *empodera*. Me siento más fuerte y siento una mayor seguridad, me siento más en el mundo como en mi propia casa, soy más capaz de manejar lo que se presente en mi camino. Todo parece también más liviano. Virginia Woolf describió esto en *Las Olas*: "Mes tras mes, las cosas están perdiendo su dureza; incluso mi cuerpo ahora deja pasar la luz".

No me trato severamente cuando no logro cumplir estos ideales. Solo sigo practicando sinceramente. La honestidad de mi intención y mi dedicación al esfuerzo continuo se sienten como un equivalente del éxito. Puedo sentir que dejo atrás el perfeccionismo y la culpa por no ser perfecto.

Con los demás: directrices que honro

El segundo conjunto de prácticas nos lleva a mejorar nuestra forma de relacionarnos. Estamos viviendo nuestra práctica de la bondad amorosa. Estamos abriéndonos a cómo nos perciben los demás. Les estamos ofreciendo una experiencia de nosotros mismos que muestra calidez y respeto. Nuestras relaciones íntimas reflejan una conexión incondicional, comprometida con el cuidado. Mientras tanto, mantenemos límites saludables y respetamos los de los demás:

Aprecio las formas en que los demás me aman, sin importar cuán limitadas sean. Estoy dejando de esperar o exigir que me amen exactamente como quiero. Al mismo tiempo, siempre puedo pedir el tipo de amor que anhelo.

Estoy aprendiendo a confiar en los demás cuando demuestran que pueden ser confiables, mientras que, no obstante, me comprometo a ser confiable, independientemente de lo que hagan los demás.

Permanezco abierto a reconciliarme con los demás después de un conflicto. Al mismo tiempo, estoy aprendiendo a soltar, con amor y sin culpas, a aquellos que demuestran no estar dispuestos a relacionarse conmigo de manera respetuosa.

Acepto, sin juzgar, que ocasionalmente alguien se ausente de manera repentina y sin explicación, desaparezca o se comporte de manera silenciosa. En ese caso, puedo intentar comunicarme una vez. Si aún no hay respuesta, respetaré los límites que el otro establece y soltaré sin culpas. En cualquier caso, yo no usaré estas conductas.

No permito que los juicios o impresiones de los demás contaminen mis relaciones personales. Como una práctica de atención plena, me relaciono con las personas en mi vida basándome en mi propia experiencia, no en habladurías de los demás. Les pido lo mismo a aquellos cercanos a mí: "Eres quien eres para mí debido a mi experiencia contigo, y te pido que yo sea quien soy para ti por tu experiencia conmigo".

Cuando un miembro de la familia corta repentinamente la comunicación conmigo, le pido que hable conmigo para que podamos reparar esa ruptura. Si el familiar se niega, respeto esa elección mientras permanezco disponible para que se reanude la comunicación. Por mi parte, elijo no marginar a los miembros de la familia que me hayan ofendido. Tampoco me uno a otros miembros de la familia en su boicot contra alguien. Cuando me encuentro con el rechazo familiar, lamento la situación y permanezco abierto a la reconciliación.

Estoy aprendiendo a pedir asertivamente lo que necesito o quiero. Pido sin exigencias, expectativas, manipulación o un sentido de privilegio. Demuestro respeto por las circunstancias y las elecciones de los demás al aceptar un *no* como respuesta.

Respeto la libertad de los demás, especialmente de aquellos a quienes amo. No quiero usar mis atractivos físicos, o el encanto de mis palabras o de mi inteligencia para engañar o estafar a nadie. Quiero que los demás tengan lo que quieren. No intento manipular o intimidar a otros para que hagan lo que quiero que hagan.

No lastimo ni intento ofender a otros deliberadamente. Actúo amablemente hacia los demás no para impresionarlos, ganar su aprobación u obligarlos, sino porque realmente soy amable, o estoy trabajando para serlo. Si otros no me agradecen o no retribuyen mi amabilidad, eso no tiene por qué impedirme comportarme amorosamente de todos modos. Cuando fallo en esto, o en cualquiera de estos compromisos, puedo admitirlo, hacer enmiendas y comprometerme a actuar de manera diferente la próxima vez. Ahora puedo decir "¡Ups!" y disculparme más fácil y voluntariamente cuando sea necesario. Tengo cuidado de no añadir una explicación a mi disculpa que me ayude a salvar mi imagen y justificar mi comportamiento. Soy consciente de que eso solo significa darme permiso para repetir la ofensa.

Si ocasionalmente alguien me lastima, puedo decir "Ay", en minúscula o mayúscula. Puedo pedir que comencemos a dialogar. Puedo pedir enmiendas, pero puedo abandonar el tema si no me las ofrecen. De cualquier manera, no elijo vengarme, guardar rencores, mantener un registro de errores u odiar a nadie. "Se cosecha lo que se siembra" se ha convertido en: "Que lo que se siembra se coseche de forma que ayude a todos a aprender y crecer". De esta manera, espero la transformación de los demás en lugar de la represalia contra ellos. Estoy buscando reparación, no venganza.

Noto que mi capacidad para perdonar a los demás y para perdonarme se está expandiendo todo el tiempo. Mi perdón hacia los demás implica dejar de lado la culpa, la mala voluntad y la necesidad de venganza. Esta transformación por acción de la gracia se siente como una verdadera liberación del ego.

No permito que otros me maltraten y quiero, internamente, interpretar su hostilidad como proveniente de su propio dolor y como una forma tristemente confusa de hacerme saber que necesitan vincularse, pero no saben cómo pedirlo de un modo saludable. Reconozco esto con preocupación, no con censura ni desprecio.

No me regocijo con los sufrimientos o derrotas de aquellos que me han lastimado. El pensamiento de: "¡Se lo merecen!" ha cambiado a: "Que esto les sirva para evolucionar".

Me doy cuenta de que yo, al igual que todos los seres humanos, he reprimido y rechazado algunas partes negativas y positivas de mí. Estoy encontrando maneras de descubrir esta parte sombría de mí. Mi fuerte aversión hacia ciertos rasgos negativos en otros me lleva a preguntarme si tengo rasgos similares. Mi fuerte admiración por las cualidades positivas en otros me recuerda que debo buscar los mismos dones en mí.

Tengo sentido del humor, pero no a expensas de los demás. Quiero usar el humor para reírme de las debilidades humanas, especialmente de las mías. No cuento chistes racistas o discriminatorios, y tampoco los escucho. No me involucro en ridiculizaciones, burlas, menosprecios, comentarios despectivos o sarcásticos, ni "réplicas ingeniosas". Cuando otros utilizan un humor hiriente hacia mí, quiero sentir el dolor en ambos y buscar maneras de traer más respeto mutuo a nuestra comunicación.

No desprecio a nadie. No me río de las personas por sus errores y desgracias, sino que busco maneras de comprenderlas y apoyarlas.

No intento avergonzar a las personas humillándolas o haciéndolas quedar mal frente a otras personas.

Sin importar cuánta ocupación y prisa tenga, elijo actuar con paciencia y atención hacia los demás, en lugar de hacerlo con grosería, violencia o desprecio.

Estoy practicando expresar mi enojo contra la injusticia de una manera directa y sin violencia, en lugar de usar conductas abusivas, intimidantes, amenazantes, culpabilizadoras, descontroladas, vengativas o pasivo-agresivas.

Cada vez me preocupa menos tener razón o en insistir en mi propio punto de vista en una conversación o proyecto grupal. Ahora tengo más propensión a escuchar y apreciar las contribuciones de los demás, mientras comparto mi propio punto de vista en un diálogo colaborativo. Quiero que tener la razón se transforme en escuchar bien, hablar bien y actuar bien.

Observo que algunas personas son excluidas del grupo. En lugar de sentirme reconfortado por ser todavía parte de ese grupo, sobre todo por participar en las habladurías sobre los expulsados, quiero percibir el dolor de la exclusión. Entonces puedo tender la mano e incluir a todos en mi círculo de amor, compasión y respeto.

En una situación grupal, cuando se avergüenza, humilla, o se critica duramente a alguien, no quiero alegrarme de que el dedo no me haya señalado. Quiero apoyar a la víctima de la agresión pidiendo un tono respetuoso en el diálogo. Sé que defender a la víctima puede provocar la furia del acosador hacia mí, así que estoy trabajando continuamente en fortalecer mi valentía.

Quiero ser leal a cualquier asociación de la que participe. Al mismo tiempo, sé que mi afiliación no me impide que denuncie algo si es necesario. Permanezco fiel a la organización, pero no a un encubrimiento. También sé que debo retirarme si esa organización ya no se adhiere a sus principios.

Observo a otras personas y sus elecciones con discernimiento inteligente, pero sin juicio ni censura. Todavía noto las limitaciones propias y de los demás, pero ahora estoy comenzando a verlas como hechos con los que lidiar en lugar de defectos que criticar o de los que avergonzarse. Aceptar a los demás tal como son se ha vuelto más importante que si son lo que quiero que sean.

Evito criticar, intervenir o dar consejos que no sean específicamente solicitados. Cuido de mí manteniéndome lejos de aquellos que se comportan de manera intrusiva conmigo, mientras aún los mantengo en mi círculo espiritual de bondad amorosa.

Tengo disposición para participar en las costumbres inofensivas y rituales sociales que hacen felices a los demás, por ejemplo, cenas familiares o fiestas de cumpleaños. Si una situación social o familiar comienza a volverse tóxica, me excuso cortésmente.

Soy cada vez menos competitivo en las relaciones en casa y en el trabajo, y encuentro la felicidad en la cooperación y la comunidad. Evito las situaciones en las que mi victoria significa que otros pierdan de manera humillante.

Nunca dejo de creer que todos tienen una bondad innata y que ser amados por mí puede contribuir a sacarla a la luz.

Me comprometo con ser transparente, honrar la igualdad, mantener acuerdos, trabajar en los problemas y actuar de manera amorosa y confiable.

Mi objetivo no es usar una relación para satisfacer mi ego, sino despojarme de mi ego para satisfacer la relación.

Quiero que mis preferencias sexuales se adhieran a los mismos estándares de integridad y bondad amorosa que se aplican a todas las áreas de mi vida. Cada vez más, mi sexualidad expresa amor, pasión y alegría. También permanece mi compromiso con un estilo adulto de relacionarse y disfrutar responsablemente.

Yo en el mundo: el alcance de mi abrazo

Nuestro compromiso con una vida de integridad y amor ahora se expande hacia el mundo que nos rodea. Estamos volviéndonos más conscientes de las necesidades de personas lejanas, personas que nunca conoceremos. Estamos siendo más conscientes de las necesidades de nuestro planeta. Estamos siendo más activos en contribuir al bienestar de los demás y del mundo. Demostramos todo esto de acuerdo con nuestros dones y limitaciones. Este compromiso de universalización es la coronación de una vida de amor. Hemos pasado de cuidarnos a nosotros mismos a cuidar de nuestros seres queridos, y de allí, a cuidar de todo más allá de las fronteras de familia o nación:

> Siento una preocupación amorosa por el mundo que me rodea. Busco la forma de trabajar por la justicia y me comprometo con la no violencia. Apoyo la justicia reparadora en lugar de la retributiva. Siento un llamado a la acción frente a las violaciones de los derechos humanos, los prejuicios, los crímenes de odio, la violencia armada, los genocidios, el armamento nuclear, la injusticia económica, el cambio climático, la explotación ecológica. Respeto la diversidad y me dedico a la equidad. Sigo educándome sobre todos estos temas.
>
> Ante el sufrimiento en el mundo, no aparto la mirada, ni caigo en la trampa de culpar a Dios o a la humanidad; simplemente pregunto: "Entonces, ¿*yo* qué debo hacer? ¿En qué medida es esta una oportunidad para practicar la bondad amorosa?". Sigo encontrando formas de responder por mínimas que sean: "Es mejor encender una vela que maldecir la oscuridad".
>
> Con conciencia planetaria, camino cuidadosamente sobre la tierra con lo que San Buenaventura llamó "una cortesía hacia las cosas naturales".
>
> Sigo dirigiendo la intención, o rezando para que algún día estos compromisos puedan regir las acciones no solo de individuos, sino también de grupos corporativos, políticos, religiosos, en la comunidad mundial. Ahora veo mi participación en el trabajo, la política o la religión como parte de mi compromiso espiritual para cocrear un mundo de justicia, paz y amor.

Que muestre todo el amor que tengo
de la manera que pueda
hoy y todo el tiempo,
a todos, incluyéndome a mí mismo,

ya que el amor es lo que realmente somos
y estamos aquí para compartirlo.
Ahora nada me importa más
o me da mayor alegría.
Que todo nuestro mundo se convierta
en un Sagrado Corazón de amor.*

---

* En una nota personal, comparto contigo que comienzo cada día con esta plegaria de diez líneas. Me recuerda mi vocación humana: amar sin reservas pase lo que pase. Espero que te unas a mí en esta práctica. Siéntete libre de copiar la oración y compartirla con otros. Tal vez, si todos los lectores de este libro asumen su mensaje, habrá al menos algún ancla de luz y amor para nuestro mundo a la deriva. Digo todo esto porque no renunciaré a creer que el amor puede hacer de esta tierra el cielo que estaba destinado a ser.

9. CUANDO LAS RELACIONES TERMINAN

Nos conocemos a nosotros mismos a través de nuestras relaciones y cómo las terminamos.
—SIGMUND FREUD

No parece haber mejor manera de aprender de qué se trataba realmente una relación que ver cómo termina y cómo somos en el final. Todas las relaciones terminan, algunas con separación, otras con divorcio, otras con la muerte. Esto significa que al entrar en una relación aceptamos implícitamente que el otro nos dejará o nosotros lo dejaremos a él o ella. Por lo tanto, el duelo está incluido en lo que aceptamos. Pero el duelo es parte de la vida, porque los finales, los cambios, las transiciones y las pérdidas son comunes a toda existencia.

El duelo al final de una relación se produce al dejar de satisfacer nuestras necesidades, especialmente las cinco A. Pensamos que solo lo sentimos al final, pero probablemente lo hayamos sentido también durante la relación. En el final, y tiempo después, recordamos el dolor que habíamos sentido durante la relación, no solo el dolor que sentimos mientras termina. Quizá no lo notamos antes porque estábamos criando hijos, planeando cosas juntos, teniendo relaciones sexuales, yendo al cine, compartiendo cócteles, colgando cortinas. Irónicamente, cuanto peor era la relación, peor será nuestro duelo. Esto se debe a que cuando terminamos una relación muy difícil, no solo estamos dejando al otro, sino también abandonando la esperanza que teníamos de que la relación funcionara. Además, debemos admitir la derrota de nuestros intentos de mantener con vida algo que ya había expirado hace tiempo. Pensamos errónea y tristemente que esas cinco A estaban en algún lugar de nuestra pareja, y que todo lo que teníamos que hacer era seguir intentando evocarlas para verlas aflorar algún día. Ahora, finalmente, tenemos que admitir que ese día nunca llegará.

Pero sentimos el dolor aún con más intensidad cuando nos resistimos inútilmente a un final necesario. El dolor de soltar proviene de aquello a lo que nos aferramos ¿De qué nos desprendemos? De aquello que creíamos que era la relación y descubrimos que no era, de aquello en lo que intentamos convertirla y no pudimos, de aquello en lo que esperábamos que se convirtiera y no lo hizo, de aquello que creíamos que estaba allí, pero no estaba en absoluto. El elemento más doloroso del duelo puede ser este último descubrimiento de que anhelábamos lo que nunca estuvo allí. Qué familiar y especialmente desgarrador puede ser eso si tuvimos la misma experiencia en la infancia. Así lo define Emily Dickinson en el primer verso de uno de sus poemas: "Una pérdida de algo que siempre sentí". Crezco cuando admito que el dolor, la necesidad, la soledad y el anhelo de mi infancia persisten en mi vida adulta. Siempre está dentro de mí ese niño que quiere más. Es quien me hace comprar esas galletas con chispas de chocolate cuando paro en la tienda con la intención de comprar solo un repollo.

Por eso, los pasos del duelo que funcionan con las pérdidas de la infancia (ver el apéndice) también lo hacen al final de las relaciones. Si tenemos sentimientos más intensos después de una relación de los que alguna vez experimentamos mientras duraba, es una señal de que nuestro duelo se parece y está reviviendo pérdidas pasadas. Estamos llorando por algo más que este final. Muchos finales se acumulaban dentro de nosotros esperando su oportunidad para recibir la atención de nuestras lágrimas.

Durante un final doloroso o en medio de una crisis de infidelidad o traición, nuestra práctica espiritual y todo nuestro trabajo psicológico pueden no ser suficientes para devolvernos la serenidad. Nuestros pensamientos obsesivos nos impiden meditar por mucho tiempo, mientras que lo que reconocemos en nuestra terapia psicológica resulta ser solo un paliativo. Esto no refleja una deficiencia en nuestro programa o práctica. Es simplemente que no funcionan bien cuando la adrenalina fluye rápidamente. Si no apreciamos la música de Mozart o la *Mona Lisa* en este momento, por ejemplo, no significa que el arte sea inútil. Todo se altera cuando alguien en quien confiábamos nos ha lastimado. En la consiguiente desolación, el ego enfrenta su verdadero estado: está frustrado, asustado, atrapado en un vínculo doloroso, y es incapaz de cambiar lo que otros puedan estar haciéndonos. El héroe que llega a tal umbral solo puede decir: "¡Este debe ser el lugar!". El ego está listo para desechar sus ilusiones. Solo hay una opción razonable para nosotros: soltar completamente. Esto requiere una disciplina enorme porque el ego quiere afirmarse y recuperar su poder.

Sin embargo, nuestro trabajo durante una ruptura también es inmensamente sencillo: ser testigos de los eventos y actores en lugar de actuar. Dejamos que las fichas caigan donde puedan y usamos las piezas que nos quedan como los bloques que nos permitirán construir en el futuro. Habrá un próximo capítulo, aunque nos resulte difícil creerlo. El duelo cierra la puerta al futuro para que nos concentremos en él. Cuando llegue el momento adecuado, la puerta se abrirá por sí sola. Creer en eso requerirá tener fe en la evolución.

Finalmente, irse no significa siempre querer salir de la relación. Puede ser una forma de darse espacio o escapar de la rutina, en lugar de ser un comentario sobre la aptitud de una pareja. Muchas relaciones han terminado cuando todo lo que se necesitaba era tomarse un tiempo.

SEGUIR ADELANTE CON GRACIA

El primer día, lloré tanto que no pude ir a trabajar. El segundo día, me sentí tan deprimido y lloré tanto que no pude ir a trabajar. El tercer día, lloré y luego trabajé medio día. Ahora estoy trabajando horas extras.

Al principio, gemía: "¡Me abandonó!". Luego, me lamentaba: "¡Me dejó!". Hoy dije: "Ya no vive en esta dirección".

Si te estás preguntando si dejar o no una relación, es crucial discutirlo con tu pareja. Luego, es recomendable que ambos vean a un terapeuta competente para abordar, procesar y resolver juntos sus problemas. Para empezar, puede ser útil hacerte las siguientes preguntas y registrar si la mayoría de tus respuestas son afirmativas o negativas. Respondan a estas preguntas individualmente y luego, en pareja, pueden comparar sus respuestas.

- ¿Se muestran amor, respeto y apoyo mutuo, dándose y recibiendo las cinco A?
- ¿Disfrutan y se sienten seguros en la compañía del otro?
- ¿Se hacen tiempo el uno para el otro regularmente?
- ¿Esta relación está completamente en consonancia con tus necesidades, valores y deseos más profundos?
- ¿Es satisfactoria su vida sexual juntos? ¿Incluye todavía largos besos apasionados?
- ¿Permanecen fieles el uno al otro?
- ¿Confías en tu pareja?
- ¿Están dispuestos tú y tu pareja a trabajar juntos los conflictos?
- ¿Cumplen los acuerdos?
- Respecto a las heridas pasadas, ¿viven ahora en un ambiente de fracasos superados en lugar de rencores obstinados?
- ¿Se ajusta tu pareja a lo que siempre quisiste para ti en una relación íntima? ¿Están juntos por elección o por sus

historias pasadas, la familia, las convenciones sociales, la seguridad económica, los mandatos religiosos, la ausencia de una alternativa inmediata, o la incomodidad o el miedo de separarse?

- Cuando describes cómo se conocieron por primera vez o cómo supieron que estaban enamorados, ¿lo haces con detalle, entusiasmo y con la sensación de que fue un encuentro afortunado?
- ¿Tu corazón, tu cabeza y tu instinto, tu trío interior, están todos de acuerdo en continuar con la relación?

Cuando una relación termina en separación o divorcio, hay algunas sugerencias prácticas que pueden ser útiles. En primer lugar, necesitamos un espacio en el cual poder llorar y soltar a solas. Evitar esto iniciando de inmediato una nueva relación contradice el curso de la naturaleza. El trabajo del duelo nos impulsa a crecer al ayudarnos a avanzar hacia un nivel superior de conciencia. La persona que encuentro inmediatamente después de terminar una relación probablemente tenga el mismo nivel de madurez que mi expareja. La persona que encuentro cuando he estado a solas por un tiempo, y he tenido la oportunidad de reflexionar, procesar y crecer a partir de mi experiencia, es más probable que tenga un nivel de madurez más alto. *Me comprometo a hacer el duelo y aprender, tomándome todo el tiempo que necesite y no dejando que una nueva relación me distraiga de mi trabajo.*

Mientras haces el duelo, no estás disponible para los demás. Tus hijos extrañan a su padre/madre ausente, y así se convierten también en dolientes. A su vez, es probable que su dolor aumente el tuyo, porque estás reflejándolo. Esto es normal en el duelo de una familia, especialmente porque se pierde la unidad familiar.

El fin de una relación no tiene que estar lleno de odio ni estar cargado de la competitividad del ego. El espíritu de compasión puede volar sobre nosotros. La pareja, o al menos uno de ellos, puede soltar una relación con bondad amorosa, una práctica espiritual. *Que nosotros/yo seamos hospitalarios con el final de nuestra relación.*

Los trastornos del sueño son normales en esta situación. También puedes caer en conductas habituales de autodestrucción, como la anorexia, la adicción a una sustancia o pensamientos suicidas. El duelo implica un final, algo que nuestros cuerpos pueden asociar con un deseo de morir que ha estado enterrado en nosotros desde la infancia.

La terapia es crucial durante este período; puede ayudarnos a abordar, procesar y resolver problemas y a planificar cambios. Dado que nunca estamos haciendo el duelo solo por el problema actual, la terapia también nos ayudará a trabajar en problemas ocultos en el pasado. Pregúntate: "¿Es por esto por lo que suceden las pérdidas? ¿Está el universo dándome la oportunidad de levantarme de mi antigua tumba?".

El duelo es un corte abrupto. El alcohol y las drogas solo nos distraen de él. "Me sentí tan mal que tomé un tranquilizante". La cláusula inicial de esa oración habla del duelo; la segunda, de evitarlo. Trabajar para atravesar el duelo, en cambio, puede expresarse así: "Me comprometo a superar este momento triste sin sustancias dañinas o distractoras. Mi único plan es superar lo que ha terminado. Sé que puedo hacerlo mejor con mis propios recursos internos y con los de mi saludable sistema de apoyo".

Al final de una relación, dudamos de nuestra capacidad de ser amados. "Realmente no me amaba (ahora me doy cuenta)", por lo tanto "no merezco amor (me culpo)" o "él no puede amar a nadie (lo culpo)". Pero ¿y si "merezco amor; él puede amar; y no me ama a mí"? Los adultos adoptan esta última perspectiva realista: "Cualquiera puede amar. Nadie es indigno de amor. No todos me amarán".

Es común sentirte obligado a contar tu historia a cualquiera que quiera escucharla. Esta es una fase normal del trabajo de duelo. Repetir los detalles traumáticos te ayuda a absorber el impacto y el estrés de lo ocurrido. Algún día, sin embargo, mientras cuentas la historia en la que tú eres el bueno y el otro el malo, te aburrirás a ti. Esa es la señal instintiva de que contar la historia ya no tiene un propósito útil. Entonces dejarás de hacerlo. Con suerte, cuando llegue ese momento liberador, no todos tus amigos se habrán cansado de escuchar tu historia una y otra vez.

Algún día, la otra persona y la relación y todo lo que ha sucedido serán simple información. Eso indicará que el duelo ha terminado su curso y que has avanzado. Se necesita paciencia para llegar allí, pero puedes desarrollarla con la práctica. Entonces, alguien dirá casualmente: "Ambos eran infelices juntos y la relación había dejado de funcionar para ti. Ahora que están separados, tienes la oportunidad de ser feliz", y la simple honestidad de esas palabras aterrizará dentro de ti con el estruendo de la verdad.

El estrés impide pensar con claridad. Es conveniente establecer un período de moratoria en la toma de decisiones económicas y legales importantes y en las negociaciones sobre mudanzas, custodia de los hijos, etc. Es común durante las rupturas fantasear con mudarse lejos del dolor. ¡Si solo fuera tan fácil! Tomar estas decisiones sin terapia o retroalimentación de amigos en un momento como este es peligroso. *Una buena regla puede ser obligarse a desear algo durante treinta días consecutivos antes de ponerse en acción.* Esta regla es especialmente aplicable a la reconciliación.

Probablemente, aparecerá el deseo de vengarte de la pareja que te lastimó. Esta es la forma en que el ego evita el duelo sustituyendo la interacción por la acción interna, es decir, el trabajo personal. Permítete sentir cualquier emoción o pensamiento, pero abstente de actuar en consecuencia. En palabras de un viejo refrán: "cualquier pájaro puede volar sobre tu cabeza, pero depende de ti que anide en tu cabello".

Un amigo cercano y admirable escribió lo siguiente en una carta mientras atravesaba un difícil divorcio: "Siento que me he vuelto una persona más amable, sin desear lastimar a otros. Tengo pensamientos crueles sobre ella, pero no actúo en consecuencia. Ella no tiene paz en su interior, y algún día puede despertar y cambiar, pero eso no es asunto mío". Estas son las palabras de un corazón que se abre y un ego que se desmorona.

Puedes tener miedo de no encontrar nunca a otra persona, de que no te quieran nuevamente. Esta especie de delirio paranoico debe ser descartado como tal, pero también sirve al trabajo de duelo que te impide buscar a alguien más antes de estar listo para ver quién eres.

Tal vez no puedas sacarte a la otra persona o su traición de la mente. El ego prefiere elegir un lado de una polaridad e ignorar el otro, lo que ayuda a explicar el origen y la longevidad de los pensamientos obsesivos que solo nos permiten ver una opción. No estás en la torre de control. Más bien, estás siendo desafiado a convertirte en la pista de aterrizaje. Simplemente permite cualquier sentimiento y pensamiento que pueda aterrizar o estrellarse sobre ti. Son normales y suelen desvanecerse con el tiempo.

Es un error volver a contactar a una expareja demasiado pronto. En este caso, ayuda tener un ego demasiado orgulloso para suplicar ese contacto. ¿Cuándo es el momento adecuado para volver a contactarse de manera amistosa? Probablemente cuando hayas dejado de obsesionarte y ya no quieras ni necesites cambiarle o vengarte de él o ella. *El momento para volver a ponerse en contacto es cuando ya no necesitas hacerlo, pero estás listo para normalizar las relaciones. Eso sucede cuando ya no hay detonantes y la tensión ha desaparecido.* (Normalizar las relaciones es especialmente importante cuando hay que negociar cuestiones relacionadas con los hijos.)

El duelo no desaparece a fuerza de voluntad. Lo mejor no es evitarlo sino permitir que suceda. Permítelo, es decir, permítete a ti mismo tomarte todo el tiempo necesario, sin importar lo que digan los amigos sobre cuánto debe durar para superarlo.

Ten cuidado con las falsas esperanzas que surgen cuando una pareja que se va parece estar indecisa sobre reanudar la relación. Tal vez no sea una señal de que él o ella quiera reunirse. La ambivalencia es normal en cualquier ruptura. Por lo general, hay muchos gestos de ida y vuelta entre declarar que la relación ha terminado y que el final es real. Deja que el tiempo te diga si hay una esperanza razonable.

Una persona que ha sido abandonada puede sentirse como un niño pequeño que espera con la mano extendida a que el otro sea amable o ceda y le acepte nuevamente. Es un sentimiento normal y puede conducir a una vulnerabilidad saludable en el futuro. La psique tiene muchas formas de aprender a soltar su rigidez y dejar entrar la luz. Al mismo tiempo, el pequeño niño que ruega te ayuda a darte cuenta de que has esperado demasiado de otras personas. Aquí hay un poema de amor del Sexto Dalai Lama: "Oh, te exigí tanto / en esta corta vida. / Tal vez nos encontremos de nuevo / en el comienzo de la próxima".

"Tu herida es incurable", dijo el profeta Jeremías (30:12). Todo duelo tiene un elemento de inconsolabilidad. Siempre habrá algo que queda sin resolver en una pérdida o carencia. Tal inconsolabilidad es familiar desde la infancia. Es lo que alimenta el anhelo de una pareja perfecta que, creemos, nos salvará de tener que lamentarnos.

Las cicatrices que deja el duelo pueden permanecer años mal curadas o sanar razonablemente bien. El resultado depende de la habilidad de nuestro trabajo de duelo, así como las cicatrices en nuestro cuerpo muestran los diferentes niveles de habilidad de los médicos que nos trataron a lo largo de los años.

Si tu relación terminó cuando tu pareja encontró a alguien nuevo, ¿qué te parecería escribirle una carta al intruso? Simplemente expresaría lo que has estado sintiendo y padeciendo como resultado de la traición: no comes, no duermes, lloras todo el tiempo, y así sucesivamente. El propósito de esta carta en que vuelcas los efectos emocionales de la infidelidad no es cambiar nada. Simplemente la escribes para hacerle saber al intruso lo que te sucedió como resultado de su consentimiento a entrar en una relación con alguien que aún no había terminado con su pareja. No intentes escribirla a menos que no esperes ninguna respuesta y no tengas ningún deseo de lastimar a nadie. Una alternativa es escribirla y no enviarla.

Resiste el deseo de contarle a tu expareja una última cosa o darle alguna información importante que no es más que una excusa para manipularle y obtener la respuesta que deseas. En lugar de eso, díselo a la luna, y la diosa se asegurará de que él o ella descubra justo lo que necesita saber.

> Una luna llena suspendida sobre el mar
> hace brillar el rostro del cielo
> y trae a los corazones que están separados
> la melancolía de la noche.
> Apago mi vela, pero aquí sigue igual de brillante;
> me pongo un abrigo, pero sigue haciendo frío.
> Así que solo puedo leerle mi mensaje a la luna
> mientras me acuesto y anhelo soñar contigo.
> —CHANG CHUI-LING, poeta chino del siglo VIII

Lee los siguientes párrafos lentamente y luego siéntate a meditar. Estos párrafos resumen el proceso espiritual que hemos estado aprendiendo y lo aplican a los finales y otros tipos de crisis.

Los pasatiempos neuróticos del ego, a saber, el miedo, el apego, la culpa, la queja, la expectativa, el juicio, la preferencia, el apego a los resultados, la necesidad de arreglar las cosas, el control, la atracción, la aversión y la preferencia crean interferencias. La práctica de la atención plena puede liberarme de estos refugios restrictivos y ayudarme a enfrentar mi experiencia sin miedo, tal como es. Si mi mundo se desmorona, entonces la consecuente falta de cimientos es una invitación liberadora a reinventar mi vida. De hecho, sin la base habitual para huir de mi sufrimiento, puedo hacerme amigo incondicional de mi sufrimiento. La atención plena es como ver algo por primera vez, sin las distracciones del ego, y por eso también se le llama *mente de principiante*. Me ofrece una manera de trabajar con la realidad en lugar de ir contra ella.

El objetivo de la práctica no es calmar nuestra tormenta interior o manejarla, sino sentarse tranquilamente en medio de ella y así reflejar y recibir su energía. Mis frenéticos intentos por evitar un colapso doloroso son una forma de huir de esa posibilidad. Mi situación soy yo, sin importar cuán negativa o aterradora pueda ser. Todas mis evasiones son escapes del efecto total de mi vida tal como es ahora, y de la enseñanza que está destinada a impartirme. La sabiduría está en no escapar en absoluto. La atención plena no consiste en darnos tranquilidad, sino en serenarnos a nosotros mismos en nuestro aquí y ahora, reflejando verdaderamente nuestra realidad inmediata.

El sin sentido a veces me saluda en el curso de la vida. Cuando lo permito, me muevo en él, me dejo estar con él y me quedo a través de él, siento más ligereza e iluminación. Permitir no es regodearse. Me regodeo cuando me convierto en víctima de mis pensamientos. En cambio, me permito sentir su oscuridad en mi cuerpo, libre de pensamiento, lleno de espacio. Esto es atención plena del cuerpo. Ahora presto una atención no verbal a las partes de mi cuerpo, gradualmente, desde las plantas de los pies hasta la coronilla, mientras libero cualquier tensión almacenada en ellas.

Cualquiera que sea mi pensamiento o sentimiento negativo actual, es soportable cuando se le otorga la hospitalidad de la conciencia plena. Entonces tengo experiencias puras, con una inmediatez zen. Por ejemplo, puedo ver una sola lila sin desear más o saborear una manzana sin temer que no sea suficiente:

Agradezco no poder aventajar las formas del universo.
Que mis confusiones sean el camino y las honre.
Que todo lo que suceda exponga mis autoengaños y mis
    intentos de esconderme.
Que mi cuerpo se convierta en mi testigo y mi maestro.

Que mi situación actual y toda mi práctica traigan felicidad a todo ser terrenal.

Que mi antigua pareja se convierta en un Buda iluminado.

CUANDO ALGUIEN TE DEJA

Selene es una psiquiatra cuarentona, con un miedo hasta ahora casi insuperable a la asfixia emocional. Ha hecho terapia de manera intermitente durante años y lee ávidamente libros como este. Sin embargo, su miedo crece en proporción directa a la construcción de una relación. Su distanciamiento de su pareja, Jesse, los ha hecho sufrir a ambos. Jesse, un ingeniero de treinta años, le teme al abandono tanto como Selene a la asfixia emocional. Él no leería un libro como este. Durante su relación, mientras más espacio exigía Selene, más se aferraba Jesse a ella. Y cuanto más se aferraba él, más espacio exigía ella.

Después de cinco años juntos, Jesse le dijo a Selene que tenía una relación con otra persona desde hacía un tiempo y que pensaba dejarla. La pareja no había funcionado para ninguno de los dos por mucho tiempo. Ninguno había sido una fuente de cuidado para el otro; ninguno podía compartir sus sentimientos con el otro. Selene, de hecho, había pensado en tomarse un tiempo, pero ahora, de pronto, quería permanecer en la relación más que nunca. El nombre de Jesse se volvió mil veces más querido para ella una vez que se asoció con el abandono. Su miedo a la asfixia emocional se convirtió en intolerancia al abandono.

Selene ha estado en terapia por cinco meses, y aquí presentamos pasajes de su diario. Algunos se refieren a Jesse y otros están dirigidos a él, pero no ha compartido ninguno con él porque Selene sabe que lo que escribe tiene que ver en realidad con ella:

Jesse ya no es solo Jesse sino también la estrella de cine de mi drama interior. Es el último hombre al que acudí, hambrienta y desesperada, buscando un cuidado que él demostró una y otra vez que no podía darme. Mis fuertes sentimientos de lealtad hacia este vínculo y mis reacciones ante su pérdida no tienen que ver con el Jesse real. De hecho, mi relación con Jesse fue dolorosa, y sé que la ruptura fue lo mejor. Mientras lo tome literalmente y no como una metáfora, no enfrento mi trabajo. ¿Puede ser que una vez que alguien se va se convierta simplemente en una metáfora y ya no sea la persona literal?

Jesse es el actor que puede representar a Hamlet mientras que otros solo han tenido éxito interpretando solo papeles menores. En mi historia, aparece el tema del "abandono del padre". Asombrosamente, Jesse me ha abandonado por otra persona. Mi intuitiva sabiduría interior debe haber conocido esta posibilidad desde el primer beso, y me trajo una pareja con el mismo sabor de mi padre perdido. Cuando el Jesse literal se va, el Jesse simbólico da un paso adelante en mis sueños y en mi corazón. ¡Fracaso en darme cuenta de la diferencia! Imagino que solo hay un Jesse para mí. Pero hay un Jesse creado a partir de experiencias arcaicas dentro de mí además del Jesse externo. El Jesse externo no es la explicación de todo este dolor. Esta pérdida es la pérdida de la ilusión de creer que en él encontré por fin el amor que estuve buscando toda mi vida. Sin embargo, solo estoy perdiendo la oportunidad de seguir usándolo como el maniquí que puede vestir las prendas de mis deseos incumplidos; esta es la esencia de mi soledad de toda la vida.

Tú y este dolor me permitieron abrirme, pero no puedes satisfacer la necesidad que me ayudaste a identificar. Puedes abrirme, pero no me llenas. No es tu culpa. Se trata de mí.

El sentimiento de algo que falta y el anhelo de encontrarlo han estado en mí toda mi vida. Pensé que esta pareja cumpliría ese anhelo. Mi trabajo es sanarlo yo misma y eventualmente encontrar a alguien que se una a mí en esa empresa. Ahora que esta pareja se ha ido, creo la ilusión de que todo estaría bien si solo él estuviera aquí. Esto probablemente se debe a que él se topó con una puerta sellada en mi psique, y ahora lo asocio con la satisfacción ya que la relación con él fue significativa. En realidad, él no era la persona importante sino el importante disparador. Ahora él es la imagen importante del disparador.

¿Cómo puedo olvidar tan fácilmente que no estaba a salvo de la soledad, incluso con él? Lo usé para defenderme de mis propios sentimientos y para salvarme de caer otra vez en el antiguo vacío de mi infancia. Ahora, por supuesto, aparece automáticamente en mi mente siempre que me siento desamparada y sola. Cuando tengo miedo, le otorgo poderes heroicos en lugar de actuar yo misma como la heroína de mi propia historia. Tengo que despedirlo y enfrentar la batalla sola como adulta.

El Jesse que perdí son todas las personas que amé y perdí alguna vez. En realidad, nunca lo amé solo a él. Arrojé mi red mucho más lejos, para atrapar todo el amor que alguna vez perdí. Él me dio la posibilidad de hacerlo. Hizo que toda mi esperanza y necesidad de ser amada parecieran realizables al fin. Cuando quedó claro que no era así, proyecté todo lo demás en él, enraizándolo aún más en mi vida. *¡Las esperanzas y temores de todos los años se reúnen en ti esta noche!* (Resuenan en mi cabeza estos versos del villancico. Ahora veo que ya conocía este concepto desde mi temprana infancia.)

Recibí una carta del Jesse literal y tuve fuertes sentimientos de esperanza y pánico. Sé que necesito estar lejos de él mientras me curo de la herida de su partida. Sin embargo, lo extraño y quiero estar en contacto con él. Imagino que solo extraño al Jesse físico, aunque estoy mejor sin él. En realidad, extraño a papá y a todos los hombres que me han dejado, de quienes el hombre que envió esta carta es emisario y personificación. Si le respondo, estoy asumiendo este sentimiento literalmente, como si su único objeto fuera el Jesse físico. Si escribo sobre él en mi diario y no le envío una carta, estoy trabajando de manera provechosa con el Jesse interior, que me asiste en la lucha por saber dónde estoy. Estaba perdida hasta que Jesse me llevó a casa. Volví a casa cuando él se fue.

Sé que también fui inadecuada para él. Le prometí cualquier cosa para que volviera cuando se fue por primera vez. Pero no puedo engañarme a mí misma. Yo no hubiera sido una pareja mejor una vez que el velo cayera y retomáramos nuestra rutina habitual.

¡Cómo niego todo lo que me parecía inaceptable en él! Sigo engañándome pensando que era perfecto y que arruiné lo mejor que tenía. Embellezco y agrando sus virtudes (quizás como él agranda mis vicios). Mi duelo comienza con una negación que me protege del embate directo de esta pérdida enorme. Mi negación suspende mi capacidad de evaluar con precisión. Por eso magnifico, distorsiono y engalano el valor de lo que he perdido. Eso es lo que me hace querer que regrese con tanta desesperación.

Estoy anhelando al máximo lo que menos me satisface ¿Puedo admitir tal contradicción, esa necesidad irracional, como una parte aceptable de mí? Estoy bien siempre y cuando esa necesidad no me lleve a actuar y llamarlo. ¿Qué me hace considerar esa opción? Estoy desesperada por sentir cercanía. Soy una adicta, buscando lo que necesito de alguien que no puede dármelo. No es que nadie pueda; él no puede. Ahora tengo que quedarme conmigo misma en este estado de completa desolación. Ser testigo de la fragilidad de mi ser interior puede ayudarme a tener compasión por un yo al que he abandonado tantas veces. ¿Podría ser esa compasión una forma empoderadora de superar esto?

Recuerdo cuando te abrazaba amorosamente, y te escuchaba, y aceptaba tus pequeñas imperfecciones. Lo que hice por ti es lo que yo misma necesitaba y anhelaba. *Te mostré cómo quería ser amada amándote de esa manera.* No me di cuenta de que tú no me devolvías el favor. La parte de mí que quiere que vuelvas es la niña asustada y dependiente.

Lo que realmente esa niña necesita es que yo misma la escuche y la abrace. Mi parte adulta sabe que es hora de soltar. Esa parte amorosa y poderosa de mí te deja ir y me permite seguir adelante.

Mis defensas están bajas, y los otros me encuentran más atractiva. Es un momento fértil para mí: puedo romper viejos hábitos de autodestrucción y de sabotaje de la intimidad. ¿Cuánto tiempo pasará antes de que vuelva a caer en los viejos patrones del miedo?

Las conversaciones que mantengo en mi cabeza sobre cómo las cosas podrían solucionarse entre nosotros en el futuro son parte de la fase de negociación del duelo. También parece que me ayudan a recuperar algo de mi poder.

Jesse, ¿cómo puedes ver mi sufrimiento y no detenerlo? Todo lo que tienes que hacer es volver. Sé que quiero recuperar la relación solo para poner fin a mi duelo y no para recuperar algo realmente valioso. Siento tristeza por la relación misma e imagino que solo siento tristeza porque terminó.

Me siento abandonada ahora que te has ido. Pero me abandonaste emocionalmente durante toda la relación y nunca lo vi de esa manera. Incluso ahora, en lugar de admitir ese hecho, idealizo el pasado contigo. No es que tengas la culpa; todo esto se trata de mí y de la firmeza con la que me aferro a las ilusiones. Eres perfecto tal como eres, Jesse.

Veo a través de mi creencia en la magia de las palabras: las cartas o palabras no te manipularán para que respondas ni funcionarán ahora. Es como si estuviera llamando a alguien cuya línea está ocupada mientras habla con otra persona. Ya no puedo engañarme a mí misma. Sé que mi necesidad de contactarte no es solo para verte y escuchar tu voz, sino más bien para convencerte y manipularte. Mi ego quiere ganar, y por eso tengo que mantenerme alejada. Si te recuperara para ganar, fortalecería mi ego derrotado.

Nunca habría salido de esta terrible relación. Tú y tu nueva pareja intercedieron donde yo no pude. Estás poniendo fin a lo que yo estaba prolongando. Lamento que te hayas ido y, al mismo tiempo, que lo dejáramos continuar por tanto tiempo.

¿Anhelo la antigua relación sin futuro que tenía que terminar o la posible nueva relación con un futuro que no puede comenzar hasta que suelte la anterior? ¡Selene, no desperdicies esta oportunidad de ser libre!

Me siento como una niña lamentando que mi amigo de toda la vida ahora esté jugando con alguien nuevo y no conmigo. Esta pérdida me golpea justo a la altura de la niña rechazada de mi psique. Mi antigua necesidad no satisfecha de cuidado explica la intensidad con la que me aferré al final.

El sexo fue el mejor catalizador para mi autoengaño. El sexo no es un indicador confiable de una buena relación porque puede ser excelente incluso cuando somos totalmente incompatibles, como en nuestro caso. Nada de esto es tu culpa, Jesse.

Jesse no me proveía de lo que necesitaba en una pareja. Pero si hubiera soltado toda esperanza, habría caído en la desesperación, así que me aferré. Incluso ahora, él tiene toda la divinidad y el aura del anhelo amoroso y sigue siendo un ídolo, sin importar cuán segura esté mi mente de que solo es un santo de yeso. Cuando estas dos imágenes finalmente se separen, mi intento de ser amada volverá a su fuente en mí, y él se reducirá en tamaño y solo será alguien que conocí una vez. Hacer el trabajo y no mantener ningún contacto es el mejor camino hacia una iconoclasia liberadora.

En lugar de esperar la plenitud, ¿me conformaré con repetir un viejo ciclo? Puedo cometer este error nuevamente. Un nuevo rostro hace que alguien parezca ser una persona diferente, pero puede ser solo la misma proyección; es como si estuviera eligiendo a un actor distinto para el mismo papel de siempre. Tal vez lo que anhelo es, después de todo, un inexplorado potencial de autocuidado. Mi anhelo no es encontrar mi fortuna en otra persona, sino encontrar pistas que me lleven hacia mi propio tesoro enterrado.

Tengo que dejar ir esta relación de la misma manera en que veo marchitarse las rosas: sin culpar ni interferir. Le daré un regalo al mundo en agradecimiento por todos los dones que me han ayudado a crecer.

¿Por qué elegí el nombre *Selene* en este ejemplo? En la mitología griega, Selene es la diosa de la luna, nuestra Señora de las Fases. En este libro hemos viajado juntos a través de las fases de la relación, desde la luna nueva de la vida temprana hasta la luna llena del compromiso adulto. Espero que ustedes, mis queridos lectores, reciban cada fase de sus relaciones con amor habilidoso y entusiasmo amoroso. Que permanezcan el tiempo suficiente para ver muchos ciclos y nunca miren demasiado tiempo un eclipse.

EPÍLOGO

Solo en la relación ves el rostro de lo que es.
 —Jiddu Krishnamurti, *DIARIO*, 1982

Echemos un vistazo una vez más a los temas principales de nuestro viaje: las ideas y herramientas que espero que vuelvas a utilizar cuando el baile de la relación se vuelva incómodo o entrecortado. Las cinco A del amor son: atención, aceptación, aprecio, afecto y autorización. Estamos en un viaje heroico que comenzó cuando las necesitábamos de nuestros padres, luego continuó cuando las buscamos en parejas adultas, y termina cuando las entregamos al mundo como una empresa espiritual.

Una crianza suficientemente buena en nuestra infancia influye favorablemente en nuestras relaciones adultas. La infancia puede afectar negativamente nuestras relaciones adultas si nos dejó sentimientos de pérdida o negligencia, pero podemos hacer duelo por ellos y dejarlos ir. Los vacíos que la infancia dejó en nosotros pueden incluso convertirse en portales hacia el carácter y la compasión.

Podemos enfrentar nuestros desafíos adultos abordando, procesando y resolviendo nuestros problemas. Podemos enfrentar nuestros desafíos espirituales a través de la práctica de la atención plena y la bondad amorosa.

Hacemos los mayores avances tanto psicológicos como espirituales cuando estamos listos para perder los atributos del ego inflado: miedo, apego, control y privilegio. Esto sucede a través de una combinación de nuestros esfuerzos con los dones de la gracia.

Cuando dejamos de lado salvar el prestigio del ego, adquirimos la habilidad de amar a nuestra pareja y a nuestro mundo. A continuación, leerás algunas afirmaciones de parejas amorosas que se dedican no solo el uno al otro, sino a todos nosotros:

- Creemos en la abundante posibilidad de llevar amor al mundo que cada uno de nosotros tiene. Queremos reconciliarnos con aquellos que nos lastiman y ayudar a nuestros amigos a reconciliarse entre sí. Nos duele si están enemistados. Siempre buscamos formas de reparar rupturas en las relaciones.
- Nos preocupamos por un buen resultado, no por quién recibe el crédito por ello. Nos preocupamos por la eficacia de nuestra cooperación, no por los elogios que podríamos recibir individualmente. Nuestro poder no es individual, es relativo. Preferimos el liderazgo sobre la dominación. Si otros comparten esta preferencia, entonces nuestro estatus depende de nuestra capacidad para resolver conflictos, proveer nuevas perspectivas, o servir a otros creativamente.
- No abandonamos a los demás. Si parecen inadecuados, poco inteligentes o insensibles, solo tenemos más espacio en nuestros corazones para ellos. Notamos más tolerancia dentro de nosotros mismos y un mayor incentivo para ofrecer nuestro tiempo y servicio a protegerlos en lugar de difamarlos. Nos relacionamos con el dolor. No emitimos juicios sobre él. Mantenemos a los demás en nuestro círculo de amor incluso si nos asustan, desagradan o decepcionan.
- No menospreciamos a aquellos que actúan de manera irresponsable o perjudicial. Sentimos compasión por aquellos que están tan atrapados en el ego o la adicción que pierden la razón y ponen en peligro su felicidad. Son hermanos y hermanas, no seres inferiores. Buscamos formas de apoyar su recuperación y compartir información con ellos.
- No nos damos por vencidos con los demás ni con nosotros mismos. Pensar que ellos, o nosotros, nunca cambiarán

es una forma de desesperación, una elección que cancela las posibilidades y nos cierra a milagros inesperados. Nos atrevemos a perseverar con una fe subversiva en la vida y en las personas.

- Nuestra práctica del corazón no surge del moralismo y las reglas, sino de una bondad amorosa inalienable. Nacemos con ella y aprendemos sus formas mediante la práctica. La bondad amorosa, el corazón en acción, es una inclinación generosa, un genuino cuidado, una capacidad para conmovernos por las necesidades y sufrimientos de los demás. Mantenemos un compromiso duradero de servir a los demás sin pretender tener respuestas a los dilemas y contradicciones de la vida. La mejor respuesta proviene de la acción, no del intelecto. Por ejemplo, al escuchar esta pregunta: "Si el amor gobierna el mundo, ¿por qué hay niños que mueren de hambre?", nuestra respuesta es simplemente "Alimentamos a los niños hambrientos". "¿Por qué mueren tantas personas buenas de muertes dolorosas?" se convierte en "Trabajamos con los moribundos". En otras palabras, encontramos el significado de nuestra vida viviéndola. Cuando nos damos cuenta de nuestra perdurable e intensa interconexión con todos y todo, el amor es nuestra única respuesta posible. Cada pensamiento, palabra y acción conduce a la compasión y la irradia, pase lo que pase. Shakespeare describe este proceso en *El Rey Lear*: "Un pobre hombre, rendido a los golpes de la suerte; / quien, por el arte de conocidos y sentidos pesares, / está preñado de buena compasión".

- No desesperaremos por el amor, sino que trabajaremos hacia él. Nuestro viaje humano parece ser sobre el amor: descubrir qué es y luego aprender a darlo y recibirlo. Al leer y trabajar con este libro, tenemos un sentido más rico de lo que es el amor y nos hemos vuelto más hábiles para compartirlo en una relación que ahora es plenamente adulta.

Solo queda una pregunta para cualquiera de nosotros al finalizar este libro: *¿Estoy amando mejor?*

Digo sí a todo lo que me sucede hoy como una oportunidad para amar más y temer menos.

Que pueda mostrar amor donde quiera que esté hoy.

Que pueda mostrar compasión a todos los que sufren, incluyéndome a mí.

Que pueda alegrarme por las cosas buenas que le suceden a cualquiera de nosotros.

Que pueda responder con ecuanimidad, serenidad y coraje a todos los desafíos de hoy.

Tengo un destino único: mostrar aquí y ahora el eterno diseño del amor que está en mí. Sé que por eso se me dio una vida.

Confío en que todo lo que me sucede es parte de cómo se desarrolla este destino.

Confío en que nada de lo que me sucede puede cancelar mi capacidad de seguir amando.

APÉNDICE: LOS PASOS Y MOVIMIENTOS DEL DUELO CONSCIENTE

Debemos, entre lágrimas, destejer un amor urdido a lo largo de muchos años.
—HENRY KING

El duelo consciente significa llorar y soltar el pasado sin expectativas, miedo, censura, culpa, vergüenza, control, etc. Sin un duelo consciente, ni el pasado ni la persona pueden descansar en paz. Cuando nos lamentamos con plena conciencia lloramos cada una de las decepciones, insultos y traiciones del pasado, ahora irrevocablemente perdido. Lamentamos cualquier abuso, físico, sexual o emocional. Nos lamentamos porque nuestros padres simplemente no nos querían, no nos amaban, o no podían dejar de lado sus propias necesidades para vernos como los seres amables que éramos y permitir nuestro singular florecimiento. Nos lamentamos por cada vez que rechazaron el regalo que intentábamos darles: la plena visibilidad de nuestro verdadero ser, no el ser que tuvimos que fabricar para complacerlos o protegerlos. Nos lamentamos por todas las veces que vieron cuán asustados, desamparados y tristes estábamos y aun así no respondieron, cedieron o se disculparon. Nos lamentamos porque incluso ahora, después de todos estos años, aún no han admitido su abuso o falta de compasión.

¿Por qué llorar por lo que nunca tuvimos? Porque teníamos un conocimiento instintivo de las cinco A de una buena crianza y de su ausencia en nuestras vidas. Lloramos la pérdida de nuestro derecho de nacimiento. Nos lamentamos porque nuestros padres tenían ese mismo conocimiento y de alguna manera lo ignoraron. Nos lamentamos porque fuimos heridos por aquellos que nos amaban: "Mira cómo fui herido en la casa de los que me amaban" (Zacarías 13:6).

El duelo es un proceso que nos acompaña toda nuestra vida a medida que descubrimos nuevos niveles en el dolor y las pérdidas que sentimos en el pasado. Una vida no será suficiente para soltarlo todo. Solo nos resta hacer nuestro mayor esfuerzo para soltar nuestro dolor, de modo que las energías concentradas en el pasado puedan reinvertirse en el presente.

La posición favorita del duelo es la de llevar a cuestas. Si me siento abandonado en el presente y me permito lamentar ese abandono, todos los antiguos abandonos del pasado, que han estado esperando su turno, se suben a mis hombros afligidos. También llevamos a cuestas los duelos del colectivo humano, lo que Virgilio llama "las lágrimas en las cosas". La sensación de algo que falta, las intimidades fugitivas, los finales inevitables son característicos de las relaciones humanas. Nuestros corazones son sensibles a ellos y nuestros duelos personales las evocan. ¡Qué manera de descubrir que no estamos solos! Llevamos la herencia de un pasado arcaico y la enriquecemos continuamente con nuestra experiencia personal.

Carl Jung sugiere que trabajar en nuestros problemas de la infancia es un primer paso necesario hacia la conciencia espiritual. Como él lo expresa, "el inconsciente personal siempre debe ser abordado primero; de lo contrario, la puerta de entrada al inconsciente colectivo no puede abrirse". Los pasos delineados en este apéndice fueron diseñados y luego revisados de acuerdo con mi trabajo con muchos clientes y en muchas clases sobre el duelo por pérdidas y abusos de la infancia. También pueden adaptarse para el duelo por la muerte, el fin de las relaciones, o cualquier otra pérdida que podamos sufrir en el curso de la vida. No podemos compensar las pérdidas, pero podemos aprender a tolerarlas y contenerlas. De eso se trata el viaje profundo del duelo. "Nuestras almas son amor y un continuo adiós", escribió W. B. Yeats.

El duelo es una acción, no una transacción. Es nuestra responsabilidad personal, por lo que no lo hacemos con los causantes de nuestras pérdidas, incluidos nuestros padres. *Interrumpimos nuestra propia curación si aún tenemos que decirles a nuestros padres lo malos que creemos que fueron.* Sin embargo, es apropiado pedirles a nuestros padres información sobre lo que nos sucedió. Si les cuentas a tus padres sobre tu trabajo de duelo, asegúrate de estar compartiendo información, no tratando de convencerlos de que estaban equivocados, lastimarlos o vengarte de ellos.

Algunos de nosotros aún no estamos listos para enfrentar lo que realmente nos sucedió; sospechamos o incluso sabemos que no tenemos la fuerza para seguir el proceso hasta su dolorosa conclusión. Es importante respetar esta vacilación y honrar nuestro propio tiempo. Algunas lágrimas pueden derramarse hoy, algunas el próximo año, algunas en treinta años. El niño interior del pasado cuenta su historia poco a poco, para que no sepamos demasiado de una vez. "La prisa o la demora es interferencia", dice D. W. Winnicott. El hecho de que el duelo tarde tanto en resolverse no es un signo de nuestra incapacidad; más bien denota la profundidad de nuestra alma.

PASO UNO: PERMITIÉNDONOS SABER O RECORDAR

Mas por tratar del bien que allí encontré, de otras cosas
no tan buenas diré que me ocurrieron.
—DANTE, *La Divina Comedia*

Aunque el recuerdo inquietante de eventos pasados siempre permanece en nuestra psique, no siempre se recupera fácilmente. Un sentimiento o intuición sobre algo que sucedió (rastros del recuerdo) es suficiente para comenzar el proceso de duelo. Recordar cualquier situación en que nuestras necesidades no fueron satisfechas es suficiente. Si no surge ningún recuerdo específico, entonces puede bastar un sentimiento de tristeza.

Habiendo recordado una causa de dolor, podemos luego discutirla con alguien en quien confiemos. "De seguro le cierras la puerta a tu libertad si niegas tus penas a tus amigos", como dice Rosencrantz a Hamlet. El relato de abusos pasados autentifica nuestra experiencia y, como todo testimonio, requiere un testigo: no el perpetrador del abuso, sino alguna persona justa, alerta y de confianza, un terapeuta o amigo, que pueda escuchar la historia con atención plena (es decir, sin tener que juzgarla, cambiarla, maximizarla o minimizarla). Discutir nuestros recuerdos con esa persona puede llevar al reflejo: la respuesta amorosa de otros que comprenden, aceptan y permiten nuestros sentimientos. Este reflejo nos hace saber que nuestros sentimientos son legítimos y los libera de la vergüenza o el secreto. Cuando nuestros padres no fueron espejos de nuestro sufrimiento, los dolores posteriores nos desestabilizarán, abrumarán y desequilibrarán. Ahora recuperamos esos sentimientos no reflejados al tenerlos reflejados por fin. Es otro viaje, esta vez desde el abandono hacia la comunión.

Una aclaración más sobre el recuerdo: un recuento cognitivo del pasado puede ser solo un recuerdo de un recuerdo a menos que esté fuertemente conectado a un sentimiento corporal, porque cada célula de nuestro cuerpo tiene memoria de cada evento que nos afectó en la infancia. El cuerpo, más que la mente, es el verdadero inconsciente humano, y almacena tanto el recuerdo del dolor como de nuestros intentos de evitarlo. El trabajo, entonces, es encontrar el sentido preciso de lo que sentimos y no necesariamente una línea argumental exacta de lo que sucedió. De hecho, el contenido de los recuerdos es menos crucial que los conflictos que representan y las recreaciones en las que todavía estamos atrapados. Estos son los verdaderos objetivos del duelo, no el recuerdo de lo que sucedió.

En realidad, es posible que nunca sepamos qué sucedió realmente en nuestro pasado, no porque haya caído en el olvido, sino porque cambia constantemente en nuestra memoria. En cada fase de la vida, la memoria se reorganiza para adaptarse a nuestra nueva percepción de nosotros mismos y del mundo. Los recuerdos son selecciones del pasado. Por lo tanto, nuestro objetivo no es tanto reconstruir el recuerdo sino reestructurar nuestro sentido general del pasado para que se ajuste a nuestras cambiantes necesidades. En palabras del ingenioso Mark Twain: "Cuanto más viejo me hago, más claramente recuerdo lo que nunca sucedió".

Práctica

RECORDAR

- Cuenta tu historia. Esta es la forma normal en que se asimila el *shock*. Si no te resulta fácil hablar sobre tu experiencia, dibuja o haz un *collage* que exprese lo que te resulta difícil decir o escribir. Además, toma nota de cualquier resistencia que sientas, ya que puede ser la forma en que tu psique te dice que no es el momento adecuado para este tipo de trabajo. Honrar ese mensaje es sanador en sí mismo.
- Tu angustia presente es el caballo en el que puedes cabalgar hacia el pasado. Cabalga desde cada angustia presente hacia una angustia pasada. Trata el recuerdo como una confesión que te haces, algo cuya extensión o gravedad temías admitir ante ti o los demás. El recuerdo significa desnudar el abuso, no soportarlo. Es una confesión ante ti de lo que sucedió y cómo te sentiste al respecto. No importa si tu recuerdo es preciso. Estás trabajando en el impacto subjetivo, no en la exactitud histórica.
- Evita preocuparte por el porqué del abuso. Tales preguntas nos llevan de vuelta a la mente pensante, al ego engañador que realizará su habitual D&C: distracción y consolación. En cambio, cambia cada "¿Por qué?" por un "Sí". Meister

Eckhart dijo: "La única manera de vivir es como la rosa: sin un porqué".

- Distingue entre un padre que estaba ansioso y neurótico y descargaba su angustia contigo, y el padre que era malicioso, cruel o despiadado y disfrutaba viéndote sufrir. Este último inflige una herida más profunda y deja una cicatriz más visible en tu capacidad de confiar en relaciones posteriores.

En estas primeras etapas de recordar y sentir, no disculpes a tus padres ("Ellos no sabían hacer nada mejor"; "es diferente ahora"). Por lo general, la compasión y el perdón no se materializan antes sino después de la ira.

Recordar evoca una pregunta perturbadora y desconcertante: "¿Qué era lo que estaba pagando? ¿Qué dolor en mi(s) padre(s) sentía obligación de expiar? ¿Soporto esta tortura para pagar por los defectos de mis antepasados? ¿Es toda mi vida adulta un síndrome de estrés postraumático en reacción a la infancia?".

- Es mejor trabajar en terapia primero la seguridad interior antes que los recuerdos pasados. Además, el trabajo de duelo que sigue aquí está dirigido a aquellos que no experimentaron abuso o trauma severo. Esa experiencia requiere aún más trabajo preparatorio para establecer la necesaria seguridad interior antes de comenzar el procesamiento y la sanación de los recuerdos.
- Una herida no nos destruye. Activa nuestros poderes de autocuración. El punto no es dejar atrás, sino seguir beneficiándose de la fuerza que ha despertado.
- Mira fotos de tu padre y de tu madre antes de que se conocieran. Coloca las fotos una al lado de la otra. Háblales en voz alta o por escrito a cada uno de ellos sobre algunas de las cosas que les esperan y que nunca podrían haber imaginado: por ejemplo, divorcio, abuso, tú y tu historia con

ellos. Luego cuéntales las cosas positivas que estaban por suceder. Observa cómo puede despertar en ti la compasión por su historia.

El primer paso es el único que realmente tenemos que dar. Los pasos posteriores seguirán por sí solos. Surgirán sentimientos completos y, con ellos, repeticiones instintivas de eventos, perdón compasivo, capacidad de soltar y rituales para conmemorar el proceso. Finalmente, cuando notamos que recordamos y extrañamos las cosas *buenas* que nos sucedieron, estamos sintiendo nostalgia, el ligero duelo que señala el ocaso del trabajo de duelo.

PASO DOS: PERMITIÉNDONOS SENTIR

Los sentimientos específicos del duelo son la tristeza, el enojo, el dolor y el miedo (incluso el terror). En el duelo consciente, nos convertimos en la pista de aterrizaje que permite el arribo de cualquier sentimiento. Algunos se estrellan, otros aterrizan suavemente. Algunos nos dañan, pero ninguno lo hace de manera duradera. Permanecemos mientras ruedan por la pista o mientras se llevan los restos de su colisión. Podemos confiar en que sobreviviremos; fuimos hechos para esta tarea.

Sorprendentemente, la negación juega un papel en el duelo saludable. Para un adicto, la negación es una forma de no enfrentar la realidad. Pero para las personas que están trabajando un duelo infantil, la negación es una manera saludable de dejar entrar el dolor poco a poco, para que podamos manejarlo de manera segura. Es normal evitar el embate completo de una pérdida y sus consecuencias. El *duelo aterrador* es aquel que no permite esa ingesta gradual de información (por ejemplo, la noticia repentina de la muerte de un ser querido), y nos deja impotentes, desprotegidos, sin defensa ante la noticia inalterable e irreversible de una pérdida.

Prácticas

Esto no se trata de quién soy,
sino de lo que me sucedió.

DEJAR QUE EMERJAN TUS SENTIMIENTOS: Resolver nuestro duelo es principalmente liberar la tristeza, que expresamos principalmente con lágrimas. A cualquier edad, es apropiado llorar cuando el amor instintivamente requerido no está próximo. Esto no es un signo de infantilismo, sino de que estamos permitiendo que nuestro niño interior sienta auténticamente. La mejor manera de hacer el duelo es permitirnos sentirnos tristes no solo por el pasado, sino también por nuestras pérdidas presentes. Nos lamentamos porque no recibimos las cinco A de nuestros padres o no las estamos recibiendo ahora de nuestras parejas.

También recuerda que, además de la tristeza, el duelo puede involucrar el procesamiento de otros sentimientos. A menos que se exprese y procese, el dolor se convierte en autocompasión. El enojo no expresado se convierte en amargura. La tristeza no expresada se convierte en depresión. El miedo no expresado se convierte en pánico paralizante. Estos resultados perpetúan el abuso, excepto que ahora nos lo estamos infligiendo a nosotros mismos.

Según la mitología griega, el vino nació de las lágrimas de Dionisio, quien lloraba por su amante muerto, Ámpelo. El mensaje del mito es que del duelo vendrá finalmente la alegría. Dejar ir el miedo y el enojo en el duelo es un camino poderoso para encontrar serenidad y nuevas perspectivas de libertad. De hecho, el Bhagavad Gita dice: "Lo que al principio es una copa de dolor, se convierte al final en vino inmortal".

CONECTAR LOS SENTIMIENTOS A LOS RECUERDOS: Cuando un recuerdo doloroso de la infancia o de cualquier experiencia pasada llegue de repente en el transcurso del día, puedes tratarlo como un portal hacia algún trabajo de duelo. Simplemente hazte estas preguntas, permitiendo que tus sentimientos afloren con ellas:

> ¿De qué modo estaba triste entonces? ¿De qué modo estoy triste ahora? ¿En qué parte de mi cuerpo puedo permitirme sentir mi tristeza?
>
> ¿De qué modo sentía enojo entonces? ¿De qué modo siento enojo ahora? ¿En qué parte de mi cuerpo puedo permitirme sentir mi enojo?
>
> ¿De qué modo sentía miedo entonces? ¿De qué modo siento miedo ahora? ¿En qué parte de mi cuerpo puedo permitirme sentir mi miedo?

Si un sentimiento aparece, quédate con él hasta que disminuya, luego imagina que pasa por ti como un rayo a través de un pararrayos y se descarga, es decir, va hacia la tierra. Siempre podemos confiar que la Madre Naturaleza será el hospitalario recipiente de nuestras penas, como algún día lo será de nosotros.

PASO TRES: UNA OPORTUNIDAD PARA REPRODUCIRLO

El tercer paso hacia la sanación de los recuerdos es reproducir en la memoria el discurso o la acción abusiva del pasado, pero esta vez hablar e interrumpirlos. En este psicodrama, te ubicas mentalmente en el entorno original y escuchas o ves lo que te dijeron o hicieron. Luego anuncias tu poder y dices no al abuso. Hazlo vocalmente o como una acción dramática, con alguien que te observe y escuche. También puedes hacerlo escribiendo, dibujando, bailando, moviéndote, modelando con arcilla o con cualquier otro medio expresivo. No intentes cambiar al abusador en la reproducción de tu drama, solo a ti. Al haber dicho no al abuso, ya no eres la víctima de la escena, sino su héroe. Has agregado un nuevo final al recuerdo original, y cada vez que surja en el futuro, lo recordarás con ese nuevo final.

Todo esto puede parecer inútil porque no podemos cambiar el pasado. Pero el pasado que no podemos cambiar es el pasado histórico. Podemos, sin embargo, cambiar el pasado que cargamos dentro de nosotros mismos: llevamos un hecho (inmutable), pero también su impacto en nosotros (muy cambiable). Cuando permitimos que el recuerdo original se convierta en un mero hecho, se elimina su impacto y deja de doler. Ahora, cuando recordamos el pasado, también recordamos cómo sanamos el antiguo dolor. Este recuerdo reconstruido conduce a la serenidad y a la resolución, así como el recuerdo de un daño se vuelve más llevadero, incluso enriquecedor, cuando la persona que nos lastimó pide perdón.

PASO CUATRO: ABANDONAR EXPECTATIVAS

El cuarto paso en la sanación de los recuerdos es dejar de tener expectativas de que alguna otra persona te dará todo lo que te faltó en la infancia. Examina tu estilo de vida y tus elecciones actuales en busca de tales expectativas. ¿Estás exigiendo que tu pareja te dé lo que tus padres no te dieron? ¿Estás entrenando a tu pareja para que te trate como tus padres te trataron a ti? ¿Estás apegado a un gurú? ¿Estás atrapado en algún movimiento fanático? ¿Tienes adicción a una sustancia, a una persona, al sexo o a una relación? ¿Sientes compulsión u obsesión con algo que no puedes soltar? ¿Estás, en efecto, tratando de obtener algo o a alguien para que te dé ahora lo que una vez obtuviste o esperabas obtener de tu familia?

A veces podemos imaginar que encontraremos consuelo, seguridad o paz mental si nuestra madre simplemente viniera ahora y se concentrara en nosotros de todas las maneras en que no lo hizo antes. Imaginamos que entonces podríamos dejar de querer obtener de ella esa satisfacción de nuestras necesidades.

Al pensar de esta manera, la clave de nuestra felicidad permanece firmemente en sus manos. ¿Cómo ponemos esa clave en nuestras propias manos? Haciendo el trabajo. Cuando usamos las herramientas de la salud psicológica y la práctica espiritual para enfocarnos en nosotros mismos, nos convertimos en padres de nosotros mismos y ya no necesitamos tanto lo que los padres o padres sustitutos pueden darnos. Todavía necesitamos a otros, pero no dependemos de ellos. Una necesidad comienza con la sensación de que algo falta, es seguida por una movilización de energía hacia la satisfacción, y se resuelve con la satisfacción o con un reconocimiento aceptante de que la satisfacción no es posible en este momento o desde esa fuente. El sentimiento de dependencia es un continuo estado estresante de no satisfacción, de imposibilidad de sentir satisfacción, sin resolución.

Mi propio padre se fue cuando yo tenía dos años y nunca regresó ni se mantuvo en contacto conmigo. Cuando ya siendo adulto lo busqué, noté cómo seguía intentando, incluso entonces, que él fuera un padre para mí. Pero él no respondía de la manera en que yo quería que lo hiciera. Simplemente no estaba en él hacerlo. Esto me corroía y me causaba una gran frustración, hasta me obsesionaba. Trabajé este tema en terapia y con afirmaciones. Un día que nunca olvidaré, cruzaba California Street, en San Francisco, cuando de pronto escuché una nueva voz en mi cabeza. En lugar del usual: "¿Por qué no puede él…?", dijo: "Él estaba destinado a ser un padre para ti de una sola manera: contribuyendo a tu nacimiento. Y lo hizo perfectamente". Me detuve en medio de la calle, sacudido por esa repentina verdad liberadora. Desde ese momento me sentí mejor con respecto a él; mi deseo de que él me diera algo más cesó por completo.

¿De dónde vino esa voz? Fue una gracia que no planeé ni fabriqué: la gracia del trabajo al que me había comprometido. Todo mi trabajo valió la pena solo por ese minuto. Hacemos el trabajo para liberarnos de la ilusión, y a veces realmente vale la pena. Ese día en San Francisco, cuando finalmente liberé a mi padre de la responsabilidad y lo dejé entrar en mi corazón, me sentí personalmente más grande. Entonces supe que todos en nuestras vidas tienen que encontrar un lugar en nuestros corazones antes de que podamos estar completos.

PASO CINCO: AGRADECER COMO PRÁCTICA

> Si postergo el dolor, disminuiré la ofrenda.
> —Eavan Boland

El quinto paso en la sanación de los recuerdos es agradecer que hayas sobrevivido a cualquier dolor, abuso o necesidad insatisfecha que hayas sufrido en tu infancia y te haya hecho más fuerte. Cuando haces esto, te haces eco de un tema de este libro: hay una dimensión positiva en todo lo que nos ha pasado. Identifica de qué manera el abuso original te ha llevado a una compensación. Por ejemplo, puedes haber aprendido a manejar el dolor, a veces huyendo, a veces enfrentándolo directamente, ambas acciones legítimas y sabias dependiendo de las fortalezas a tu disposición en ese momento. Localiza los poderes en ti ahora que se remontan a dolores o pérdidas anteriores. A esto nos referimos cuando decimos que el héroe es la persona que ha atravesado el dolor y ha sido transformada por él.

Formula una afirmación para agradecer que lo que te pasó es lo que te hizo la persona fuerte que eres ahora. Sientes agradecimiento no por el dolor que sufriste en el pasado, sino por tu poder para manejar el dolor ahora. "Fueron necesarias cosas malas y dolorosas para que ocurriera la gran emancipación", dijo Nietzsche. Él también dijo que lo que no nos mata nos hace más fuertes.

¿Eres fuerte ahora? Al menos estás dispuesto a enfrentar el dolor, lo que conlleva hacer un duelo honesto por los abusos pasados. ¡Mira cuántas formas hay para que el pasado revele el presente! Nos dice lo que necesitamos y por qué lo necesitamos.

Revela los orígenes de nuestros activos y déficits, y actualiza nuestro potencial. Es el plano interior de nuestras vidas adultas. Si estamos lo suficientemente alfabetizados para leerlo, encontraremos una historia muy conmovedora sobre nuestra tierna vulnerabilidad y un relato muy preciso de todos nuestros anhelos y miedos. Entonces puedes decir: *Mi mayor alegría es darme cuenta de que todavía puedo amar. Esa capacidad permaneció intacta a pesar de todos los golpes. Que el amor haya sobrevivido significa que yo he sobrevivido.*

PASO SEIS: LA GRACIA DEL PERDÓN

> Mi fe en la bondad del corazón humano es inquebrantable.
> Todos los días de mi vida he sido sostenida por esa bondad.
> —HELEN KELLER

El perdón no es realmente un paso sino un acontecimiento. No podemos planificarlo ni conminarlo. Es la automática compasión hacia aquellos que nos han hecho daño y su absolución. Es por eso que solo puede llegar después de la ira. Perdonar significa dejar de culpar, renunciar a la animadversión, al resentimiento y a la necesidad de venganza. Esto sucede en nosotros mientras seguimos reconociendo la responsabilidad de alguien.

La compasión hacia los perpetradores del abuso significa dejar de lado la indignación del ego lo suficiente como para ver su dolor. Significa darse cuenta de que las personas abusivas también fueron abusadas y que nunca hicieron el duelo por su propio dolor inconsciente, solo lo perpetraron en nosotros. Vemos que eso estuvo mal, pero ahora percibimos su dolor conscientemente, quizás por primera vez, y lo sentimos con ellos. El perdón finalmente nos libera de la carga de su dolor; es verdadero amor incondicional y promueve nuestra salud personal, psicológica, espiritual e incluso física.

El perdón es un poder, una gracia que nos permite superar los límites normales de nuestro ego. El ego neurótico a menudo está orientado hacia el castigo y la venganza. De hecho, buscar venganza es una forma de resistir al duelo. Sustituye el poder sobre lo injusto por la vulnerabilidad de sentir tristeza por la injusticia. El duelo saludable, por otro lado, conduce a un compromiso de manejar las injusticias de manera no violenta, de buscar la reconciliación y la transformación en lugar de la venganza y el castigo. Esta es una forma de *aprovechar* el poder en lugar de ser avasallado por él o usarlo para avasallar a otros.

El perdón es la atención plena y la bondad amorosa aplicadas a nuestros corazones heridos. Sentir indulgencia y compasión es una señal de que hemos trascendido el ego. Si te sientes indulgente, las fuerzas auxiliares han bendecido tu trabajo. Es un momento que integra el trabajo psicológico logrado por tu esfuerzo y los dones espirituales recibidos como gracias que lo mejoran y completan. Como los héroes míticos, luchamos y sentimos con todas nuestras fuerzas, y luego aparece un poder mayor que nosotros mismos con sus dones.

El ego imagina que el perdón requiere el castigo como requisito previo. Pero el perdón auténtico deja de lado ese modelo de "ojo por ojo" a favor de la pura generosidad. El perdón es la forma más elevada de soltar, porque al perdonar dejamos de lado no solo el resentimiento hacia los demás, sino también nuestro propio ego. Es un evento espiritual de dimensiones olímpicas.

Di esto de vez en cuando hasta que sientas que se ha vuelto verdadero para ti: "Cuando recuerdo los daños que me hicieron los miembros de mi familia, siento compasión por las carencias, la ignorancia y el miedo que había detrás de ellos. No deseo vengarme ni hacer daño a nadie; ni siquiera espero que me entiendan. Derramo mi amor indulgente sobre mi familia. Me regocijo en el hecho de que ahora soy libre de tener que cambiarlos o culparlos. Ya no menciono mi historia a los miembros de la familia que me hicieron daño, solo en mi propia terapia".

El perdón es la más alta forma del olvido porque es olvidar
a pesar de recordar.
—Paul Tillich

PASO SIETE: RITUALES DE SANACIÓN

Un ritual representa una nueva conciencia, haciendo que su realidad más profunda sea próxima y palpable. Santifica el lugar en el que estamos y las cosas que sentimos al consagrarlas a algo más elevado que lo transitorio. Diseña un ritual que tenga en cuenta los rituales de la infancia, pero luego los amplíe. Encuentra un gesto que represente tu intención y tu logro en el trabajo de duelo que has completado. Encuentra una manera de agradecer por los dones espirituales que has recibido. Los rituales involucran nuestros cuerpos. La mano y el ojo tienen una sabiduría ancestral que funciona mejor que la mente en el proceso de integración.

Lamentarnos por el pasado no se trata solo del resentimiento con la familia, sino de terminar el trabajo familiar. Aquellos que se han ido o han fallecido siguen siendo parte de nuestro sistema familiar. Nadie está completamente excluido, no importa cuánto los hayamos rechazado o cuánto hayan rechazado a la familia. Cuando honramos y volvemos a incluir a nuestros excluidos, ya no dominan nuestra psique como fantasmas inquietos. Y relacionarnos con nuestro propio pasado oscuro puede no solo sanarnos a nosotros, sino también llegar hasta el pasado de nuestra familia y sanar a nuestros ancestros. Tal vez estamos aquí para resolver parte del karma de nuestros antepasados. ¿Qué experiencia de mi Padre o mi Madre nunca fue resuelta o sanada? ¿Qué sufrieron y luego transmitieron en lugar de resolverlo? ¿Estoy de alguna manera enredado en su destino? Un ritual tiene un poder transformador cuando abraza nuestra conexión con el pasado y nos convierte en sus heridos sanadores.

PASO OCHO: SER NUESTROS PROPIOS PADRES Y RECONECTAR

Para afirmar que realmente hemos completado nuestro trabajo de duelo, necesitamos lograr no solo la catarsis de los sentimientos, sino también el autocuidado y una valiente intimidad con los demás. Los dolores del duelo son los dolores de parto del yo adulto que está naciendo. Hacer el duelo es prestarle atención a la parte sufriente y asustada de nosotros mismos y consolarla. Cuando hacemos esto, somos nuestros propios padres y mostramos la vulnerabilidad que conduce a relaciones saludables. Como escribió San Gregorio de Nisa en el siglo IV: "Somos en cierto modo nuestros propios padres, engendrándonos a nosotros mismos mediante la elección libre de la virtud".

Ser nuestros propios padres significa darnos las cinco A. Prestamos atención a nuestro dolor y a nuestros recursos internos para sanar. Prestamos atención a cómo el pasado ha interferido en nuestras relaciones y a cómo nos ha ayudado a encontrarnos a nosotros mismos. Practicamos la autoaceptación, abrazando todos nuestros talentos, virtudes, fracasos y carencias. Sentimos aprecio por nuestro viaje, los pasos que hemos dado y los errores que hemos cometido. Apreciamos a nuestros padres y a nuestras parejas por sus contribuciones a nuestra personalidad, para bien o para mal. Nos amamos tal como somos, sentimos respeto y compasión por nuestro yo pasado, y nos abrimos hacia nuestro futuro. Nos permitimos vivir de acuerdo con nuestras necesidades, valores y deseos más profundos. Nadie puede detenernos; nadie nunca pudo.

Ser nuestros propios padres también implica abrirnos a nuestros recursos internos y a un sistema de apoyo de personas amorosas, sabias y compasivas. El dolor y la pérdida nos alienan de los demás; el trabajo de duelo nos reconecta con otros en quienes podemos confiar. Pueden incluir a quienes nos han lastimado, pero principalmente provienen del mundo más grande, donde muchos brazos nos esperan. El sobreviviente del Holocausto, Elie Wiesel, dice: "No hay mesías, pero hay momentos mesiánicos". Es posible que no siempre tengamos padres en nuestras vidas, pero hay momentos paternales y maternales cuando alguien que nos ama —ya sean nuestros padres biológicos o cualquier adulto que nos acompaña— está ahí para nosotros. Ser nuestros propios padres incluye aceptar y apreciar estos momentos y a las personas que los crean. *Quizás nunca se nos prometió un amor parental completo, sino solo momentos de ese amor, entonces y ahora, con nuestros verdaderos padres y otros adultos. Lo que hemos estado esperando ha llegado a nuestra vida muchas veces. ¿Está aquí ahora?*

El último paso del duelo es el primer paso hacia la intimidad. Un padre o madre interior que cuida nos capacita para abrirnos a la intimidad. A medida que nos volvemos más saludables, buscamos más conscientemente un contexto en el que podamos resucitar de manera segura nuestros frustrados intentos tempranos de encontrar reflejo. Al mismo tiempo, podemos temer que se reabran nuestras heridas. Entramos en una relación con deseo y miedo, esperanza y terror, optimismo y pesimismo. Detrás de cada deseo o queja dirigidos a una pareja yace un anhelo no satisfecho. Toda nuestra vida seguiremos requiriendo y/o buscando sintonización con nuestros sentimientos en la forma de las cinco A. El miedo puede ser una señal que nos muestra dónde está ubicado dentro de nosotros el anhelo de las cinco A.

Podemos escucharnos decir esto: "Una vez que en el jardín secreto de mi alma el dolor finalmente es permitido, presenciado, comprendido y sostenido con amor, mi propia capacidad para tolerar los sentimientos, por muy dolorosos que sean, se expande. Esto me permite sintonizarme conmigo. La intimidad saludable me ayuda a ser mi propio padre y madre, a otorgarme las cinco A. A medida que me reflejo en el contexto del reflejo que tú me devuelves, mis demandas hacia ti se vuelven más moderadas, y encuentro un equilibrio feliz entre mi necesidad de que me cuides y mi capacidad de autocuidado". Finalmente, al mirar más allá, el trabajo de duelo se completa con el reconocimiento de angustias similares y la compasión por ellas. Por ejemplo, el duelo del pueblo judío por el Holocausto puede llevarlo a sentir una indignación y resistencia legítimas ante la opresión y el genocidio en el mundo actual. Así, el duelo es un camino hacia la virtud de la compasión y el progreso mundial, algo que la venganza nunca podría lograr.

Práctica

CRÓNICA DE NUESTRA VIDA: Contempla atentamente todo lo que te ha sucedido en los diversos capítulos de tu vida. Escribe una línea de tiempo, década por década, registrando los momentos más destacados. Una vez que esté completa, cuélgala donde puedas verla. Algún día, cuando sea el momento, bendice y deja ir cada capítulo diciendo: "Todo esto me sucedió. Lo acepto como aquello que me tocó en la vida. Podría haber sido mejor o podría haber sido peor. En este momento de serena compasión, dejo de lado cualquier queja, culpa o arrepentimiento. De manera incondicional, digo sí a todas las circunstancias bajo las cuales viví. Les agradezco a esas circunstancias que me hayan dado las lecciones que necesitaba aprender. Siento afecto por mí y por todos aquellos que caminaron conmigo. Me permito seguir adelante a partir de ahora, sin miedo, sin aferrarme al pasado o a cualquiera de sus seducciones o distracciones. Registro todo lo que ha sucedido y simplemente digo 'Sí, eso pasó. ¿Y ahora qué?'". La tragedia en la vida no se trata de ningún evento específico, sino de no amar. "Mi vida ha sido una historia, no una tragedia. Que yo y todos aquellos que he conocido nos iluminemos gracias a todo lo que pasamos juntos". Cuando digo esto, hago que la primera oración de este libro se haga realidad: *El amor es la posibilidad de posibilidades.*

Todos tus antiguos pesares ahora te sonreirán,
y tus dolores te iluminarán;
aquí brillarán tus penas,
y serán divinas tus condenas;
las lágrimas serán consuelo, y se volverán gemas
y los arrepentidos agravios, diademas.
Aun tus muertes vivirán, y vestirán
de nuevo el espíritu que otrora asesinaran.

    —RICHARD CRASHAW, "Himno a Santa Teresa"

SOBRE EL AUTOR

DAVID RICHO, PHD, MFT, es un psicoterapeuta y profesor que divide su tiempo entre Santa Bárbara y San Francisco, California. En su trabajo, Dave hace hincapié en perspectivas junguianas, míticas y espirituales. Su sitio web es davericho.com.